LA COMMUNICATION AVEC L'ÉLECTEUR

*Volume 20 d'une collection d'études
réalisées pour le compte de la Commission royale
sur la réforme électorale et le financement des partis,
dans le cadre de son programme de recherche.*

LA COMMUNICATION AVEC L'ÉLECTEUR

LES CAMPAGNES ÉLECTORALES DANS LES CIRCONSCRIPTIONS

**Sous la direction de
David V.J. Bell
et
Frederick J. Fletcher**

Volume 20 de la collection d'études

COMMISSION ROYALE SUR LA RÉFORME ÉLECTORALE
ET LE FINANCEMENT DES PARTIS
ET
GROUPE COMMUNICATION CANADA
ÉDITION, APPROVISIONNEMENTS ET SERVICES CANADA

DUNDURN PRESS
TORONTO ET OXFORD

WILSON & LAFLEUR
MONTRÉAL

© Ministre d'Approvisionnements et Services Canada, 1991
Imprimé et relié au Canada
ISBN 1-55002-139-7
ISSN 1188-2751
Catalogue Z1-1989/2-41-20F

Publié par Dundurn Press Limited et Wilson & Lafleur Limitée en collaboration avec la Commission royale sur la réforme électorale et le financement des partis, Groupe Communication Canada — Édition, Approvisionnements et Services Canada.

Données de catalogage avant publication (Canada)   *JL*
                                                              193
Vedette principale au titre :   *.R4214*
La communication avec l'électeur
                                                              1991
(Collection d'études; 20)
Publ. aussi en anglais sous le titre : Reaching the voter.
ISBN 1-55002-139-7

   1. Campagnes électorales — Canada. 2. Communication politique — Canada. 3. Psychologie politique. 4. Propagande électorale — Canada. 5. Circonscriptions électorales — Canada. I. Bell, David V.J., 1944–   II. Fletcher, Frederick J. III. Canada. Commission royale sur la réforme électorale et le financement des partis. IV. Collection : Collection d'études (Canada. Commission royale sur la réforme électorale et le financement des partis); 20.

JL193.R4214 1991   324.7'0971   C91-090557-6

Dundurn Press Limited   Dundurn Distribution   Wilson & Lafleur Limitée
2181, rue Queen est   73 Lime Walk   40, rue Notre-Dame est
Bureau 301   Headington   Montréal (Québec)
Toronto (Canada)   Oxford, England   H2Y 1B9
M4E 1E5   OX3 7AD

TABLE DES MATIÈRES

*F*IGURES

*T*ABLEAUX

AVANT-PROPOS

~

LA COMMISSION ROYALE sur la réforme électorale et le financement des partis a été créée en novembre 1989 pour enquêter sur les principes et procédures qui devraient régir l'élection des députés et députées à la Chambre des communes et le financement des partis politiques et des campagnes électorales. Pour procéder à une telle analyse exhaustive de notre système électoral, nous avons mené un vaste programme de consultations publiques et conçu un programme de recherche étoffé, afin que nos recommandations s'appuient sur des études et analyses empiriques solides.

L'étude approfondie du régime électoral à laquelle s'est livrée la Commission constitue une première dans l'histoire de la démocratie canadienne. Elle s'imposait d'autant plus que les changements d'ordre constitutionnel, social et technologique des dernières décennies ont profondément transformé la société canadienne et modifié les attentes des citoyens et citoyennes envers le processus politique. Qu'il suffise de mentionner l'adoption, en 1982, de la *Charte canadienne des droits et libertés* qui a fortement sensibilisé les Canadiens et Canadiennes à leurs droits démocratiques et politiques ainsi qu'au fonctionnement de leur système électoral.

On ne saurait surestimer l'importance d'une réforme électorale. Alors que les travaux de la Commission se poursuivaient, les Canadiens se sont montrés vivement préoccupés par des questions constitutionnelles de nature à modifier en profondeur la Confédération. Au-delà de leurs opinions ou de leurs allégeances politiques, les Canadiens et Canadiennes conviennent que toute réforme constitutionnelle doit être animée par un souci de justice et de respect des règles démocratiques; nous ne pouvons supposer que le régime électoral actuel répondra toujours à ce critère ni qu'il ne saurait être amélioré. Il est essentiel que la légitimité du Parlement et du gouvernement fédéral ne puisse être mise en doute; dans ce contexte, la réforme électorale peut à la fois affirmer la légitimité des institutions politiques et renforcer leur capacité à projeter une vision de l'avenir du Canada qui suscite la confiance et l'adhésion des citoyens et citoyennes de ce pays et qui promeut l'intérêt national.

Durant son travail, la Commission a veillé à protéger nos acquis démocratiques, sans nécessairement écarter les valeurs nouvelles qui insufflent une nouvelle dynamique à notre régime électoral. Pour que celui-ci reflète véritablement les valeurs politiques contemporaines, un simple rafistolage des lois et pratiques électorales actuelles ne suffira pas.

Étant donné la portée de notre mandat, nous nous devions d'examiner attentivement la gamme d'options possibles. Nous avons commandé plus d'une centaine d'études, réunies dans une collection comportant 23 volumes. Convaincus que le Canada doit se doter d'un régime électoral qui se compare avantageusement aux meilleurs régimes contemporains, nous avons étudié les lois et processus électoraux de nos provinces et territoires, ainsi que ceux adoptés par d'autres nations démocratiques. La somme impressionnante de données empiriques et d'avis spécialisés ainsi recueillis ont incontestablement enrichi nos délibérations. Nous nous sommes constamment efforcés de voir à ce que les recherches effectuées pour la Commission soient rigoureuses sur le plan intellectuel, mais aient aussi une portée pratique. Toutes les études ont été commentées par des pairs, et plusieurs auteurs ont pu soumettre leurs résultats provisoires à des experts politiques et universitaires à l'occasion de colloques nationaux consacrés aux principaux aspects du régime électoral.

La Commission a confié son programme de recherche à la tutelle compétente et avisée de M. Peter Aucoin, professeur de science politique et d'administration publique à l'Université Dalhousie. Nous avons la conviction que le travail du professeur Aucoin de même que celui des coordonnateurs de recherche et des chercheurs dont les résultats figurent dans ce volume et dans les autres de la collection seront pour longtemps une source précieuse d'information pour les historiens, les politicologues, les parlementaires et les fonctionnaires chargés de l'administration de notre législation électorale. Nous croyons que ces recherches intéresseront également de nombreux Canadiens et Canadiennes qui se préoccupent de nos pratiques électorales ainsi que la collectivité internationale.

Je me joins aux autres commissaires pour exprimer ma profonde reconnaissance envers le personnel de la Commission pour la détermination et le dévouement dont il a fait preuve. Je tiens aussi à remercier toutes les personnes qui ont participé à nos colloques, ainsi que les membres des équipes de recherche et des groupes consultatifs dont les conseils nous ont été d'un grand secours.

Le président,

Pierre Lortie

INTRODUCTION
~

LE PROGRAMME DE RECHERCHE de la Commission royale a embrassé tous les aspects du régime électoral canadien. L'ampleur même du mandat confié à la Commission commandait un programme de recherche d'envergure, susceptible d'enrichir concrètement les délibérations des commissaires.

Destiné à fournir aux commissaires une analyse détaillée des facteurs qui ont façonné notre démocratie électorale, ce programme fut axé principalement sur la législation électorale fédérale, bien que nos recherches se soient également attardées à la Constitution canadienne, aux institutions parlementaires, aux pratiques des partis politiques, aux organes de presse, aux organisations politiques non partisanes et au rôle des tribunaux vis-à-vis les droits constitutionnels des citoyens. Nous nous sommes constamment efforcés d'envisager nos recherches sous un angle historique, de façon à situer les phénomènes contemporains dans le contexte de la tradition politique canadienne.

Nous savions que notre étude des facteurs influant sur la démocratie électorale canadienne, tout comme notre évaluation des propositions de réforme, serait incomplète sans un examen attentif de la situation des provinces et territoires canadiens et d'autres démocraties. Voilà pourquoi le programme de recherche a mis l'accent sur l'étude comparée des principales questions soumises à notre attention.

Outre les coordonnateurs de recherche, les agents de recherche et le personnel de soutien de la Commission, plus de 200 spécialistes provenant de 28 universités canadiennes, du secteur privé et, dans plusieurs cas, de l'étranger ont participé aux études. La plupart des chercheurs étaient des spécialistes en science politique, mais nous avons aussi eu recours à des experts d'autres domaines, notamment du droit, de l'économie, de la gestion, des sciences informatiques, de l'éthique, de la sociologie et des communications.

En plus de préparer des rapports de recherche pour la Commission, nous avons été amenés à contribuer à une série de colloques et d'ateliers auxquels ont participé, outre les commissaires, des chercheurs, des représentants des partis politiques et de la presse, et d'autres personnes possédant une expérience pertinente des partis politiques, des campagnes électorales et des affaires publiques. Ces rencontres ont permis aux participants de discuter de divers thèmes inhérents au mandat de la Commission; elles auront aussi fourni l'occasion à des personnes ayant une connaissance intime du monde politique de jeter un regard critique sur nos travaux de recherche.

Cet examen public a été suivi de l'évaluation interne et externe de chaque étude par des spécialistes du domaine concerné. Dans chaque cas, la décision de publier l'étude dans la collection ne fut prise que si l'évaluation des pairs s'avérait favorable.

La Direction de la recherche de la Commission a été divisée en plusieurs secteurs, placés sous la tutelle de coordonnateurs de recherche responsables des études relevant de leur domaine, dont voici la liste :

F. Leslie Seidle	Le financement des partis politiques et des élections
Herman Bakvis	Les partis politiques
Kathy Megyery	Les femmes, les groupes ethno-culturels et les jeunes
David Small	Le redécoupage électoral; la délimitation des circonscriptions; l'inscription des électeurs
Janet Hiebert	L'éthique des partis
Michael Cassidy	Les droits démocratiques; l'organisation du scrutin
Robert A. Milen	La participation et la représentation électorales des Autochtones
Frederick J. Fletcher	Les médias et la couverture des élections
David Mac Donald (coordonnateur de recherche adjoint)	La démocratie directe

Ces coordonnateurs ont dans un premier temps recruté des chercheurs qualifiés, ont géré les projets de recherche et ont préparé les manuscrits pour publication. Ils ont également participé de près à l'organisation des colloques et ateliers de leur domaine de recherche, en plus de préparer des exposés et des synthèses pour appuyer les commissaires dans leurs délibérations et faciliter la prise de décisions. Ils ont, enfin, apporté leur concours à la rédaction du rapport final de la Commission.

Au nom de la Commission, je désire remercier les personnes ci-après qui ont généreusement contribué, chacune selon ses compétences particulières, à l'exécution du programme de recherche.

Qu'il me soit permis de souligner en premier lieu l'excellent ouvrage des coordonnateurs de recherche, qui ont contribué de façon notable aux travaux de la Commission. Confrontés à des délais serrés, ils ne se sont jamais départis de leur bonne humeur et de leur gentillesse, et je les remercie tous et toutes de leur appui et de leur coopération indéfectibles.

Je tiens en particulier à exprimer ma reconnaissance à Leslie Seidle, coordonnateur principal de recherche, qui a supervisé le travail de nos agents de recherche et du personnel de soutien à Ottawa. Son zèle, sa détermination et son professionnalisme ont été un modèle pour les autres membres de l'équipe. Je remercie de même Kathy Megyery, qui a assumé des fonctions semblables à Montréal avec autant de talent et de résolution. Son enthousiasme et son dévouement ont été une source d'inspiration pour nous tous.

Au nom des coordonnateurs de recherche et en mon nom personnel, je tiens à remercier nos agents et agentes de recherche, Daniel Arsenault, Eric Bertram, Cécile Boucher, Peter Constantinou, Yves Denoncourt, David Docherty, Luc Dumont, Jane Dunlop, Scott Evans, Véronique Garneau, Keith Heintzman, Paul Holmes, Hugh Mellon, Cheryl D. Mitchell, Donald Padget, Alain Pelletier, Dominique Tremblay et Lisa Young. Leur aptitude à effectuer des recherches dans une foule de domaines, leur curiosité intellectuelle et leur esprit d'équipe ont été d'un précieux secours à la Direction de la recherche.

Sans le professionnalisme et la coopération inestimables du personnel de la Direction de la recherche dont les noms suivent, la tâche des coordonnateurs et des analystes aurait été beaucoup plus ardue : Paulette LeBlanc, adjointe administrative qui a géré le cheminement des diverses études; Hélène Leroux, secrétaire des coordonnateurs de recherche, qui a produit les notes de synthèse destinées aux commissaires et qui s'est chargée, avec Lori Nazar, de surveiller l'avancement des projets vers la fin du programme; Kathleen McBride et son adjointe, Natalie Brose, qui ont créé et mis à jour la base de données des mémoires et des comptes rendus d'audiences; et Richard Herold et son adjointe, Susan Dancause, qui ont géré notre centre de documentation. Nous remercions aussi Jacinthe Séguin et Cathy Tucker, nos réceptionnistes, qui ont fait plus que leur devoir en nous aidant de nombreuses manières à respecter nos délais.

Nous avons eu la chance d'obtenir le concours de chercheurs hors pair, provenant aussi bien du milieu universitaire que du secteur privé. Leurs contributions forment la trame de ce volume et des 22 autres de la collection. Je tiens à souligner l'excellence de leur travail, et je les remercie sincèrement d'avoir su se plier de bonne grâce à des délais toujours très serrés.

Nous avons bénéficié, pour notre programme de recherche, des conseils avisés de Jean-Marc Hamel, conseiller spécial du président de la Commission et ex-directeur général des élections du Canada, dont les connaissances et l'expérience se sont avérées un atout irremplaçable.

De nombreux autres spécialistes ont accepté d'évaluer les études, ce qui a permis non seulement d'améliorer leur teneur, mais aussi d'obtenir maints conseils précieux dans une foule de domaines. Mentionnons en particulier les professeurs Donald Blake, Janine Brodie, Alan Cairns, Kenneth Carty, John Courtney, Peter Desbarats, Jane Jenson, Richard Johnston, Vincent Lemieux, Terry Morley et Mme Beth Symes ainsi que Joseph Wearing.

Préparer, en vue de leur publication, un nombre aussi élevé d'études en moins d'un an exige une maîtrise absolue des métiers de l'édition, et nous avons eu la chance à ce chapitre de pouvoir compter sur le directeur des communications de la Commission, Richard Rochefort, et sur la directrice adjointe, Hélène Papineau, épaulés à leur tour d'une équipe talentueuse composée de Patricia Burden, Louise Dagenais, Caroline Field, Claudine Labelle, France Langlois, Lorraine Maheux, Ruth McVeigh, Chantal Morissette, Sylvie Patry, Jacques Poitras et Claudette Rouleau-O'Toole.

Pour mener à bien le projet, la Commission a aussi fait appel à plusieurs entreprises spécialisées. Nous sommes ainsi profondément reconnaissants à Ann McCoomb (vérification des références et des citations), à Marthe Lemery, Liette Petit, Pierre Chagnon et au personnel des Communications Com'ça (contrôle de la qualité des textes français), à Norman Bloom, Pamela Riseborough et aux associés de B&B Editorial Consulting (adaptation et contrôle de la qualité des textes anglais) et à Mado Reid de Quio (production des textes français). Al Albania et son équipe de la société Acart Graphics se sont chargés de la conception graphique des volumes et ont produit quelque 2 400 tableaux et figures.

La publication des études de la Commission constitue le plus vaste projet d'édition réalisé au Canada en 1991, projet que nous n'aurions pu mener à terme sans la coopération étroite des secteurs public et privé. Du côté du secteur public, nous tenons en particulier à souligner l'excellent service que nous ont fourni la section du Conseil privé du Bureau de la traduction du Secrétariat d'État du Canada, sous la direction de Michel Parent, ainsi que Ruth Steele et Terry Denovan, du Groupe Communication Canada, du ministère des Approvisionnements et Services.

À titre de coéditeur des études de la Commission, la société Dundurn Press, de Toronto, s'est acquittée avec brio de sa tâche, ce dont nous lui sommes reconnaissants. La société Wilson & Lafleur, de Montréal, a de son côté collaboré avec le Centre de documentation juridique du Québec pour faire un travail tout aussi admirable en ce qui concerne la publication de la version française des études.

Des équipes de rédacteurs, de réviseurs et de correcteurs d'épreuves ont travaillé avec la Commission et avec les éditeurs, dans des délais souvent impitoyables, pour préparer quelque 20 000 pages de texte en vue de leur composition, de leur mise en page et de leur impression. Toutes ces personnes, citées ailleurs dans ce volume, ont fourni un travail qui fut grandement apprécié.

Nous adressons nos remerciements au directeur exécutif de la Commission, Guy Goulard, et aux équipes de soutien administratif et exécutif composées de Maurice Lacasse, Denis Lafrance et Steve Tremblay (finances); Thérèse Lacasse et Mary Guy-Shea (personnel); Cécile Desforges (adjointe au directeur exécutif); Marie Dionne (administration); Anna Bevilacqua (dossiers); et Michelle Bélanger, Roch Langlois, Michel Lauzon, Jean Mathieu, David McKay et Pierrette McMurtie (personnel de soutien); ainsi que Denise Miquelon et Christiane Séguin (bureau de Montréal).

Nous devons des remerciements spéciaux à Marlène Girard, adjointe au président, qui a grandement contribué au succès de notre tâche en supervisant les aspects logistiques du travail de la Commission, au milieu des horaires chargés du président et des commissaires.

Je tiens à exprimer ma profonde reconnaissance à ma secrétaire, Liette Simard, dont le sens aigu de la gestion et la patience exemplaire ont réussi à contenir le côté désordonné de mon style de travail, propre à tant d'universitaires. Elle a également assuré la coordination administrative de la révision des dernières versions des volumes 1 et 2 du Rapport final de la Commission. Je dois beaucoup à ses efforts et à son aide inlassable.

Finalement, au nom des coordonnateurs de recherche et en mon nom personnel, je tiens à remercier le président de la Commission, Pierre Lortie, les membres Pierre Fortier, Robert Gabor, William Knight et Lucie Pépin, et les ex-membres Elwood Cowley et le sénateur Donald Oliver. Ce fut un honneur de travailler auprès de personnes aussi éminentes et éclairées, dont les connaissances et l'expérience nous ont tellement apporté. Nous tenons en particulier à souligner l'esprit créateur, la rigueur intellectuelle et l'énergie du président, qualités qu'il a su insuffler à toute l'équipe. Sa direction exceptionnelle, qui nous incitait sans cesse à l'excellence, restera longtemps une source d'inspiration pour chacun de nous.

Le directeur de la recherche,

Peter Aucoin

PRÉFACE

~

DANS LES DÉMOCRATIES MODERNES, les campagnes électorales prennent souvent l'allure de luttes médiatiques. Depuis l'époque de la presse partisane jusqu'à l'environnement multimédiatique actuel, les chefs politiques ont eu largement recours aux organes de presse pour mobiliser l'électorat. Bien que le libre exercice du droit de vote et la crédibilité du processus électoral soient des aspects fondamentaux de la démocratie, la conduite des campagnes électorales et la libre circulation de l'information revêtent une importance tout aussi grande. Si la population entretient le moindre doute quant à l'équité des campagnes, c'est tout le processus électoral qui risque d'être remis en cause. Vivement préoccupées par la légitimité de ce système, la plupart des démocraties ont d'ailleurs voulu réglementer divers aspects des communications électorales, y compris bon nombre d'activités reliées aux médias, qu'il s'agisse de publicité électorale, de radiodiffusion électorale ou d'éléments de la couverture et de l'analyse journalistiques.

Les recherches sur les médias et les élections effectuées pour la Commission royale ont permis d'examiner, dans le contexte d'une réforme électorale, l'évolution récente des communications électorales au Canada et dans d'autres pays démocratiques. Ces recherches étaient destinées à mettre en relief les diverses activités des médias durant les campagnes électorales, qu'elles se prêtent ou non à une éventuelle réglementation. Devant la perspective de réglementer les communications électorales, il importe en effet d'en saisir l'essence et l'ampleur.

Le programme de recherche a produit des données utiles pour la préparation du rapport de la Commission. Toutes les études, au-delà de leur sujet spécifique, ont abordé des questions générales telles que l'équité des luttes électorales et la confiance du public envers le processus électoral, facteurs qui sont déterminants en matière de réforme électorale. Certaines se sont attardées aux aspects fondamentaux du système de communication électorale, alors que d'autres ont cherché à déterminer sa capacité de répondre aux besoins d'information de l'électorat et aux besoins de communication des partis. Maintes études ont été consacrées à de nouvelles techniques de communication qui laissent entrevoir la possibilité de rehausser l'information destinée à l'électorat. Tout ce travail a permis d'examiner en profondeur le rôle des médias au sens le plus large, c'est-à-dire aussi bien la publicité partisane que les émissions télévisées gratuites, les stratégies de communication des candidats et candidates, les nouvelles techniques de communication et les émissions de nouvelles et d'affaires publiques.

Les études portant directement sur le rôle des médias durant les élections sont contenues dans les volumes 18 à 22. On trouvera aussi des données connexes sur ce sujet dans le volume 16, consacré aux sondages d'opinion, et dans le volume 17, consacré à la perception qu'ont les Canadiens et Canadiennes de leur régime électoral, bien que l'objet principal de ces volumes déborde du simple rôle des médias durant les élections. La somme de ces sept volumes brosse un tableau complet des communications électorales.

Le volume 20, qui rapporte des études de cas sur les communications électorales dans dix circonscriptions du Canada, vise à faire le point sur l'information électorale dans le cadre des campagnes locales. Les auteurs ont examiné l'utilisation des médias par les candidats et candidates locaux, en s'intéressant notamment à l'accès de l'électorat aux informations, ainsi qu'aux stratégies de communication des candidats et candidates, dans le but d'améliorer la diffusion de l'information. Ces études de cas ont été effectuées en partie à cause des inquiétudes exprimées par la population canadienne au sujet de la représentativité des institutions publiques. Dans l'ensemble, elles ont révélé que les campagnes électorales sont vigoureuses dans les circonscriptions, mais que peu d'efforts sont faits pour cerner les intérêts locaux pertinents ou pour révéler à l'électorat l'incidence locale des questions de portée nationale. Les auteurs ont aussi constaté que les candidats et candidates et les médias, à l'échelle locale, manquent souvent des ressources nécessaires pour bien exposer l'incidence locale des questions nationales et pour stimuler les débats à l'échelle locale.

Sous la direction de David V.J. Bell, coordonnateur du projet, cinq équipes de chercheurs ont étudié chacune deux circonscriptions, une rurale et une urbaine. Les études ont été réalisées au moyen d'entrevues avec les représentants locaux des partis et des médias, et d'une analyse thématique de la presse locale. Les auteurs étaient invités à répondre à une série de questions concernant le problème général de l'information à l'échelle locale durant les élections fédérales de 1988. Ils ont donc dressé une liste centrale de thèmes communs, mais en s'efforçant de les aborder sous des angles différents. Les études, très riches en informations détaillées, jettent un éclairage précieux sur la nature des communications électorales à l'échelle locale. Elles ont aussi été effectuées en tenant compte du souci de la Commission de rehausser la participation électorale et la confiance des citoyens dans l'intégrité du processus. Comme on avait jusqu'à présent fort peu étudié les communications électorales dans les circonscriptions, ce volume permet de combler une lacune à ce chapitre, même s'il repose sur un échantillon relativement limité de circonscriptions.

Les études ayant été effectuées fin 1990 et début 1991, les chercheurs ont dû reconstruire les campagnes locales de 1988. De ce fait, tous les documents souhaitables n'étaient pas nécessairement disponibles, et le souvenir des répondants était parfois incertain. Quoi qu'il en soit, grâce à la diligence des chercheurs et à la vérification minutieuse des sources, les auteurs sont parvenus à donner une image fiable des campagnes locales et à enregistrer les observations de militants ayant parfois une longue expérience des élections.

Afin d'aider le lecteur, nous exposons dans un chapitre d'introduction la structure générale du projet de recherche, les questions centrales et les thèmes fondamentaux. Dans un chapitre de conclusion, nous résumons les principales constatations, nous examinons les points d'accord et de désaccord des participants, et nous replaçons les questions étudiées dans le contexte plus général de la réforme électorale et du processus démocratique.

Ces études n'intéresseront pas seulement les universitaires et les étudiants souhaitant analyser le rôle des médias et les campagnes électorales, mais aussi les stratèges des partis et les autres responsables des campagnes à l'échelle locale. Nous songeons notamment aux milliers de citoyens et citoyennes qui permettent au système de fonctionner parce qu'ils présentent leur candidature ou qu'ils participent à l'organisation des campagnes locales. De manière plus générale, les études permettront peut-être de mener un débat utile sur la désaffection fréquente des citoyens à l'égard de leur système électoral. Il s'agit là d'un débat qui dépasse le seul cadre des campagnes électorales mais qui pourra être nourri par les thèmes abordés dans ce volume dans le contexte plus limité de ces campagnes.

Le programme de recherche sur les médias et les élections, mis sur pied par la Commission royale, a bénéficié du savoir de nombreux spécialistes des communications, de politicologues ainsi que d'analystes dont les travaux sont ici réunis. Je leur suis infiniment reconnaissant de leur contribution. De tous ceux qui ont joué le rôle de conseillers et de réviseurs parmi les pairs, plusieurs méritent une mention spéciale : Peter Desbarats, doyen de l'École de journalisme de l'Université Western Ontario; David Taras, de l'Université de Calgary; Holli Semetko, de l'Université du Michigan; et Marc Raboy, de l'Université Laval. Le programme de recherche a également bénéficié des conseils avisés de représentants et représentantes des partis et des médias : John

Coleman, président de la Fondation canadienne de la publicité; Terry Hargreaves, Elly Alboim et Colin MacLeod, du réseau anglais de la Société Radio-Canada; Geoffrey Stevens, chroniqueur politique; Lynn McDonald, sociologue et ex-députée; et d'autres qui préfèrent rester anonymes. Au nom des auteurs et auteures de la Commission royale, je tiens aussi à souligner notre gratitude envers les spécialistes des médias et des partis qui ont accepté de prendre part à nos colloques ou de répondre à nos questions, sans ménager leur aide et leurs conseils précieux.

Le programme de recherche n'aurait pu être mené à bien sans Cheryl D. Mitchell, mon adjointe dès le départ, ni sans nos adjoints et adjointes de recherche de l'Université York, Catherine M. Bolan, Claudia Forgas, Marni Goldman, Todd Harris, Sharon Johnston et Sheila Riordon. Je tiens également à souligner l'aide précieuse reçue du personnel de la Commission royale, à commencer par Peter Constantinou et Véronique Garneau qui ont assumé des responsabilités particulières sur le plan de la recherche. Je remercie également le personnel du département de science politique de la faculté des arts du Collège Calumet et celui de la faculté d'études environnementales de l'Université York qui nous ont généreusement prêté assistance.

J'adresse des remerciements tout spéciaux aux auteurs des volumes, qui se sont pliés de bonne grâce à des délais impossibles tout en poursuivant leurs fonctions universitaires habituelles, et qui se sont empressés de répondre avec gentillesse à nos demandes de révision. De même, les réviseurs ont joué un rôle très important en aidant les auteurs et nous-mêmes à préparer les études pour publication.

La bonne humeur et les encouragements constants de Peter Aucoin, directeur du programme de recherche, ont grandement contribué au succès de l'entreprise. Ce fut pour moi un privilège de travailler avec les commissaires, qui ont toujours su puiser dans leur expérience personnelle pour éclairer certaines de nos formulations les plus ésotériques. J'estime également que nous n'aurions pu mener à bien ce travail sans la direction avisée de Pierre Lortie, et en particulier sans ses idées de recherche et ses commentaires pénétrants sur les ébauches successives des documents, ce dont témoignent autant la qualité des volumes de recherche que celle du rapport final de la Commission. Travailler avec les autres coordonnateurs et coordonnatrices de recherche m'a toujours procuré un immense plaisir. Richard Rochefort et son personnel ont joué un rôle crucial dans la préparation des études en vue de leur édition.

Sur une note plus personnelle, je tiens à remercier mon épouse et fréquente collaboratrice, Martha Fletcher, qui m'a encouragé à entreprendre ce projet qui s'est révélé intellectuellement fort enrichissant et qui m'a prodigué une foule de conseils précieux en plus d'assumer plus que sa part des responsabilités familiales. Mon fils Frederick m'a rappelé que le travail, tout aussi important qu'il puisse être, n'est qu'un aspect de l'existence, mais il m'a aussi convaincu que l'avenir de la démocratie mérite tous nos efforts.

Cheryl D. Mitchell, qui a toujours travaillé avec beaucoup de compétence et de détermination, mérite une bonne part du crédit pour ce projet de recherche. Toutefois, si des erreurs ont été commises dans la conception et l'exécution du projet, j'en suis seul responsable.

En ce qui concerne le volume 20, je tiens à souligner l'aide précieuse de Catherine M. Bolan, qui a assuré une bonne part du travail de relecture, de R. Kenneth Carty, de l'Université de la Colombie-Britannique, qui a fourni des conseils et des données, et de nombreux militants locaux des partis et représentants des médias qui ont généreusement répondu à nos demandes d'information. Comme toujours, il a été très agréable de collaborer avec David Bell.

Le coordonnateur de recherche,

Frederick Fletcher

J'adresse d'abord mes remerciements personnels à Fred Fletcher pour m'avoir invité à participer à ce projet. Je remercie les membres de l'équipe de recherche qui ont tous apporté à l'ensemble du projet une contribution encore supérieure à l'excellent travail qu'ils ont fait pour mener à bien leurs propres études de cas. Je remercie enfin Catherine M. Bolan qui a contribué à la coordination du projet et a rédigé avec moi le rapport de l'étude ontarienne.

Le coordonnateur de recherche,

David V.J. Bell

LA
COMMUNICATION
AVEC
L'ÉLECTEUR

1

LA COMMUNICATION ÉLECTORALE DANS LES CIRCONSCRIPTIONS
Cadre d'analyse

David V.J. Bell
Frederick J. Fletcher

D E PLUS EN PLUS, journalistes et universitaires considèrent les élections fédérales dans une perspective nationale et les décrivent comme des « courses de chevaux » entre chefs de partis. Sans être fausse, cette image est toutefois biaisée et incomplète. En effet, dans un régime électoral uninominal majoritaire où chaque circonscription n'est représentée que par un seul député, le résultat national dépend du résultat de chaque circonscription. Fait étonnant, fort peu d'études ont été consacrées aux circonscriptions elles-mêmes. La plupart portent sur le pays en entier, soit sur de grands ensembles comme les provinces, soit sur les choix individuels des électeurs et électrices. Bien des auteurs conviennent de l'importance d'étudier davantage l'incidence de facteurs locaux : candidats, enjeux locaux, stratégies électorales, couverture dans la presse locale. Néanmoins, là aussi peu d'études systématiques ont été consacrées à ces questions[1].

Cette lacune est fort regrettable, et ce pour plusieurs raisons. Tout d'abord, comme nous l'avons souligné, ce sont les choix individuels des électeurs et électrices au niveau des circonscriptions qui déterminent les résultats nationaux. En outre, les députés semblent jouer un rôle politique plus grand du fait des dernières réformes parlementaires, bien que l'on sache peu de choses sur la manière dont ils sont choisis comme candidats ou sur l'influence du discours politique local. Or, toute réforme destinée à rendre le système électoral plus démocratique se doit de tenir compte des divers facteurs en jeu dans chaque circonscription.

Plusieurs études effectuées ces dernières années soulignent la désaffection croissante de la population à l'égard des institutions représentatives et le sentiment généralisé que le courant entre représentants et citoyens passe mal. Ainsi, après les élections de 1988, la cote de popularité des politiciens et des partis « n'a jamais été aussi faible, sur tous les plans, depuis qu'on a commencé à la mesurer » (Pammett 1990, 273). Selon Price et Mancuso (1991, 198 et 199), il existe bel et bien des liens institutionnels entre les députés fédéraux et leurs électeurs, mais le fossé ne cesse de se creuser entre les attentes de la population et les pratiques parlementaires. D'après de récentes enquêtes, la majorité des Canadiens et Canadiennes estime que les députés devraient voter à la Chambre des communes en fonction des intérêts de leur circonscription, ce qui est, au demeurant, contraire au principe du gouvernement parlementaire qui veut que les députés votent généralement selon la ligne de leur parti, principe qui recueille aujourd'hui peu d'appuis auprès de la population (*ibid.*, 201).

Il ne s'agit pas là d'un simple problème de mode de représentation. En effet, selon une récente étude effectuée aux États-Unis (Kettering Foundation 1991, 5), la population américaine est largement convaincue que les ponts sont coupés entre elle et les élus. Or, la discipline de parti ne joue pas dans ce pays. Les auteurs de cette étude ont constaté que bon nombre de citoyens et citoyennes se sentent exclus des débats publics parce qu'ils ont l'impression que ceux-ci sont dominés par les politiciens, les experts, les groupes d'intérêt et les médias. Selon les répondants américains, l'une des principales failles des débats publics est que leurs thèmes sont choisis, structurés et débattus d'une façon qui n'a apparemment rien à voir avec le milieu où vivent les personnes. À leur avis, ces thèmes devraient être ramenés à une échelle locale, de façon à refléter leurs propres préoccupations et à leur permettre de participer réellement aux débats. Ce sentiment semble tout aussi répandu au Canada. Il s'expliquerait en partie par le fait que les campagnes électorales n'intéressent plus l'électorat, leurs thèmes centraux étant trop éloignés des préoccupations locales.

La population canadienne s'inquiète de l'aliénation grandissante qu'elle éprouve face au système politique et électoral, ainsi que du désabusement ambiant. La Commission royale sur la réforme électorale et le financement des partis a été créée pour étudier le processus électoral et pour formuler des recommandations susceptibles de l'améliorer. Le but de la Commission, jugé ambitieux par son président, consiste à fournir les éléments de base d'une loi électorale capable ᴅ̲ répondre véritablement aux besoins des Canadiens pour les décennies à venir, de renforcer leur confiance dans le processus démocratique et dans leurs élus, une loi qui reflète nos valeurs et nos institutions démocratiques. (Lortie 1990, 2.)

Les études de cas rapportées dans le présent volume sont axées sur les communications électorales, mais elles portent aussi sur le financement et la sélection des candidats et candidates. En effet, les limites de dépenses, les ressources financières et les services dont disposent les députés sortants jouent tous un rôle dans les communications électorales.

L'un des principaux objectifs de ces études était de savoir si les thèmes des élections fédérales de 1988 avaient été adaptés aux divers électorats locaux et, si oui, comment. On peut définir les enjeux locaux de plusieurs manières. Au sens strict, il s'agit des intérêts spécifiques de la circonscription ou de la collectivité. Dans un sens plus large, ce sont les enjeux qui subissent l'influence de questions plus générales, par exemple l'incidence de la réforme fiscale nationale sur les collectivités. Les chercheurs ont donc été invités à vérifier si les enjeux locaux — au sens strict comme au sens large — ont joué un rôle dans les communications électorales à l'échelle locale, comment ils ont été présentés à l'électorat par les médias, et comment on les a reliés aux grandes questions d'intérêt national de la campagne de 1988.

Anthony Sayers a formulé, dans l'étude qui suit, le concept « d'espace thématique » pour expliquer comment les médias et les partis structurent l'environnement informationnel local de l'électorat. L'espace thématique a deux dimensions : l'une est quantitative, soit le nombre de thèmes pouvant être politisés (c'est-à-dire ceux qui sont devenus un facteur de la campagne), et l'autre est qualitative, soit la nature des questions qui sont politisées. La taille et le contenu de l'espace thématique local dépendent de plusieurs facteurs, dont les plus importants sont : 1) les rapports entre les états-majors électoraux locaux, provinciaux et nationaux au sein des partis politiques; 2) le poids relatif accordé aux enjeux locaux, provinciaux et nationaux par les médias de chaque circonscription; et 3) le sentiment plus ou moins grand que la circonscription a de sa différence. Les circonscriptions englobant des collectivités ayant une forte identité locale sont susceptibles d'avoir un espace thématique local plus étendu, mais cela dépend aussi du type de circonscription et de la compétitivité des partis.

LES ÉTUDES SUR LES CAMPAGNES LOCALES

Malgré le petit nombre d'études consacrées spécifiquement aux circonscriptions, on dispose de certaines données assez fiables sur le rôle apparent des candidats et candidates dans les choix de l'électorat. Lors d'une enquête, Cunningham (1971, 288) a constaté que 26 % des électeurs et électrices des diverses circonscriptions de Hamilton considéraient « le candidat local » comme le « facteur le plus important dans leur décision » en vue des prochaines élections, ce qu'ont confirmé des études plus récentes. Ainsi, ce fut le cas pour 27 % des gens interrogés lors d'une étude consacrée aux élections de 1988. (Ce pourcentage représente un peu plus de la moitié de ceux pour qui le facteur déterminant avait été « le parti dans son ensemble » (53 %), mais il est plus élevé que celui des personnes citant les chefs de partis (20 %).) Sur ce groupe, 57 % ont affirmé que les prises de position des candidats avaient constitué le critère premier, alors que 43 % avaient été influencés par les « qualités personnelles » des candidats (Pammett 1990, 271 et 272). Que ces réponses reflètent exactement ou non l'importance relative des candidats locaux, elles révèlent cependant que bon nombre d'électeurs estiment que ceux-ci devraient être un facteur important[2].

On trouve en outre dans les études existantes de nombreuses observations sur la nature de la politique électorale à l'échelle des circonscriptions, dont les principales sont : la conjonction entre les facteurs locaux (popularité personnelle du candidat, enjeux locaux, puissance des diverses organisations électorales existantes, utilisation des médias locaux, paramètres démographiques, choix antérieurs de l'électorat, etc.) et les facteurs nationaux ou régionaux (popularité personnelle des chefs de partis, questions nationales et programmes des partis, publicité politique nationale, couverture médiatique, etc.).

Après avoir analysé les études existantes, Fletcher (1987) a abouti aux conclusions suivantes :

- Lors des élections, les pratiques journalistiques et les règlements électoraux donnent un avantage important aux députés sortants (*ibid.*, 353).
- L'effet des stratégies électorales locales (porte-à-porte, distribution de brochures, appels téléphoniques, etc.) varie d'une circonscription à l'autre, même si l'on ignore jusqu'à quel point (*ibid.*, 355).
- Les partis nationaux orientent de plus en plus leurs activités électorales vers les circonscriptions difficiles, c'est-à-dire celles où, selon eux, ils devront se battre durement pour gagner ou conserver un siège (*ibid.*, 357).

- Les débats télévisés entre les candidats — notamment su chaînes câblodiffusées locales — sont de plus en plus fréquents au niveau des circonscriptions (*ibid.*, 358).
- Les candidats locaux attirent peu l'attention des grands médias (*ibid.*, 360).

Ces conclusions reposent cependant davantage sur des impressions que sur des données concrètes. Par ailleurs, on ne sait pas grand-chose des « indicateurs précis de l'utilisation des médias » et de la « nature et des conditions spécifiques des facteurs » d'influence (Fletcher 1987, 364), notamment le « contenu des sollicitations politiques » (*ibid.*, 368). On n'a pas, ou rarement, étudié si les conclusions tirées à l'échelle nationale — par exemple, le fait que « les chefs choisissent des thèmes électoraux pouvant être facilement expliqués à la télévision » (*ibid.*, 367) — restent valables à l'échelle des circonscriptions. Plus important encore, on ne sait pas si les médias nationaux dominent à ce point les médias locaux que les liens entre l'électorat et les candidats ou les enjeux locaux s'en trouvent gravement compromis. Dans le présent volume, des études qualitatives des communications électorales de 1988 dans 10 circonscriptions analysent ces diverses questions.

LE CHOIX DE L'ÉCHANTILLON

On peut dire, en paraphrasant T.S. Eliot, que chaque circonscription est « unique et semblable aux autres ». Les circonscriptions canadiennes varient selon la taille, la compétitivité, les paramètres démographiques, la région, l'urbanisation, etc. (Eagles (1990) fournit des données sur ces variables.) Pour choisir notre échantillon de circonscriptions, nous avons dû faire des compromis difficiles, car le manque de temps nous empêchait d'en choisir davantage. Nous avons donc décidé de stratifier notre projet par régions, en choisissant respectivement deux circonscriptions dans les Maritimes, au Québec, en Ontario, dans les Prairies et en Colombie-Britannique. Dans chaque région, il devait y avoir une circonscription essentiellement urbaine ou de banlieue, et une autre surtout rurale. Nous avons sélectionné uniquement les circonscriptions où la campagne électorale avait été prise au sérieux, c'est-à-dire où le vainqueur avait fait face à des adversaires crédibles, ayant recueilli ensemble au minimum la moitié des suffrages dans au moins 3 des 5 élections précédentes. Évidemment, ces 10 circonscriptions ne sont pas représentatives, mais elles sont suffisamment différentes pour permettre de cerner de façon réaliste les problèmes de communication électorale et de tenter d'y remédier.

À partir de ces critères, nous avons donc retenu les circonscriptions suivantes :

- *Colombie-Britannique* : Vancouver-Centre et Kootenay-Ouest–Revelstoke;
- *Alberta* : Calgary-Ouest et Macleod;
- *Ontario* : Perth–Wellington–Waterloo et Markham;
- *Québec* : Frontenac et Outremont;
- *Nouvelle-Écosse* : Annapolis Valley–Hants et Halifax.

LA PROBLÉMATIQUE

Chaque étude de cas se fonde sur la plupart des éléments suivants, sinon sur tous :

- Un résumé succinct des principales caractéristiques de la circonscription, notamment ses paramètres démographiques, les problèmes locaux qu'elle a déjà connus et les médias existants. Pour ce faire, nous avons utilisé les informations figurant dans le prochain almanach de Munroe Eagles, qui dresse le portrait de toutes les circonscriptions fédérales. Nous nous sommes aussi servis de données de Statistique Canada sur ce sujet.
- Une analyse des stratégies électorales des candidats et candidates en 1988 (à la suite d'entrevues avec certains d'entre eux et avec des directeurs de campagne), notamment de la place accordée aux enjeux locaux par rapport aux enjeux nationaux ou régionaux, et l'utilisation des médias locaux.
- Une analyse de la couverture locale des élections de 1988 par la presse écrite et télévisée, notamment par les chaînes communautaires câblodiffusées (à la suite d'entrevues avec les principaux responsables des stations et selon une certaine analyse de contenu).
- Une analyse de l'importance qu'accordent les organisateurs électoraux aux campagnes locales.

LES OBJECTIFS DU PROJET

Le mot « média » vient du mot latin *medius* qui signifie « qui est au milieu de ». On l'utilise dans le domaine des communications, et ce depuis relativement peu de temps, pour signifier que les moyens de communication, surtout ceux de masse, sont un trait d'union entre les individus et le milieu environnant. En politique contemporaine, les médias sont un lien déterminant entre les partis et les candidats d'un côté, et l'électorat de l'autre. Les candidats s'efforcent d'avoir des contacts personnels avec leurs électeurs, par exemple en prenant des bains de foule, en se rendant sur des lieux de travail ou dans des centres commerciaux, ou en faisant du porte-à-porte. Cependant, rares sont les électeurs qui ont des contacts personnels avec les candidats, qui assistent à l'une de leurs assemblées publiques ou à un débat politique auquel ceux-ci participent. La très grande majorité des électeurs reçoivent leurs informations sur les candidats et leurs programmes par le truchement de la télévision, de la radio ou de l'écrit (y compris les brochures, les panneaux électoraux, le publipostage, etc.).

Dans le cadre du projet, l'environnement médiatique local comprend la télévision, la radio et les journaux. Nous n'avons pas étudié de manière systématique les documents électoraux distribués dans les circonscriptions par la plupart des candidats et candidates, ni le recours au publipostage ou à la sollicitation téléphonique; par contre, nous nous sommes informés dans chaque circonscription de l'utilisation que font les candidats de ces formes de communication électorale. Notre objectif était d'analyser l'utilisation des médias par les candidats ainsi que la couverture médiatique à l'échelle locale afin d'établir dans quelle mesure l'électorat avait eu accès à des informations concernant les candidats, les programmes et les thèmes électoraux. Nous avons demandé aux chercheurs de tenir compte de la quantité et de la nature des informations disponibles, et de réfléchir à des moyens d'améliorer la diffusion de l'information.

Outre les stratégies de communication des candidats, les auteurs de ce volume ont été invités à étudier la couverture des campagnes dans la presse électronique et écrite. Cette étude consistait essentiellement à mesurer la part que les médias ont accordée, dans chacune des circonscriptions, aux questions d'intérêt local, provincial ou régional et national. Pour ce faire, il a fallu examiner dans quelle mesure les informations des agences de presse nationales étaient utilisées par rapport aux reportages locaux et, plus important encore, dans quelle mesure la campagne était présentée comme une « course de chevaux » entre des chefs nationaux plutôt que comme une lutte entre des candidats locaux. C'est dans ce contexte qu'a été analysée l'attention accordée à ces derniers par les médias.

Pour mieux cerner la réalité des communications électorales locales, on a demandé aux auteurs de se pencher sur les points suivants :
- Présentait-on la lutte dans la circonscription comme un simple succédané de la course au niveau national ?
- Les candidats locaux se présentaient-ils surtout comme les représentants locaux de leur chef, ou comme des candidats de plein droit ?
- Dans quelle mesure les thèmes et les documents de campagne utilisés au niveau local provenaient-ils des états-majors des partis

nationaux ou provinciaux ? Combien de documents électoraux avaient été conçus localement ?

- Dans quelle mesure les campagnes locales avaient-elles porté sur des thèmes autres que ceux des campagnes nationales des partis, tant sur le plan du contenu que sur celui de l'accent mis sur certaines questions ? Quelle était la part respective des questions locales et nationales ?
- Quelles étaient les stratégies des campagnes locales pour atteindre l'électorat ? Comment leurs responsables avaient-ils utilisé la presse locale ?
- Dans quelle mesure les campagnes locales avaient-elles réussi à attirer l'attention des médias ?
- Comment les médias locaux avaient-ils couvert les campagnes locales ?

LE CADRE RÉGLEMENTAIRE

Durant les campagnes électorales, la presse électronique est assujettie à des lignes directrices précises publiées par le Conseil de la radio-diffusion et des télécommunications canadiennes (CRTC) en vertu de la *Loi sur la radiodiffusion* et de la *Loi électorale du Canada*. À la suite d'audiences publiques tenues par le CRTC en 1987, ces lignes directrices ont été révisées dans le but de « faire en sorte de renseigner le public au sujet des questions en cause, de manière qu'il soit suffisamment informé pour faire un choix éclairé entre les divers partis et candidats » (Conseil de la radiodiffusion 1987). Le CRTC oblige les radiodiffuseurs à « répartir équitablement entre les différents partis politiques accrédités et les candidats rivaux représentés à l'élection [...] le temps consacré à la radiodiffusion d'émissions, d'annonces ou d'avis qui exposent la politique d'un parti » (Conseil de la radiodiffusion 1988). La diffusion d'émissions partisanes est limitée à une période de quatre semaines, qui se termine la veille du jour du scrutin.

La *Loi électorale du Canada* exige que tous les radiodiffuseurs accordent du temps d'antenne payant aux partis politiques enregistrés, et que les exploitants de réseaux leur offrent du temps d'antenne gratuit. Quant aux candidats et candidates, les radiodiffuseurs peuvent mettre à leur disposition du temps d'antenne gratuit et payant, mais sans y être tenus. S'ils le font, ils doivent répartir ce temps d'antenne de manière équitable entre tous. À l'échelle nationale, le temps d'antenne est attribué aux partis en fonction de leur nombre de sièges à la Chambre des communes au moment de sa dissolution ainsi que du pourcentage de voix recueillies et du nombre de candidats présentés aux élections précédentes. En 1988, à l'échelle locale, bon nombre de radiodiffuseurs et de chaînes communautaires câblodiffusées ont considéré qu'une répartition équitable signifiait une répartition égale (Desbarats 1991).

Dès le déclenchement des élections, le CRTC est tenu d'adresser ses lignes directrices aux radiodiffuseurs. En leur envoyant celles des élections de 1988 (Conseil de la radiodiffusion 1988), le président du CRTC, André Bureau, a précisé que :

> Ces exigences ont pour objet de garantir au public le droit d'être informé des questions en cause de sorte que ses connaissances soient suffisantes pour lui permettre de faire un choix éclairé entre les divers partis et candidats [...]. L'obligation du radiodiffuseur comme mandataire des ondes publiques est rarement plus forte qu'elle ne l'est dans le cas de cet exercice de la liberté démocratique la plus fondamentale.

Ces lignes directrices rappelaient aux radiodiffuseurs leur obligation de traiter tous les candidats et partis de manière équitable dans leurs émissions électorales.

La limitation de la période publicitaire à quatre semaines, la limitation des dépenses électorales ainsi que le remboursement de certaines dépenses faites par des candidats et candidates ayant recueilli au moins 15 % des suffrages ont pour but d'empêcher que le système américain dominé par l'argent ne s'implante au Canada. Aux États-Unis, il est absolument impossible de mener une campagne efficace pour un poste important si l'on ne peut rassembler les centaines de milliers de dollars nécessaires pour l'achat de publicité télévisée. Cela dit, d'aucuns affirment que les limites imposées au Canada empêchent les candidats, surtout ceux qui s'opposent aux députés sortants, de livrer efficacement leur message à l'électorat.

La question du traitement équitable a été abordée de manière assez détaillée par le CRTC dans son document de 1987 (Conseil de la radiodiffusion 1987) dont les principales dispositions se résument comme suit :

- Le critère du traitement équitable s'applique à chaque catégorie d'émissions (émissions payées, émissions gratuites, nouvelles, affaires publiques) et doit être respecté à l'intérieur de chacune.
- Les débats doivent donner à tous les partis et candidats rivaux la possibilité d'y participer, même si cela exige plusieurs émissions.
- Les candidats qui commencent leur campagne après les autres ont droit à une couverture équitable dès leur entrée en scène.

Cependant, il n'est pas nécessaire, pour le temps déjà accordé aux autres candidats, de leur accorder une compensation.

- Les personnalités du petit écran qui se portent candidates doivent être déchargées de leurs fonctions durant la campagne.
- Chaque station décide elle-même des circonscriptions qu'elle couvrira, en fonction du territoire qu'elle dessert et d'autres considérations d'ordre pratique. Les stations qui rediffusent une bonne partie de leurs émissions sont néanmoins censées faire l'effort de répondre aux besoins de toutes les circonscriptions qu'elles desservent.

Il semble difficile de répondre à ce dernier critère en raison du décalage qui existe entre la zone de diffusion de certaines stations et les limites des circonscriptions. Par exemple, certaines stations câblo-diffusées couvrent plus d'une circonscription, alors que certaines circonscriptions sont desservies par plusieurs de ces stations. Plusieurs des études de cas rapportées dans les chapitres suivants examinent les conséquences de ce problème.

Il faut souligner que les dispositions du CRTC ne sont que des lignes directrices, pas des règlements. Des doutes subsistent donc quant à leur force exécutoire, bien qu'une station risque de ne pas obtenir le renouvellement de son permis si elle ne fait pas un réel effort pour respecter ces dispositions. Quoi qu'il en soit, le CRTC a toujours hésité à intervenir dans le rôle journalistique de la presse électronique. Il reçoit pourtant des plaintes, dont la quasi-totalité sont liées au traitement équitable des candidats et candidates, et il réussit généralement à jouer le rôle de médiateur entre ces derniers et les radiodiffuseurs durant les campagnes électorales. Pour les médias électroniques, ces lignes directrices constituent un ensemble de normes et de règles à respecter durant les campagnes électorales.

LA « CULTURE DÉMOCRATIQUE » DES ÉLECTIONS

Des élections honnêtes, où des candidats et candidates représentant une bonne partie de leur collectivité locale s'affrontent dans une lutte ouverte, constituent la pierre angulaire de la démocratie occidentale. Afin de respecter ce principe, toutes les sociétés qui se veulent démocratiques s'efforcent de réglementer la conduite des élections. Cependant, nulle réglementation ou législation ne saurait garantir l'honnêteté et l'équité totales du système électoral. En outre, une réglementation trop stricte irait à l'encontre d'autres principes jugés tout aussi fondamentaux en démocratie, notamment la liberté d'expression.

Les politicologues savent depuis longtemps que les structures démocratiques doivent être soutenues et renforcées par une culture reposant sur des idéaux et des valeurs démocratiques. Selon une étude réputée, toute véritable démocratie exige « un ensemble d'attitudes politiques, découlant elles-mêmes d'attitudes sociales, qui contribuent à la stabilité du processus démocratique » (Almond et Verba 1963, vii). La démocratie est une question « d'attitude et de sentiment », et pas seulement de structure et de processus. Plus les citoyens et citoyennes comprennent et appuient les normes et les valeurs démocratiques, plus les pratiques démocratiques pourront s'épanouir. Cela vaut surtout pour les éléments politiquement actifs de la société.

Dans ce volume, nous tenterons de déterminer dans quelle mesure les militants politiques et les journalistes communiquent ces normes à l'électorat, ainsi que les informations dont celui-ci a besoin pour faire des choix éclairés.

Les études de cas rapportées dans ce volume abordent diverses questions sous des angles différents. Dans notre chapitre final, nous soulignons les résultats communs et les principales différences de l'une à l'autre, et revenons sur les grands thèmes évoqués ci-dessus.

Leonard Preyra analyse la conduite, le style et le contenu des communications électorales à l'échelle des circonscriptions, en fonction de trois types de rapports : l'intégration des campagnes nationales et locales à l'intérieur des partis, les affiliations centrales et périphériques des services de nouvelles des médias nationaux et locaux, et les facteurs propres aux circonscriptions lors de la campagne. Cette étude a révélé que l'« intégration verticale » des organisations politiques et médiatiques exerce une profonde influence sur le mécanisme, le style et le contenu des communications électorales dans les circonscriptions néo-écossaises de Halifax et d'Annapolis Valley–Hants. Malgré la spécificité de la campagne de 1988, largement dominée par le thème du libre-échange, Leonard Preyra affirme que l'intégration verticale continuera de favoriser la prédominance des questions nationales dans les campagnes fédérales.

L'étude de Luc Bernier porte sur la dynamique des médias et de la politique électorale dans les circonscriptions québécoises d'Outremont et de Frontenac. Il analyse les rapports existant entre les structures locales, provinciales et nationales des organisations politiques afin de mesurer l'incidence de ces diverses structures sur les campagnes locales. Cet auteur évalue également l'importance que revêt pour ces dernières une puissante organisation de base, notamment sur le plan des ressources, de la motivation et des traditions. Parmi les autres sujets abordés par Luc Bernier, on trouve l'incidence d'une pénurie de bénévoles sur les campagnes locales; les conséquences des dépenses électorales, notamment celles qui sont associées aux zones grises et qui risquent de saper l'équité globale du système; l'effet de réélection, notamment dans Frontenac, où la grande question posée durant la campagne de Marcel Masse en 1988 n'était pas de savoir si celui-ci serait réélu mais avec quelle majorité, et la position des nouveaux partis dans un environnement médiatique local obnubilé par les partis établis.

Dans leur étude de deux circonscriptions ontariennes, David Bell et Catherine Bolan examinent comment les candidats locaux s'efforcent de rejoindre l'électorat par le truchement de la presse locale et, en contrepartie, quelles sont les pratiques de la presse locale en matière de couverture des élections. Leur analyse qualitative des journaux locaux et d'entrevues individuelles avec des journalistes de renom et des personnalités politiques les amène à faire d'intéressantes observations sur les similitudes et les différences de l'environnement informationnel de ces circonscriptions durant la campagne électorale. Ils examinent également le rôle des nouvelles technologies et des travailleurs électoraux au sein des organisations politiques locales, ainsi que l'incidence de la montée des petits partis et des candidats indépendants.

Andrew Beh et Roger Gibbins ouvrent leur étude sur la campagne électorale de 1988 dans les circonscriptions albertaines de Macleod et de Calgary-Ouest par cette question : « Les candidats locaux et les campagnes de comté comptent-ils dans les campagnes électorales fédérales ? » Les deux circonscriptions choisies se prêtaient particulièrement bien à cette étude car toutes deux ont été vivement contestées en 1988, ce qui avait rarement été le cas dans le passé. Les auteurs ont de plus examiné le rôle important joué par les candidats du Parti réformiste du Canada dans ces circonscriptions. Constatant toutefois que les enjeux et les problèmes nationaux occupaient une place prédominante dans la couverture médiatique, ils concluent, comme Leonard Preyra, qu'il est peu probable que les intérêts locaux jouent un rôle important à l'avenir, et que le problème du libre-échange n'a que légèrement amplifié cette tendance en 1988.

À la suite de son analyse des campagnes dans les circonscriptions de Vancouver-Centre et de Kootenay-Ouest–Revelstoke, en Colombie-Britannique, Anthony Sayers développe ses concepts d'espace thématique et, plus spécifiquement, d'espace thématique local. Il affirme que la définition des thèmes électoraux et l'importance qu'on leur accorde sont sujettes à des variations verticales dans la hiérarchie des partis et des médias, en allant du niveau local au niveau national, de même qu'à des variations horizontales d'une circonscription à l'autre, et à des variations chronologiques à mesure qu'avance la campagne et que sont reformulées les stratégies de départ. Anthony

Sayers a réalisé des entrevues approfondies auprès de candidats locaux, de militants, d'organisateurs, d'agents de communication et de personnalités médiatiques. Son étude fait brièvement ressortir la dynamique complexe des campagnes électorales, dont les paramètres varient d'une circonscription à l'autre. En conséquence, affirme-t-il, toute modification apportée au processus électoral aura une incidence différente dans chaque circonscription.

Dans le chapitre final, nous résumons les principaux résultats et conclusions de ce volume, et examinons les points de convergence et de divergence; puis nous tentons de cerner les problèmes avant de proposer des réformes possibles.

NOTES

1. Voir Fletcher (1987, 346 et 347) : « Les recherches effectuées au Canada sur les élections ont permis d'identifier certains facteurs importants pour les choix électoraux et de les associer, de manière plus ou moins convaincante, aux campagnes des partis nationaux. En revanche, aucune étude détaillée n'a été faite sur l'environnement informationnel dans lequel l'électorat fait ses choix. Les facteurs régionaux et locaux restent encore à analyser. » Voir aussi Eagles (1990, 289).

2. Nonobstant ces constatations, un stratège de parti national interrogé dans le cadre de cette étude a nettement contesté leur validité. Il reconnaît certes que le fait d'être député sortant « vaut probablement entre 10 et 14 % » des voix, mais les facteurs locaux n'ont en soi pratiquement aucune influence. Plusieurs personnes ont exprimé des avis semblables, mais en situant encore plus bas l'avantage du député sortant, soit entre 5 et 7 %. Ce point de vue est confirmé par certaines études : voir Cunningham (1971), Irvine (1982) et Ferejohn et Gaines (1991). La question reste cependant difficile à trancher, étant donné la complexité des choix électoraux et le peu de données disponibles sur ce sujet.

RÉFÉRENCES

Almond, Gabriel, et Sidney Verba, *The Civic Culture : Political Attitudes and Democracy in Five Nations*, Princeton, Princeton University Press, 1963.

Conseil de la radiodiffusion et des télécommunications canadiennes, « Une politique relative à la radiodiffusion en période électorale », Avis public n° 1988-142, Ottawa, CRTC, 1988.

————, « Radiodiffusion en période électorale », Avis public n° 1987-209, Ottawa, CRTC, 1987.

Cunningham, Robert, « The Impact of the Local Candidate in Canadian
Federal Elections », *Revue canadienne de science politique*, vol. 4 (1971),
p. 287–290.

Desbarats, Peter, « La câblodistribution et les campagnes électorales
fédérales au Canada », dans Frederick J. Fletcher (dir.), *La radiodiffusion
en période électorale au Canada*, vol. 21 des études de la Commission royale
sur la réforme électorale et le financement des partis, Ottawa et Montréal,
CRREFP/Dundurn et Wilson & Lafleur, 1991.

Eagles, Munroe, « Political Ecology : Local Effects on the Political Behaviour
of Canadians », dans Alain G. Gagnon et James Bickerton (dir.), *Canadian
Politics : An Introduction to the Discipline*, Peterborough, Broadview Press,
1990.

Ferejohn, John, et Brian Gaines, « Le vote pour l'individu au Canada »,
dans Herman Bakvis (dir.), *Les partis politiques au Canada : Représentativité
et intégration*, vol. 14 des études de la Commission royale sur la réforme
électorale et le financement des partis, Ottawa et Montréal,
CRREFP/Dundurn et Wilson & Lafleur, 1991.

Fletcher, Frederick J., « Mass Media and Parliamentary Elections
in Canada », *Legislative Studies Quarterly*, vol. 12 (août 1987), p. 341–372.

Irvine, William P., « Does the Candidate Make a Difference ?
The Macro-Politics and the Micro-Politics of Getting Elected »,
Revue canadienne de science politique, vol. 15 (1982), p. 755–782.

Kettering Foundation, *Citizens and Politics : A View from Main Street America.*
Étude préparée par le Harwood Group, Dayton, Washington (D.C.),
New York, Kettering Foundation, 1991.

Lortie, Pierre. Allocution prononcée par le président à la première audience
publique de la Commission royale sur la réforme électorale et
le financement des partis, Ottawa, 12 mars 1990.

Pammett, Jon H., « Elections », dans Michael S. Whittington et Glen
Williams (dir.), *Canadian Politics in the 1990s*, Scarborough, Nelson Canada,
1990.

Price, Richard G., et Maureen Mancuso, « Ties That Bind : Parliamentary
Members and Their Constituencies », dans Robert M. Krause et
R.H. Wagenberg (dir.), *Introductory Reading in Canadian Government
and Politics*, Toronto, Copp Clark Pittman, 1991.

2

L'IMPORTANCE ATTRIBUÉE AUX QUESTIONS LOCALES DANS LES ÉLECTIONS NATIONALES
Kootenay-Ouest–Revelstoke et Vancouver-Centre

Anthony M. Sayers

TOUT LE MONDE SAIT que le maniement habile des médias compte pour beaucoup dans le succès d'une campagne électorale. Inversement, on pense aujourd'hui que l'essor des médias nationaux et des élections orchestrées à l'échelle du pays a réduit l'importance des campagnes et des enjeux à l'échelon local ainsi que le rôle des candidats locaux dans les élections nationales. Vu le peu de renseignements dont on dispose sur la vie politique dans les circonscriptions canadiennes, les observations qui suivent ne tiennent pas compte de l'expérience des organisateurs locaux.

La présente étude vise à brosser un tableau des élections nationales menées sur le plan local, en déterminant la relation qui existe entre les questions locales, régionales et nationales, d'une part, et les stratégies électorales, d'autre part. Pour compléter le tableau, l'étude examine le rapport qui s'établit entre les campagnes locales et les médias.

La présente étude s'intéresse tout particulièrement à l'importance attribuée aux divers enjeux. Elle présume l'existence d'un certain nombre d'enjeux qui font l'objet d'informations locales qui, à leur tour, aident les électeurs et électrices à faire leur choix. Ces enjeux se définissent en fonction des ressources des candidats et candidates, ainsi qu'en fonction des relations qui s'établissent entre les partis et les médias. Étant donné que les ressources et les objectifs de chacun de ces intervenants risquent fort de varier de circonscription en circonscription, on peut s'attendre à ce que l'importance attribuée à chacun des enjeux diffère également d'une circonscription à l'autre.

La définition des enjeux revêt à la fois une dimension quantitative et qualitative. Dans la présente étude, nous chercherons à voir ce qui détermine la nature des questions locales, aussi bien que l'importance qui leur est attribuée. L'interpénétration de la politique, des campagnes électorales et des organisations médiatiques sur les plans local, provincial et national engendre un phénomène de concurrence entre les paliers local, régional et national lorsqu'il s'agit de définir les enjeux locaux. Et, bien sûr, il faut s'attendre à ce que les intervenants dans les opérations électorales offrent des définitions très différentes, voire antinomiques, des enjeux électoraux. Un exemple peut servir à illustrer ces différences possibles : l'écart entre la manière dont l'aile nationale d'un parti politique perçoit une question d'ordre national (perception quant au sens de la question et quant à son importance dans la campagne) et la manière dont la composante locale réagit, en fonction de circonstances locales qui lui sont propres. La définition et le poids relatif accordés aux diverses questions varieront dans un axe vertical (axe hiérarchique) au sein des médias et des partis, dans un axe horizontal (à travers les circonscriptions, et, enfin, dans un axe chrono-logique (au fur et à mesure que la campagne progresse et que les stratégies évoluent en fonction de circonstances concrètes).

Dans le but de confirmer les divers points de vue que chacun de ces groupes d'intervenants a apporté aux campagnes locales de 1988, nous avons procédé à des entrevues personnelles uniformisées avec différents intervenants dans les deux circonscriptions étudiées : représentants des médias écrits et électroniques, candidats locaux, militants, organisateurs et responsables des communications dans les partis. L'objet spécifique de ces entrevues est d'évaluer les objectifs, les stratégies et les ressources associés à la tenue et à la couverture d'une course électorale à l'échelle du comté. Ensuite, les entrevues serviront à étudier les relations qui s'établissent entre les divers échelons des médias et des partis politiques.

La présente étude se subdivise en quatre parties. La première contient une brève description des deux circonscriptions de la Colombie-Britannique qui ont été retenues pour cette étude ainsi que la justification d'un tel choix. Dans la deuxième partie, nous évaluons le rôle des médias dans les campagnes locales ainsi que l'incidence de ces facteurs sur l'envergure et le contenu des enjeux locaux. La troisième partie comprend l'évaluation des facteurs locaux, régionaux et nationaux à l'échelle du comté lors d'élections nationales, ce qui comporte notamment une étude de l'impact de ces facteurs sur la définition des enjeux. Et, finalement, certaines remarques et recommandations sont formulées en guise de conclusion.

LES CIRCONSCRIPTIONS

Les deux circonscriptions choisies pour la partie de l'étude consacrée à la Colombie-Britannique sont Vancouver-Centre et Kootenay-Ouest–Revelstoke. Vancouver-Centre possède une histoire parsemée de campagnes à grande visibilité, dans lesquelles les candidats et candidates traitent avec une certaine autorité de la politique de leur parti. Les médias en ont tiré profit en 1988, les partis leur donnant de nombreuses occasions d'accéder aux candidats et aux chefs de partis en passant par cette circonscription. Les campagnes dans la circonscription de Vancouver-Centre ont bénéficié d'une importante couverture médiatique par la presse locale, provinciale et nationale, car Vancouver-Centre se trouve en quelque sorte à représenter une extrémité du continuum reliant les circonscriptions qui jouissent d'un accès plus que suffisant aux médias à celles dont la visibilité est plus limitée. Cette circonscription peut donc servir de point de référence dans l'évaluation des différents niveaux d'exposition aux médias que les diverses campagnes ont connus.

Kootenay-Ouest–Revelstoke représente l'archétype de la circonscription rurale dont les candidats et candidates jouissent d'une certaine notoriété dans leur milieu. Le candidat néo-démocrate et le candidat conservateur ont déjà été l'un et l'autre député de la circonscription, le candidat conservateur étant en fait le député sortant. Quoique de moindre envergure que celles de Vancouver, les organisations médiatiques locales de Kootenay-Ouest–Revelstoke sont capables de couvrir la campagne locale.

Kootenay-Ouest–Revelstoke

La population de cette circonscription se compose de familles propriétaires qui, bien que moins scolarisées qu'à Vancouver-Centre, disposent de revenus tout à fait comparables. Il s'agit d'une vaste circonscription qui s'étend en direction nord-sud le long des montagnes, dans une province où les grands axes routiers se situent plutôt dans l'axe est-ouest. Elle comporte plusieurs localités (Revelstoke au nord, Nelson, Trail, Rossland et Castlegar au sud); ses centres d'activité économique sont la grande usine sidérurgique Cominco à Trail, ainsi que les mines, l'exploitation forestière et le tourisme. Malgré certains remaniements aux limites de la circonscription, la transposition des résultats du scrutin de 1984 à l'intérieur des limites fixées pour la consultation de 1988 produit une distribution des votes très voisine et un classement inchangé des candidats.

Dans cette circonscription, la lutte électorale s'est révélée très chaude. La course à deux entre le Nouveau Parti démocratique (NPD) et le Parti progressiste-conservateur du Canada est typique de la province. Deux hommes se sont affrontés dans quatre élections consécutives, le siège passant de l'un à l'autre, si bien que chaque député faisait toujours face à un ex-titulaire bien connu. Cette concurrence devait mettre aux prises le conservateur Bob Brisco et le néo-démocrate Lyle Kristiansen. Bob Brisco a remporté le siège en 1974, l'a gardé en 1979, perdu en faveur de Kristiansen en 1980, repris dans le balayage de 1984 puis perdu encore aux mains de Kristiansen en 1988.

Toutes ces élections ont été âprement disputées. En politiciens accomplis, les deux candidats connaissent parfaitement la filière médiatique et ont su se doter de stratégies et de mécanismes électoraux parfaitement rodés. En 1988, ils étaient accompagnés dans la lutte du libéral Garry Jenkins et du vert Michael Brown.

Vancouver-Centre

Située au cœur de Vancouver, cette circonscription contient une forte proportion de locataires, donc un électorat relativement mobile, composé surtout de célibataires fortement scolarisés appartenant en général à la classe moyenne. Les limites de la circonscription sont restées assez constantes au cours des cinq dernières élections, qui ont toutes été chaudement disputées. Les libéraux y ont été victorieux en 1974 et en 1979; les conservateurs les ont toujours défaits depuis; enfin, la prestation du NPD y a été imposante puisque cette formation contrôle une grande partie de la région dans les élections provinciales. Le NPD a obtenu la deuxième place aux élections de 1984 et de 1988 (dans cette dernière consultation, la marge était de moins de 300 voix). Comme cette circonscription englobe le centre-ville, elle est depuis longtemps associée aux intérêts du milieu des affaires ainsi qu'à ceux des communautés ethniquement et socialement hétérogènes qu'elle abrite.

La circonscription est particulièrement intéressante compte tenu de la grande visibilité accordée à la campagne locale de 1988. La députée sortante, Pat Carney, avait été ministre de 1984 à 1988, et un des principaux intervenants dans la négociation de l'Accord de libre-échange, enjeu numéro un de la campagne. Les trois principaux candidats étaient tous des personnalités en vue : Kim Campbell, ex-politicienne provinciale qui avait brigué la direction du parti

Crédit social du Canada (et la fonction de premier ministre) et en qui certains voyaient une valeur sûre du portefeuille conservateur (elle a été par la suite nommée ministre de la Justice); Johanna den Hertog, présidente fédérale du NPD; et Tex Enemark, ex-adjoint du député local Ron Basford, ex-ministre de la Justice dans le cabinet Trudeau.

La partie qui suit envisage le rôle des médias dans l'élaboration des enjeux au sein de la circonscription. Les médias constituent le théâtre dans lequel s'affronteront les diverses définitions données par les organisateurs des campagnes locales ou autres ainsi que par les médias eux-mêmes. Le nombre et l'envergure des médias couvrant une campagne contribuent à déterminer l'importance que peuvent prendre les enjeux locaux, tandis que les priorités des médias aident à en définir le contenu.

LES CAMPAGNES ET LES MÉDIAS

Même si, dans l'une et l'autre circonscription, les travailleurs de tous les partis ont généralement apprécié la couverture médiatique de leur campagne respective, la relation entre campagnes et médias ainsi que la manière dont les campagnes ont été couvertes par les médias variaient considérablement dans les deux circonscriptions étudiées. Les élections ne sont qu'un élément de l'actualité que les médias doivent couvrir. L'affectation des ressources par les médias reflète la valeur que ceux-ci accordent à un reportage, mais également les contraintes financières plus larges auxquelles ils doivent faire face.

A priori, on regroupe en trois catégories les facteurs déterminant le rôle que jouent les médias et le rapport qui s'établit entre les médias et les campagnes : premièrement, les caractéristiques de la circonscription (l'histoire électorale, la visibilité au cours de consultations antérieures, les considérations démographiques et économiques); ensuite, la compétence des organisations et des candidats, la visibilité de la lutte en cours, et les rapports entre le parti local et ses homologues de l'extérieur; enfin, les données propres aux médias locaux couvrant la course électorale (leur forme, leur envergure, leurs priorités, leur nature et la taille de leur auditoire).

Kootenay-Ouest–Revelstoke

Le type et le nombre de médias disponibles dans une circonscription déterminent la stratégie d'une campagne médiatique. Même si Kootenay-Ouest–Revelstoke n'a pas de station de télévision, elle dispose d'un certain nombre de journaux et de stations de radio ainsi que de deux systèmes de câblodistribution. La société Kootenay Broadcasting System (KBS), qui exploite les stations de radio couvrant la partie sud de la circonscription, possède un rayon de diffusion coïncidant presque avec les limites de la circonscription. Il existe ailleurs dans la circonscription deux stations de radio moins importantes. Avec sept journalistes dont un directeur de l'information, KBS constitue le plus important service d'information de la circonscription. Cette société exploite trois stations AM et une FM en vertu d'une entente avec la société mère, Four Seasons Radio. Elle utilise le service de presse par téléscripteur du satellite News Network, dont le siège social est à Toronto. Les informations locales sont retransmises à ce service de presse.

Il y a une dizaine de quotidiens ou d'hebdomadaires dans la circonscription. Les principaux organes locaux sont le *Trail Times*, le *Nelson News* et le *Castlegar News*. Les deux premiers paraissent tous les jours, tandis que le dernier est publié aux deux semaines. Les quotidiens ont un tirage d'environ 6 000 exemplaires alors que le *Castlegar News* tire à 5 000 exemplaires. Au moment des élections, le *Trail Times* et le *Nelson News* étaient la propriété de Stirling News Service de Vancouver, tandis que le *Castlegar News* était un journal indépendant. Tous ces journaux comptaient alors sur le service par téléscripteur de la Presse canadienne, dont le siège social est à Toronto. Enfin, Shaw Cable est le réseau local indépendant de câblodistribution desservant la partie sud de la circonscription, qui comprend Trail, Castlegar et Nelson.

KBS était la seule entreprise de presse pouvant prétendre à une couverture en profondeur des questions électorales locales ainsi qu'à une description circonstanciée des événements auxquels ses journalistes avaient assisté. En effet, ses reporters ont suivi six débats de candidatures, ce qui semble supérieur à toute autre prestation médiatique locale. Les bulletins d'information diffusés toutes les heures comportaient souvent des passages relatifs aux élections. Dans la salle de rédaction, on considère qu'il s'agit d'une prestation hors du commun pour une station à caractère rural, prestation qui n'est pas étrangère à l'orientation adoptée, résolument axée sur les bulletins d'information. En fait, KBS se dit la principale source d'information de l'endroit. Il serait malaisé de se prononcer sur cette question; les personnes engagées dans les campagnes électorales estiment, pour leur part, qu'aucun leader ne se démarque du peloton des médias.

Les journaux locaux disposent de salles de nouvelles employant de une à quatre personnes; la moitié de la production porte sur la couverture des élections. Un journaliste du *Trail Times* a estimé que près du quart du temps des journalistes était consacré aux élections, en incluant le temps passé à réviser les communiqués de presse et à dépouiller les télex. Aucune disposition spéciale n'avait été prise pour assurer la couverture des élections par quelque média que ce soit, bien que KBS fût, à ce chapitre, d'une grande souplesse étant donné sa plus grande équipe de rédaction. Même si le *Trail Times* et le *Nelson News* appartiennent aux mêmes propriétaires, il n'y a eu aucune coordination de la couverture des questions électorales. Étant donné l'envergure et les ressources limitées des journaux et de la station de radio, ces organes ont très couramment utilisé les documents provenant des agences de distribution, qui représentaient habituellement un pourcentage de quelque 50 % à 75 % de la couverture électorale. Seuls les journalistes du *Nelson News* ont estimé que leur contenu (local) dépassait légèrement celui des articles fournis par les agences.

Les stratégies adoptées pour couvrir la campagne prévoyaient d'ordinaire une interview avec chaque candidat ainsi qu'un article sur le début de la course, esquissant les grandes lignes de chaque campagne. Durant la course électorale, le gros des reportages portait sur les deux ou trois assemblées à l'hôtel de ville auxquelles le journaliste avait assisté, et sur les réponses obtenues des candidats aux questions touchant notamment les énoncés de politiques. Les événements spéciaux, comme la visite de la Cominco par le premier ministre, constituaient de puissants attraits pour les médias, de même que les discours de candidats qui promettaient d'être animés, par exemple, les allocutions devant la section locale des syndicats. Les communiqués de presse des campagnes ont souvent été à l'origine de reportages, les journalistes assurant alors le suivi du communiqué en contactant les candidats. Certains représentants de la presse écrite ont aussi couvert les débats présentés à la radio ou à la télévision et ont posé des questions aux candidats.

Les assemblées à l'hôtel de ville et celles réunissant la totalité des personnes ayant posé leur candidature ont obtenu une bonne couverture de la part des médias dès le début de la campagne, mais la couverture diminuait une fois que le thème central de chaque candidat avait été exposé. Il y a eu deux débats transmis par câble pendant la campagne, l'un à Nelson et l'autre à Castlegar, dans les studios de Shaw Cable, à la suite d'arrangements avec les chambres de commerce locales. En outre, deux réunions regroupant tous les candidats se sont tenues à la station de radio locale.

Le manque de données formelles sur la taille de l'auditoire rend malaisée toute évaluation de ces événements. On a estimé que les débats locaux ont exercé peu d'influence sur les élections, tandis que les débats nationaux avaient augmenté les chances des libéraux, en partie parce que les médias prenaient davantage au sérieux le candidat libéral Jenkins. La présence des partisans aux débats locaux était considérée comme un indice de la vitalité des campagnes, ce qui a pu influencer le jugement des reporters sur les chances de succès de tel ou tel candidat.

Les journalistes locaux ont compris que tout ce qui pouvait faire un reportage était important, à condition que l'accès à l'information soit facile, vu le manque de ressources des médias locaux. En général, et surtout dans la presse écrite, les nouvelles locales ou les nouvelles transmises par téléscripteur, mais ayant un impact local, paraissaient d'abord. Cependant, des nouvelles locales n'ayant rien à voir avec les élections ont souvent eu la priorité et fait la manchette. Les reportages sur les candidats occupaient une place modeste, l'accent étant plutôt mis sur les grands thèmes; cependant, vu leur rareté, les attaques dirigées contre d'autres candidats étaient considérées comme du bon matériel de reportages. Par contre, on accordait de l'importance aux questions régionales et nationales aussi bien qu'aux reportages sur les chefs des partis nationaux. Bien sûr, plus la nouvelle avait un impact local, plus elle était susceptible d'être publiée.

Les journalistes ont par ailleurs constaté que, même si la perspective locale est cruciale dans un reportage, l'interdépendance croissante des différents paliers politiques fait que toute décision « éloignée » peut avoir des répercussions sur la scène locale, et que la distinction entre local et non local devient parfois difficile à établir. Par exemple, et la direction et le syndicat de la fonderie Cominco s'opposaient publiquement à l'Accord de libre-échange, ce qui a conféré un attrait local à une question pourtant d'ordre national. Et il y a plus : même si les médias préféraient d'abord couvrir les nouvelles relatives aux élections locales, ou replacer dans une perspective locale des télex reçus d'agences de presse, ils en ont souvent été empêchés par le manque de ressources.

Les journalistes se sont montrés critiques envers leur propre travail de reportage, citant le manque de ressources comme facteur crucial dans la limitation de la capacité à couvrir les élections, mais notant aussi les limites inhérentes à l'intérêt pouvant être engendré par une course électorale locale. Tout compte fait, les médias ont cependant estimé que leur couverture, quoique insuffisante, avait été à la fois équilibrée et adéquate, compte tenu des circonstances.

Les médias locaux, particulièrement les journaux, font face à des contraintes importantes, avec des salles de rédaction à faibles effectifs (de un à quatre journalistes seulement). Or, l'histoire démontre qu'une piètre dotation en personnel, un sous-financement chronique, ainsi que la concurrence provenant de l'extérieur de ces localités ou de nouvelles formes de médias ont contribué à affaiblir la position des journaux locaux. Dans certains cas, le problème est exacerbé par le recours à de jeunes journalistes ainsi que par un roulement élevé de personnel. À l'évidence, pour les journaux, l'action combinée de ces facteurs entraîne une réduction de leur capacité de recherche et d'enquête.

Les relations entre campagnes et médias étaient aussi axées sur des événements spéciaux et des assemblées à l'hôtel de ville. Les bureaux provinciaux et nationaux des partis initiaient les stratèges locaux aux méthodes de création et de « lancement » de tels événements : conférences de presse, rencontres avec les notables des partis de passage dans la région, discours et fonctions officielles, visites de diverses entreprises locales, etc. On notera ici que seul le Nouveau Parti démocratique (NPD) a tourné la visite de son chef en événement médiatique, profitant de l'occasion pour mettre l'accent sur le libre-échange et la solidarité du NPD avec les syndicats.

L'étendue et les caractéristiques d'une circonscription rurale sont loin de faciliter la tâche des partisans qui tentent de retenir l'attention des médias. Les événements devaient se tenir dans diverses localités, ne présentant pas nécessairement les mêmes intérêts, et obligeaient ainsi les organisateurs à modifier constamment l'allure de la campagne. À titre d'exemple, le candidat Brisco, dont la stratégie électorale consistait à convaincre la population que ses efforts personnels au sein du parti et du Parlement avaient eu des retombées économiques favorables directes dans le milieu, a dû s'adresser à chaque collectivité de façon individuelle. Avec une dizaine de journaux, de quotidiens et d'hebdomadaires différents, possédant chacun des heures de tombée différentes et certains, une technique d'impression inhabituelle, la coordination de la campagne médiatique fut difficile.

Aucun sondage n'a été financé par des intérêts indépendants ni orchestré par les organisateurs ou les médias locaux. La radio a accordé une certaine préséance aux sondages, en signalant les résultats reçus par téléscripteur des agences de presse plutôt que ce qui avait paru dans les journaux. Ces derniers n'affectionnaient pas particulièrement l'orientation régionale ou nationale de ces sondages. Le NPD local avait accès à l'importante section chargée par le parti de mener les sondages nationaux pour la Colombie-Britannique. Pour une part, le sentiment d'inefficacité souvent exprimé par les travailleurs de la campagne locale semble s'expliquer par le caractère éminemment urbain de tout sondage. Avec toute l'importance qu'il accordait aux politiques et aux médias des paliers national et provincial, le sondage faisait paraître superflues la campagne et la politique locales.

La publicité par un tiers parti n'a pas été perçue comme un facteur important de la campagne. À l'échelle nationale, la publicité « pour » ou « contre » le libre-échange a été jugée quelque peu tapageuse et déplacée dans une circonscription rurale où la campagne se déroule habituellement entre voisins. Hormis les plaintes concernant la superficialité de l'information locale, les personnes interrogées se sont dites contentes de la couverture accordée à leur candidat.

Les organisateurs de campagnes estiment que la valeur des diverses formes de couverture médiatique n'est pas la même selon qu'il s'agit de publicité ou de bulletins d'informations. Dans le cas des nouvelles, ces mêmes personnes ont noté que les nouvelles non locales diffusées par câble venaient encore souligner la composante « libre-échange » et le caractère national de l'élection. Comme les médias locaux ne présentaient pas de commentaires étendus sur les débats nationaux, c'est l'analyse des émissions de télévision et des journaux de l'extérieur de la circonscription qui a façonné l'opinion des médias sur les débats. On a pensé que le verdict positif prononcé sur la performance de John Turner avait fait perdre au NPD une partie du terrain gagné grâce à la lutte contre le libre-échange. Et pour ce qui est de la publicité, nul ne croyait très fort en l'utilité d'une campagne publicitaire dans les médias locaux, un compromis aux yeux des électeurs et électrices. Car si les messages publicitaires dans la presse écrite revenaient meilleur marché que la publicité radiodiffusée, le recul qualitatif des quotidiens de l'endroit faisait apparaître les autres médias comme de meilleurs véhicules des idées. Certes, la radio constituait une solution de rechange, mais son aptitude à rejoindre le public était moins sûre. Certains organisateurs trouvaient particulièrement efficaces les panneaux érigés le long des principales autoroutes; par contre, l'usage de dépliants était loin de faire l'unanimité.

La publicité en période électorale est une bonne source de recettes pour les médias locaux; les organisations locales ou autres y souscrivent activement. Les partis nationaux semblent avoir utilisé la radio comme principal outil de campagne locale, en plaçant « sous l'étiquette » du candidat local les thèmes de la campagne nationale.

Outre les sommes consacrées par les partis nationaux, les organisations locales du Parti progressiste-conservateur du Canada (PC) ont réservé 25 % de leur budget à la campagne radio, celles du NPD, 26 % et celles du Parti libéral du Canada (PLC), 42 %. Cela tient à plusieurs facteurs : accès à des périodes de grande écoute (l'heure des déplacements à destination de la maison ou du lieu de travail); pénurie de ressources médiatiques offertes aux organisateurs;

coïncidence entre les limites physiques de la circonscription et le rayon d'action des émetteurs locaux. Les efforts déployés par les conservateurs pour modifier la place réservée aux questions locales sont évidents lorsqu'on sait que les frais de publicité de cette formation ont représenté 43 % du plus gros budget de toutes les campagnes. Comparativement, on notera que le NPD a consacré à cette activité 36 % de son budget, contre 35 % pour les libéraux (voir le tableau 2.A1).

Le fait que l'on avait parfois de la difficulté à faire couvrir un événements alors que tout semblait rentrer dans l'ordre lorsqu'il s'agissait de faire imprimer des communiqués de presse constituait la principale plainte des directeurs de campagne à l'endroit des médias. Faute de reporters locaux à temps plein, les responsables des campagnes locales ont surtout alimenté les médias sous forme de communiqués de presse. On a tour à tour accusé les médias locaux de se désintéresser de la question, ou encore de ne pas avoir le personnel ou l'expérience nécessaires pour assurer la couverture adéquate des élections. L'impuissance des médias locaux à critiquer les campagnes à l'échelon local ou national les a desservis auprès de l'électorat, réduisant du coup l'influence qu'ils auraient pu exercer sur ses décisions. De plus, parce que les ressources médiatiques sont en général liées à une localité en particulier, la couverture de la campagne semblait par moments épisodique, incohérente ou redondante à mesure que la campagne se déplaçait dans la circonscription. Cette difficulté à s'adapter à la situation a fait ressortir les insuffisances des médias locaux aux yeux des militants et militantes.

S'il est vrai que les stratèges électoraux ont porté un jugement plutôt mitigé sur l'effet des moyens médiatiques locaux, il n'en reste pas moins que l'absence de choix, d'une part, et la démarcation commune des publics cibles (radio et journaux) et des limites de la circonscription, d'autre part, auront favorisé l'utilisation des médias dans les campagnes locales, particulièrement les stations de radio. Inversement, cet état de choses a contraint les médias à couvrir les élections pour leur propre auditoire, d'où l'importance d'assurer une couverture adéquate de l'information. Il y avait d'ordinaire une personne à temps plein pour les relations avec les médias, qui rédigeait et transmettait chaque jour des télécopies aux médias pour les tenir au courant des déplacements du candidat et des questions qu'il aborderait ce jour-là, ou qui téléphonait aux journalistes pour solliciter leur présence aux principales activités de la campagne. Les communiqués de presse ont souvent fait écho aux fiches d'information émanant du siège social et concernant les déclarations politiques des chefs de partis. Ces « fiches techniques » étaient personnalisées de façon à correspondre au programme du candidat local, puis communiquées aux médias de l'endroit.

À Kootenay, les organisateurs politiques avaient cependant bien des réserves quant à l'impact des médias ruraux sur la campagne locale. Certes, le recours aux organes de presse conférait aux candidats un certain poids, sans lequel « ils ne feraient pas sérieux », mais on a estimé qu'en fin de compte, ni les nouvelles ni la publicité n'avaient eu d'effet réel sur le verdict électoral. Le manque de ressources et la nature réactive de la couverture médiatique ont alors créé un équilibre nouveau entre les divers moyens mis en œuvre pour communiquer avec le public. Le contact personnel et les débats ont acquis une importance accrue. De même, on peut voir combien le manque de ressources médiatiques a une incidence sur l'importance accordée aux enjeux. Non seulement la place réservée à ces enjeux risque-t-elle d'être réduite, mais il peut devenir très difficile d'y introduire ou d'en retrancher des thèmes nouveaux, comme les conservateurs l'ont constaté quand ils ont essayé de s'éloigner de la question du libre-échange.

Vancouver-Centre

Le vaste éventail des médias couvrant la campagne dans Vancouver-Centre comprenait plusieurs journaux communautaires locaux, en particulier le *WestEnder* et le *Courier*; les principales chaînes de télévision de Vancouver, dont Radio-Canada, CBC, BCTV et CKVU; plusieurs stations de radio, dont les réseaux français et anglais de Radio-Canada et CKNW; et les quotidiens de Vancouver, le *Sun* et le *Province*. Tous ces organes disposent d'importantes ramifications leur permettant aussi bien de recevoir que d'émettre des nouvelles en provenance ou à destination d'autres points du Canada. Enfin, si l'on excepte la station CKVU, tous disposent de relais locaux dans diverses régions de la Colombie-Britannique, à preuve la station locale Rogers (câblodistribution) qui réunissait pour un même débat la totalité des candidats et candidates. Vancouver-Centre a aussi attiré l'attention du *Globe and Mail*, du *Toronto Star*, des éditions nationales de plusieurs émissions d'actualités, ainsi que des télévisions néerlandaise, ouest-allemande, britannique et américaine.

Les principaux médias écrits et télévisés ont abordé le reportage de la campagne en étant parfaitement conscients du potentiel de manipulation inhérent aux efforts de relations publiques déployés par les organisateurs de la campagne. En contraste avec les médias de Kootenay, on dispose dans les grandes villes des ressources voulues pour passer au peigne fin les communiqués de presse des campagnes avant de décider s'ils justifient un reportage : les recherchistes et les journalistes assurent le suivi des questions soulevées dans le communiqué, souvent avec des personnes autres que les candidats et candidates. Tout comme dans Kootenay, l'impact du libre-échange sur l'industrie et les affaires était le point de mire de presque toute l'information. Les débats à l'hôtel de ville ont été couverts, mais une fois connues les positions propres à chaque candidat, on estimait trop onéreux de couvrir tout le monde, si bien que la couverture est devenue plus sélective à mesure que la campagne progressait. Seuls quelques faits saillants des débats ont obtenu un temps d'antenne, avec au moins le même nombre de reportages axés sur la participation du public plutôt que sur les déclarations des candidats. Tant les candidats du NPD que ceux du PC ont été régulièrement interviewés, les visites de leur chef respectif servant de thème pour la couverture de la circonscription. Par contre, les visites de John Turner ont été généralement limitées à sa propre circonscription, Vancouver Quadra, ce qui a permis moins de couverture à Tex Enemark que les visites des deux autres chefs de partis.

Pour ce qui est de la crédibilité conférée par les divers médias aux campagnes, les quotidiens auraient occupé, selon les travailleurs de ces campagnes, la deuxième place après la télévision, tandis que journaux et radio communautaires se disputaient les troisième et quatrième places.

La logistique du reportage télévisé favorise un centrage sur les circonscriptions faciles d'accès. Contrairement aux reportages de la presse écrite ou de la radio, la quantité d'équipement et les effectifs nécessaires, outre le travail de production qui doit précéder la diffusion d'un bulletin de nouvelles du soir, limitent les possibilités de la télévision. De même, les sièges urbains locaux ont été très bons pour la télévision, faisant l'enjeu d'une lutte serrée entre candidats chevronnés, capables de traiter d'un certain nombre de questions locales et autres. De plus, les chefs de partis ont consacré une bonne partie de leurs tournées en Colombie-Britannique à Vancouver et à Victoria, d'où un certain nombre de reportages locaux axés sur ces visites. En voici quelques exemples : Johanna den Hertog se promène dans le centre des affaires avec Ed Broadbent; Kim Campbell rencontre Brian Mulroney; Tex Enemark est l'hôte d'un repas organisé au pied levé pour John Turner après que celui-ci eût été empêché par le mauvais temps de s'arrêter à Prince George.

Comme l'ont fait d'autres grands médias centrés sur Vancouver et desservant l'ensemble de la province, la télévision s'est attardée à un certain nombre de courses jugées particulièrement intéressantes.

Le réseau anglais de Radio-Canada a choisi Vancouver-Centre et Vancouver Quadra, Prince George–Bulkley Valley, Mission–Coquitlam, Kootenay-Est, Kootenay-Ouest–Revelstoke, Esquimalt–Juan de Fuca et six sièges de l'île de Vancouver. Les raisons invoquées pour justifier ce choix allaient de la façon dont une circonscription reflète certains aspects du libre-échange (Prince George) jusqu'aux relations personnelles entre le député et le premier ministre (Mission–Coquitlam), en passant par le caractère serré de la course.

Radio-Canada (réseau anglais) a consacré des ressources substantielles à la couverture des élections : 8 équipes de caméra, 15 journalistes, de 10 à 15 personnes dans la salle de rédaction en 1988. En tout temps, on y trouvait 3 ou 4 journalistes, 3 rédacteurs et 1 chercheur travaillant sur les questions électorales. Les chercheurs ont établi le profil de toutes les circonscriptions de la province à l'intention des journalistes, et des fonds additionnels ont été autorisés pour les frais de déplacement et les heures supplémentaires nécessités par la couverture des élections. On avait même prévu un budget spécial pour la soirée des élections. Parce que 80 % des tournées effectuées par les chefs de partis ont eu lieu à l'extérieur de la Colombie-Britannique, la couverture de presse a été assurée, faute de moyens, par des sociétés affiliées. Pour le reste des tournées, il s'agissait de périodes au cours desquelles les journalistes ont suivi les chefs dans leurs tournées en Colombie-Britannique. Les relations avec les sociétés affiliées ont été informatisées et tous les reportages sont passés par le bureau central de Toronto. La couverture nationale était mise au point des semaines à l'avance, la touche finale étant apportée la veille même. Cette coordination s'imposait particulièrement lorsque la visite d'un chef de parti avait lieu à Vancouver, puisque la télévision locale se chargeait alors des informations nationales sur cette visite.

En Colombie-Britannique, les informations électorales provinciales ou locales devançaient habituellement les informations nationales, sauf lorsqu'il s'agissait de certaines grandes déclarations des chefs de partis. Les bulletins de nouvelles diffusés en anglais par la société d'État gravitaient souvent autour des sondages, notamment ceux réalisés conjointement par la Société Radio-Canada (SRC) et le *Globe and Mail*. Il faut préciser ici que les modalités régissant le recours aux données de sondages sont particulièrement serrées à la SRC, puisqu'on exige une évaluation de la justesse statistique du sondage avant d'en communiquer les résultats. Les rédacteurs ont estimé que le contenu de l'actualité avantageait l'information de la Colombie-Britannique par rapport aux informations nationales, et ce dans une proportion d'environ 3 à 2. Vancouver-Centre ressortait dans cette couverture, en partie à cause de la qualité des relations que les organisateurs entretenaient avec les médias. La campagne de Kim Campbell a été perçue comme étant la mieux organisée au chapitre des effectifs et des moyens matériels mis en œuvre, alors que celle du NPD était remarquée pour l'empressement à renseigner les médias sur les questions et les déplacements des candidats et candidates. Selon les journalistes, la campagne libérale était la moins bien orchestrée, car elle souffrait d'un manque d'effectifs et misait gros sur la couverture médiatique pour rester concurrentielle.

Les grands quotidiens de Vancouver, le *Sun* et le *Province*, appartiennent tous deux à Southam, mais dirigent indépendamment leur salle de rédaction et n'ont effectué aucune coordination entre leur couverture des élections. Le *Sun*, journal de l'après-midi, avait un tirage d'environ 200 000 exemplaires, tandis que le *Province*, journal du matin, tirait alors à 185 000 unités. Comme la télévision, les journaux ont choisi de concentrer leur action sur quelques circonscriptions, dont Vancouver-Centre, mais le *Sun* a également fait paraître un profil de chaque circonscription de la Colombie-Britannique. Le *Province* a divisé la Colombie-Britannique en un certain nombre de régions et a affecté un journaliste pour suivre de près les élections dans chacune d'elles, en confiant à son bureau de Victoria la couverture de l'île de Vancouver. Environ 60 % de la couverture totale était consacrée à l'actualité de la Colombie-Britannique et, comme dans le cas de la télévision, une bonne nouvelle locale ou provinciale était considérée comme un meilleur sujet d'article qu'une nouvelle nationale tout aussi valable par ailleurs. Les deux journaux avaient accès au Southam News Service et au service par téléscripteur de la Presse canadienne, le *Sun* préférant Southam, et le *Province*, la Presse canadienne. Les relations entre les agences de presse et les journaux locaux étaient cordiales, marquées d'échanges quotidiens de nouvelles. En particulier, les circonscriptions de grande visibilité comme Vancouver-Centre, où se tenaient nombre de conférences de presse et où les chefs de partis ne manquaient pas de s'arrêter pendant leurs tournées, figuraient souvent dans les nouvelles expédiées de Vancouver aux diverses agences de presse utilisant des téléscripteurs.

Chaque journal affectait trois journalistes et deux rédacteurs à la couverture des élections. Pour aider à couvrir la lutte, le *Sun* pouvait faire appel à 10 autres journalistes environ sur un total de 30 à 40, tandis que le *Province* disposait d'une salle de rédaction de 21 journalistes. Chaque jour, un espace spécial était réservé dans les journaux à la couverture des élections, et il en allait de même pour les ressources matérielles et l'espace de bureau. En outre, des fonds spéciaux étaient disponibles pour permettre aux journaux de couvrir les tournées des chefs lorsque ceux-ci se trouvaient en Colombie-Britannique. Les débats à l'hôtel de ville et les autres manifestations du genre étaient couverts avec plus d'assiduité en début de campagne, mais l'ont été de moins en moins à mesure que les enjeux et les positions des candidats et candidates se sont fait connaître.

Les sondages ont fréquemment fait la une des journaux car ils étaient souvent percutants et fournissaient une entrée en matière naturelle pour un compte rendu plus général des élections. Les résultats des sondages ont également été utilisés par les partis dans leurs communiqués de presse, quelquefois pour servir de base à la discussion des questions locales. On vérifiait souvent l'adéquation du contenu des communiqués de presse, mais l'utilité des communiqués reçus par télécopieur était mise en question. Pour bien mesurer la différence entre la couverture médiatique à Vancouver-Centre et celle à Kootenay-Ouest–Revelstoke, on note les propos d'un journaliste du *Sun*, selon qui ce journal aurait mené 60 interviews personnelles avec les candidats et candidates de Vancouver-Centre et assisté à 30 conférences de presse ainsi qu'à 10 autres événements tels que les débats à l'hôtel de ville.

Comme les campagnes locales ne peuvent pas se permettre de publicité sur les grandes chaînes de télévision ou dans les grands quotidiens, les seules options possibles sont la radio et les journaux communautaires, ces derniers étant les moins coûteux. Le résultat pratique est que les journaux communautaires deviennent plus importants pour la conduite de la campagne. L'objectif exprimé par les propriétaires de journaux communautaires est la publication de nouvelles qui ne sont pas couvertes pas les quotidiens. Le *WestEnder* et le *Courier*, qui étaient tous deux des journaux indépendants à l'époque, ont été chargés du gros de la publicité pour la campagne dans Vancouver-Centre. L'hebdomadaire *WestEnder* disposait alors d'un personnel de trois journalistes et d'un rédacteur, tandis que le bihebdomadaire *Courier* avait à ce moment des effectifs de trois journalistes et de deux rédacteurs.

Malgré la manne que représente la publicité électorale, les journaux n'ont pas fait beaucoup d'efforts pour couvrir les élections. Un journaliste (ou l'équivalent en temps) a passé le plus clair de ses journées à couvrir la campagne avec l'aide occasionnelle d'un pigiste. La profondeur de la couverture locale semble dépendre de la détermination de chaque journaliste. Les journalistes ont trouvé la période éprouvante étant donné que peu ou pas de ressources supplémentaires étaient mises à leur disposition pour la couverture de la campagne.

Le fait que le rayon de distribution des journaux comprenne d'autres circonscriptions à part Vancouver-Centre, notamment Vancouver Quadra, siège de John Turner, grevait les ressources disponibles. Hormis le cas du *WestEnder* et de l'organe associé, le *EastEnder*, qui se partageaient certains articles, le *WestEnder* et le *Courier* n'utilisaient pas le matériel des syndicats de distribution ni celui des agences de presse par télécopieur; les journaux n'ont pas essayé non plus de présenter autre chose que le point de vue local sur les élections. Le *Courier* a couvert toutes les assemblées à l'hôtel de ville tandis que le *WestEnder* a décrit les trois principales rencontres ainsi que les assemblées de présentation des candidats et candidates.

Presque chaque semaine, les journaux publiaient deux ou trois articles sur les élections (en remaniant des communiqués de presse ou en s'inspirant de ces communiqués). Ici encore, les organisateurs ont tenu les journaux au courant des déplacements des candidats d'une part, et des principaux enjeux de la campagne d'autre part. Ces journaux se saisissaient généralement d'articles dont l'intérêt local était très humain, par exemple les conséquences du libre-échange sur les commerces de l'endroit. Les sondages ont retenu l'attention des journaux communautaires même si, en général, ils s'inscrivaient mal dans leur perspective locale.

Quoique les organisateurs aient consacré d'importants efforts aux relations avec les médias dans Vancouver-Centre, on peut dire que les médias sont loin d'avoir snobé les campagnes... La proximité des sièges des médias, la visibilité des candidats et candidates, la course serrée et l'importance historique de ce comté de Colombie-Britannique concouraient à rendre la lutte particulièrement intéressante. Et il faut dire que les importantes ressources mises à la disposition des journaux, de la radio et de la télévision ont permis à ces organes de tirer le meilleur profit de la situation. Comme l'a si bien expliqué un candidat, ce qui primait pour les personnes briguant le titre, c'était d'« être toujours à la disposition des médias ». Comme on voyait les candidats traiter de diverses questions avec une certaine autorité, la campagne menée dans la localité pouvait être présentée soit comme une lutte locale, soit comme une importante lutte provinciale, voire comme un enjeu significatif sur l'échiquier national.

Quelques-uns des candidats ont dit avoir consacré jusqu'à 15 % de leur temps à s'occuper des médias nationaux, ce qui est une indication du rôle national joué par les candidats locaux, d'autant plus que tous ces reportages auraient été diffusés à Vancouver-Centre, intensifiant du coup l'exposition médiatique des candidatures locales. Règle générale, directeurs de campagne et journalistes se sont dits satisfaits les uns des autres.

Les trois grands partis disposaient de l'équivalent d'un travailleur à temps plein pour l'émission des communiqués de presse. De même, des équipes de bénévoles créaient des événements dignes de publication grâce à l'aide de spécialistes, comme les experts en relations avec les médias, les créateurs publicitaires et les analystes de médias. Certains de ces analystes étaient des universitaires, d'autres provenaient du secteur privé. La campagne des libéraux est peut-être la seule à avoir fait exception sur ce point, faute de personnel compétent, ce que dénotent sans doute la réduction des effectifs du parti et la perte de certains militants au profit de la campagne de John Turner. Les efforts de la campagne libérale pour compenser l'absence de porte-à-porte pourraient expliquer l'importance relative du budget dont cette formation disposait pour la publicité. Les libéraux ont carrément reconnu que leur campagne avait été conçue pour donner l'illusion d'une compétition et pour présenter leur candidat comme une alternative valable à Kim Campbell et à Johanna den Hertog. Le budget publicitaire pour Vancouver-Centre n'a pas eu de mal à éclipser celui de Kootenay : près de 67 %, 53 % et 35 % du total des budgets respectifs des libéraux, des conservateurs et des néo-démocrates (voir le tableau 2.A1).

Les partis ont utilisé les tournées des chefs pour attirer les médias, tandis que des conférences de presse convoquées par des regroupements de candidats et de candidates ont souvent eu lieu dans Vancouver-Centre. Les partis ont organisé un certain nombre d'autres événements pour attirer l'attention des médias. La séance d'investiture des candidats du PLC devait être particulièrement visible, mais l'assistance fut bien inférieure à ce qu'on prévoyait. La séance d'investiture néo-démocrate a obtenu une certaine attention des médias, le parti franchissant toutes les étapes de la recherche d'un candidat, mais l'intérêt était mitigé du fait que tout le monde donnait Mme den Hertog favorite. Par ailleurs, les conservateurs ont attendu trois semaines après l'émission des décrets d'élection pour annoncer que Kim Campbell était leur candidate, et leur parti fut devancé de 15 % à 20 % par le NPD dans la circonscription. L'intrigue entourant la déclaration de cette candidature aura permis d'attirer l'attention sur cette campagne.

Les débats locaux et nationaux ont joué un rôle significatif dans la présentation des nouvelles par les journaux. En particulier, le débat à la cathédrale Christ Church au cours duquel Kim Campbell a vigoureusement défendu le libre-échange, a rehaussé sa réputation de candidate sérieuse digne de l'intérêt des médias. Les journalistes locaux qui couvraient le débat câblodiffusé étaient d'avis que cette rencontre et d'autres qui allaient suivre soulignaient de façon générale le fait que la partie se jouerait en réalité entre les néo-démocrates et les conservateurs. Par ailleurs, l'événement a peut-être aidé ces partis dans leurs relations avec les médias. Le *Sun* a organisé une table ronde de gens « ordinaires » ayant suivi les débats nationaux anglais et a publié leurs réponses en détail.

Le succès apparent de John Turner dans les débats nationaux a nui aux conservateurs de la Colombie-Britannique, tandis que la piètre performance nationale de Brian Mulroney est venue causer d'autres dommages. L'incapacité d'Ed Broadbent à influencer la campagne nationale, comme en témoignaient les débats, a fait échouer le volet de la campagne néo-démocrate axé sur la popularité du chef.

L'impact du débat national Turner-Mulroney indique que les enjeux locaux étaient une composante des enjeux nationaux. Pour la majorité des Canadiens et Canadiennes, les libéraux représentaient la principale opposition au libre-échange, ce qui s'est reflété dans la manière dont la campagne nationale a été présentée par les médias, et dans la manière dont les médias nationaux ont rendu compte de la lutte dans Vancouver-Centre. Les journalistes basés à l'extérieur de la Colombie-Britannique accordaient généralement trop d'attention aux libéraux, à en croire certains militants de la campagne qui ont souligné le faible appui accordé à ce parti dans la province. Cette sorte de reportage, soutenu par la performance de John Turner dans le débat, a eu un effet local direct, en ce sens que les électeurs locaux l'ont reçu comme s'il faisait partie de la couverture nationale des élections. Dans leur couverture des tournées des chefs en Colombie-Britannique, les journalistes nationaux ont traité M. Turner comme le chef des forces de l'opposition au libre-échange, au grand dam des militants et militantes du NPD, mais à la joie des conservateurs, bien heureux de voir un schisme dans le vote contre le libre-échange.

Comme à Kootenay, l'interprétation médiatique de la performance de John Turner aura plus ou moins profité à la campagne locale des libéraux. En effet, si cette campagne a obtenu une attention accrue par suite du débat, que le moral et le nombre des militants et militantes se sont améliorés, la campagne a néanmoins été « forcée » d'aborder la question du libre-échange. Plusieurs militants et nombre de stratèges croyaient que l'interprétation plutôt négative de la performance de Brian Mulroney dans le débat ainsi que les sombres perspectives s'ouvrant aux conservateurs provinciaux étaient compensées dans Vancouver-Centre par le dynamisme et l'expérience des organisations combinées de Kim Campbell et de Pat Carney.

Lorsqu'on tient compte à la fois de la publicité et de la couverture de l'actualité, les journaux communautaires locaux ont souvent été perçus comme au moins aussi importants pour la campagne que les autres médias. Et pourtant, sauf certains militants du NPD, on ne pensait pas grand bien de ces journaux, qui étaient simplement tout ce que les organisateurs locaux pouvaient s'offrir. Par contre, la télévision et les quotidiens sont restés des instruments valables, compte tenu de leur impact remarqué dans Vancouver-Centre, circonscription couverte par les grands médias. La radio venait souvent en dernier, sa couverture de l'actualité ayant, semble-t-il, eu peu d'influence sur l'électorat. Le câble ainsi que les revues et journaux consacrés aux ethnies ou aux modes de vie n'étaient pas perçus comme particulièrement importants, même si certains ont servi à faire connaître l'intérêt des candidats et candidates pour des questions bien précises.

Discussion

Il y a eu des différences saisissantes dans la manière dont les organisateurs de campagnes et les médias ont interagi dans les deux circonscriptions étudiées. Dans Kootenay, le manque de ressources a nui aux médias et a donc limité l'envergure de la relation entre médias locaux et organisateurs de campagnes. Le manque de médias influents s'est soldé par la mise en évidence d'enjeux locaux d'une envergure et d'un intérêt limités. Par ailleurs, le nombre de localités dans Kootenay ainsi que les contraintes d'ordre géographique ou physique sont venus compliquer les relations entre les médias, les organisateurs de campagnes et les candidats. Inversement, le cas de Vancouver-Centre révèle une abondance de médias et une relation complexe entre les médias et les organisateurs de campagnes, grâce à la proximité et à une certaine symbiose; cette proximité devait se traduire par des enjeux plus importants et plus variés.

L'importance du rôle des médias repose sur un double fondement. D'une part, l'intensité et le type de couverture médiatique détermineront si le public perçoit ou non la course comme un événement particulièrement concurrentiel, d'autre part, la couverture médiatique permet la communication massive de messages électoraux, sous forme de publicité et, surtout, sous forme de reportages divers. Le caractère objectif de ces derniers, par opposition au caractère partisan de la documentation produite par le parti, en fait les outils préférés des militants et militantes qui les jugent influents sur l'opinion publique. Bref, les médias, en particulier les médias indépendants fortunés, peuvent contribuer à la crédibilité d'une campagne et faire passer de manière optimale le message au public. Mais cet état de choses est susceptible de créer de nouvelles contraintes. En effet, les médias auront probablement établi leur propre stratégie de couverture des élections, qui ne cadre pas nécessairement avec celle des organisateurs de la campagne locale. De plus, cette couverture objective peut s'avérer bien moins flatteuse que les organisateurs de la campagne le souhaiteraient. Par conséquent, les médias seront une variable indépendante dans le processus qui décidera des enjeux locaux et de l'importance qui leur sera accordée.

Les médias locaux de Kootenay se sont trouvés placés dans une position embarrassante. Pas assez riches pour se permettre un compte rendu en profondeur de la campagne, ils ont été contraints de miser sur les communiqués de presse ou sur les services de presse par téléscripteur pour couvrir la campagne. Cette dépendance à de telles sources d'information a diminué leur crédibilité aux yeux de l'électorat local et des militants qui ont dû chercher d'autres méthodes pour orienter la couverture des questions locales. L'apparente inefficacité des médias à combattre l'intrusion de questions étrangères à la localité compromet les relations avec les organisateurs des futures campagnes locales et préfigure une nouvelle diminution de l'importance accordée aux enjeux locaux. L'utilisation des services télex pour remplir l'espace dans les médias locaux de Kootenay a projeté en avant-plan les préoccupations du libre-échange, propres à des campagnes et à des médias non locaux, renforçant ainsi la place prépondérante occupée par la question. Cette utilisation croissante des sondages augmente l'intrusion de la campagne nationale sur la scène locale. Non seulement la radio locale disposait-elle de la plus belle salle de nouvelles et, pour certains, de la meilleure couverture donnée à l'élection locale, mais elle pouvait aussi compter sur des revenus publicitaires bien supérieurs à ce que percevaient les stations de Vancouver, où il n'existait pas, à toutes fins utiles, de publicité politique financée localement. (Dans les deux circonscriptions, les partis nationaux avaient réservé du temps d'antenne pour la publicité.) Il semblerait que la pénurie de ressources médiatiques offertes aux organisateurs et la coïncidence entre les limites physiques de la circonscription et le rayon d'action des émetteurs locaux, facteurs combinés à l'orientation informative adoptée par la société Kootenay Broadcasting System, aient concouru à faire des médias radiophoniques une solution plus attrayante pour Kootenay.

Les circonscriptions rurales sont moins susceptibles d'attirer ce genre d'attention qu'une circonscription de grande visibilité comme Vancouver-Centre. Étant donné l'absence relative d'harmonisation des campagnes des deux échelons (local et autre), les organisateurs politiques de Kootenay avaient le champ libre pour modifier le contenu et l'envergure des enjeux locaux. En zone rurale, les organisateurs doivent toutefois prendre garde de ne pas perdre le contrôle sur les enjeux locaux dans les cas où ceux-ci coïncident avec un grand thème des campagnes provinciale ou nationale, comme celui du libre-échange.

On l'a déjà vu, le recours de plus en plus fréquent aux sondages a facilité l'insertion de préoccupations plus larges dans les campagnes électorales locales. Or, étant donné que ces sondages se concentrent presque toujours sur des considérations autres que locales ainsi que sur les résultats provinciaux, ils ont exacerbé le sentiment d'inefficacité ressenti par les militants et militantes à l'échelon local.

Dans Kootenay, les méthodes non médiatiques pour mousser les enjeux locaux exigeaient une main-d'œuvre nombreuse. Une campagne aura donc recours à de nombreux bénévoles si l'on souhaite modifier la portée et le contenu des enjeux locaux. Les campagnes locales des conservateurs et des libéraux n'ont pas réussi à trouver les moyens de contourner l'écueil du débat sur le libre-échange. Encore une fois, la vigueur de l'appareil local du parti devient un facteur crucial dans la lutte pour contrôler les enjeux locaux et l'importance qui leur est accordée.

L'objet des enjeux locaux à Vancouver-Centre était influencé par les points de vue particuliers et les préoccupations d'ordre stratégique d'un éventail d'intervenants, tant chez les médias que chez les partis politiques. Les médias nationaux et provinciaux ainsi que les stratèges des partis travaillant sur les plans national et provincial tantôt se faisaient concurrence et rivalisaient avec les stratèges locaux et tantôt collaboraient ensemble avec ces derniers afin de déterminer les enjeux locaux. Cela s'ajoutait à la compétition à laquelle se livraient les partis politiques pour décider des enjeux locaux. Dans leur tentative d'influencer l'objet des enjeux locaux, les organisateurs de la campagne des néo-démocrates et de celle des libéraux ont été confrontés à la difficulté de partager le même message d'opposition au libre-échange, situation que les partis politiques rivaux ne sont pas bien préparés à affronter. Les enjeux locaux sont un seul moyen de parvenir à différentes fins.

Les principaux médias à Vancouver-Centre possédaient des ressources considérables qu'ils pouvaient consacrer à la couverture des élections. Ils avaient à leur disposition diverses mesures spéciales telles que budget, effectifs, bureaux, temps d'antenne ou espace imprimé garantis. Les principaux médias de Vancouver ont joué un rôle important lors de la diffusion au reste du pays de la couverture des élections en Colombie-Britannique. La proximité de la circonscription

et des entreprises de presse ainsi que de ses candidats très en vue
— lesquels pouvaient parler avec beaucoup d'effet au nom de leur
parti — a fait de Vancouver-Centre un baromètre naturel, mesu-
rant la performance des partis dans la province. Ces conditions
auront encouragé l'attention que les médias ont portée à la course
locale et facilité les contacts des médias avec les organisations locales.

Même si une telle analyse suppose l'existence de campagnes locales
étoffées dans Vancouver-Centre, elles ne l'étaient pas autant que
certains l'auraient souhaité; en effet, il n'était pas rare que les questions
régionales et nationales, touchant une vaste partie des publics cibles
identifiés par les médias, soient reprises pour diffusion, à partir de
conférences de presse locales, ce qui, bien entendu, limitait l'importance
accordée aux questions véritablement locales.

Par ailleurs, les divers échelons du parti imposaient des contraintes
aux candidats locaux, les transformant en porte-parole provinciaux et
nationaux. Les candidats et candidates devaient bien sûr rechercher
un équilibre entre les priorités d'autres intervenants et celles de leur
propre campagne. Même si les candidats conservent la possibilité
d'aborder les questions locales, rien ne garantit que la manière dont
les questions seront abordées servira parfaitement les objectifs de leur
campagne. Par opposition à Kootenay-Ouest–Revelstoke, les campagnes
dans Vancouver-Centre pouvaient miser sur un espace adéquat et des
ressources médiatiques généreuses et variées, pouvant influer sur le
contenu des interventions. Les organisateurs devaient par contre faire
face à des définitions différentes de ce contenu, définitions avancées
par les médias ou par d'autres paliers du même parti.

Tout ceci se traduit par une relation symbiotique entre les partis
et les médias. L'absence de médias adéquatement financés à Kootenay
a eu des répercussions directes sur l'importance attribuée aux enjeux
locaux ainsi que sur la nature des activités entreprises par les organisateurs soucieux de les modifier. Par ailleurs, la présence de grands
médias dans les centres urbains fait de ces derniers des milieux
propices aux campagnes à grand déploiement, tant en termes d'attentes
que de ressources. Le nombre et la qualité des médias de Vancouver
encourageaient les organisateurs politiques à recourir aux services de
professionnels pour communiquer avec les médias, tandis que les
organisateurs de Kootenay comptaient largement sur des militants et
militantes sans compétence particulière dans le domaine des médias.
Les partis visent une couverture médiatique alors que les médias recher-
chent une lutte électorale enlevante, instructive et à portée de la main.

Dans l'ensemble, les stratèges savaient quelles seraient la nature
et l'ampleur de la couverture donnée à la circonscription lors d'une

campagne électorale. Ils se sont donc efforcés d'orchestrer des campagnes susceptibles d'augmenter et d'optimiser la couverture accordée à leur parti. Nous verrons maintenant quelles étaient les stratégies mises en œuvre pour s'attirer les bonnes grâces des médias ou pour influer sur l'envergure ou la teneur des enjeux locaux.

LES QUESTIONS ET LES STRATÉGIES DES CAMPAGNES LOCALES

Dans la lutte farouche opposant les questions locales, régionales et nationales, il ne fait guère de doute que ces dernières étaient au centre des préoccupations des personnes œuvrant aux élections de 1988. Cela s'explique en partie par la prédominance de la question du libre-échange, dans laquelle une écrasante majorité de « sondés » voyaient *la* question de la campagne. De même, on a généralement estimé que les chefs et les programmes des partis nationaux avaient davantage infléchi le résultat du scrutin que les facteurs locaux ou régionaux.

Il n'en reste pas moins que le style des campagnes locales a largement fluctué et que les instruments de mesure du contenu local et régional (tels les sources de documentation des campagnes et les principaux thèmes de cette documentation) révèlent des campagnes généralement tenues sous un angle très local. Il ressort de ces mesures que les enjeux et les candidats locaux importent au moins autant que les enjeux et les dirigeants régionaux ou nationaux lorsque vient le moment d'orchestrer la campagne locale. Dans cette partie, nous verrons comment cette campagne s'élabore par suite de l'interaction entre les facteurs locaux et les facteurs extérieurs.

Kootenay-Ouest–Revelstoke

Les caractéristiques démographiques d'une circonscription fournissent toujours la matière première nécessaire au déroulement d'une campagne. Dans Kootenay-Ouest–Revelstoke, l'importance des industries des secteurs primaire et secondaire constituait d'emblée un terrain propice au débat sur le libre-échange. Les syndicats et le patronat de la fonderie Cominco à Trail, industrie traditionnelle de la région, se sont publiquement affrontés à ce sujet. La proximité de la frontière américaine et la sensibilité de certains à la question des relations avec les États-Unis ont contribué à la prédominance du débat sur le libre-échange. Pour citer un journaliste, la question du libre-échange a été « localisée ». Il serait cependant trompeur de voir le libre-échange simplement comme une question nationale, car la distinction entre questions locales, régionales ou nationales invite à un examen attentif des données en présence. En effet, si la campagne locale semble avoir été dominée par le débat sur le libre-échange, c'est notamment parce que ce dernier comportait aussi bien des enjeux locaux que des enjeux provinciaux ou nationaux.

Le député sortant, le conservateur Bob Brisco, n'a pas fondé sa campagne sur le libre-échange. Les stratèges du Parti progressiste-conservateur du Canada (PC) étaient d'avis que le sentiment anti-Mulroney en Colombie-Britannique, le despotisme associé au premier ministre et la force des syndicats dans la circonscription faisaient du libre-échange une question problématique pour la campagne locale. C'est pourquoi les stratèges ont décidé de se concentrer plutôt sur les réalisations de Bob Brisco en sa qualité de député fédéral, de même que sur un certain nombre de questions locales en misant sur les nombreux partisans personnels de M. Brisco. En ce sens, on peut dire que le candidat local a été un grand apport à la campagne locale du PC.

Comme dans le cas des autres campagnes menées dans les deux circonscriptions de la Colombie-Britannique, les militants et militantes du PC ont estimé que de 75 % à 80 % de leur documentation électorale était produite sur place, ce qui permettait de conférer à la campagne une orientation locale, assortie toutefois de profondes réserves quant à l'effet d'attraction exercé. La principale documentation électorale des conservateurs énumérait divers projets financés par le gouvernement fédéral depuis que Bob Brisco était devenu député en 1984, en soulignant que M. Brisco était le premier député local à faire partie du gouvernement en cinquante ans. La documentation traitait aussi de questions étrangères au libre-échange, telle la renégociation prochaine du *Traité du fleuve Columbia*. Et à l'intention de l'importante composante environnementaliste existant au sein de la collectivité, la campagne comportait un plan de conservation des sites archéologiques autochtones locaux.

Les *Rapports des candidats* témoignent bien de la solide position financière des conservateurs. En effet, la campagne de Bob Brisco a permis d'amasser, mais aussi d'engager, les sommes les plus importantes qui aient été recueillies dans cette élection. De tous les candidats dans les deux circonscriptions, le libéral de Kootenay-Ouest–Revelstoke fut le seul à connaître un déficit. Le néo-démocrate Lyle Kristiansen était, lui, bien appuyé matériellement (voir le tableau 2.A1).

Les conservateurs disposaient de bureaux à Trail, Castlegar et Nelson; les responsables de la campagne ont déclaré pouvoir compter sur 20 à 30 bénévoles à temps plein, ainsi que sur plus d'une centaine de bénévoles travaillant régulièrement à temps partiel, outre les centaines d'autres occasionnels. Le seul militant à recevoir une quelconque forme de rémunération était le directeur de la campagne, dont certaines dépenses étaient remboursées. Bien que ces chiffres semblent impressionnants, le président du comité de stratégies a noté une diminution de la participation à la campagne de 1988 par rapport à celle de 1984. En particulier, les responsables ont remarqué que l'organisation de la campagne de Bob Brisco et le recrutement des militants et militantes avaient souffert du démarrage tardif de Bob Brisco, en septembre. Les exigences de son travail à Ottawa et les effets persistants d'une récente crise cardiaque semblaient avoir tendu les rapports entre l'association locale et Bob Brisco, affaiblissant ainsi quelque peu sa campagne.

La visite de Brian Mulroney dans la circonscription au cours de la campagne a souligné l'un des problèmes auxquels les organisateurs locaux peuvent faire face lorsqu'ils s'identifient mal à leur chef. Bob Brisco étant un chaud partisan de Brian Mulroney, la visite de ce dernier en compagnie des représentants de la presse aurait dû conférer un surcroît de crédibilité à la campagne locale. Or, vu l'impopularité du premier ministre, les organisateurs locaux ne savaient trop comment tourner la visite à l'avantage de leur campagne. Aux yeux des conservateurs locaux, la visite du chef était destinée à un public plutôt national que local.

Dans les faits, la campagne nationale du PC semble avoir été tout à fait distincte de la campagne locale, à tel point que, pour le directeur de la campagne dans Kootenay-Ouest–Revelstoke, la course locale était si éloignée des campagnes menées aux échelons régional et national que « cela revenait un peu à travailler dans le vide ».

En outre, alors que les organisateurs de la campagne nationale dépensaient davantage pour la publicité à la station de radio de l'endroit, le caractère local de leur annonce se limitait à mentionner le nom de leur candidat. Les travailleurs de la campagne se sont plaints qu'ils ne pouvaient même pas obtenir de programme pour savoir dans quelle mesure et à quel moment le parti national ferait sa publicité dans la circonscription.

D'après les chiffres fournis par la société Kootenay Broadcasting System, le réseau radiophonique local, la campagne nationale du PC a coûté 5 149 $ en frais de publicité radio en novembre 1988, contre 2 629 $ pour la campagne locale. La campagne nationale des néo-démocrates a coûté 1 872 $ contre 2 549 $ à l'échelon local; quant aux frais engagés par le Parti libéral du Canada (PLC), ils se situaient à 1 057 $ et 1 425 $ respectivement. La force relative de la campagne nationale conservatrice ressort nettement, mais il faut dire qu'elle aura été tributaire d'intervenants n'ayant rien à voir avec les organisateurs de la campagne locale. La campagne locale aura donc été soumise à une bonne dose d'ingérence de la part des organisateurs nationaux au sein des grands partis, surtout chez les conservateurs.

Les divisions internes entre l'échelon local et national ne faisaient pas que des malheureux au sein du PC local. Non seulement les organisateurs locaux voyaient-ils d'un mauvais œil la campagne et le chef de parti nationaux dans le contexte local, mais ils étaient assez bien financés pour pouvoir exécuter leurs propres stratégies et tenter de se distancer par rapport aux autres niveaux du parti, distance facilitée d'ailleurs par l'éloignement géographique du comté. D'après le candidat conservateur, les liens avec le parti provincial étaient cependant plus étroits qu'avec le parti national, caractérisés par des contacts réguliers et des visites de la part des stratèges provinciaux. Cependant, en dépit des efforts déployés par le parti local, l'omniprésence du libre-échange constituait une difficulté que la campagne conservatrice n'aura pas réussi à surmonter. Les militants et militantes ont constaté que les autres questions politiques laissaient les médias indifférents. Le type de médias disponibles faisait que toute offensive de charme déclenchée dans d'autres secteurs était vouée à l'échec; or, l'autre façon d'influencer les enjeux locaux, en noyautant la circonscription de nombreux militants, s'avérait elle aussi plutôt limitée.

Le désaccord syndical-patronal n'a pas seulement servi à réfréner l'enthousiasme concernant le libre-échange, il a aussi durci le ton de la campagne. Ainsi la campagne néo-démocrate avait, entre autres grands thèmes, « c'est le pays des syndicats ». Le candidat néo-démocrate, Lyle Kristiansen, avait participé notamment à un projet très remarqué dans une scierie locale dont les syndicats avaient pris la gestion en charge. La « localisation » de la question du libre-échange convenait au Nouveau Parti démocratique (NPD) pour diverses raisons. Il y avait d'abord le fait que son candidat était un syndicaliste; de plus, contrairement aux conservateurs ou aux libéraux, les néo-démocrates s'engageaient dans une campagne bien organisée ayant pour objectif de se positionner comme adversaires irréductibles du libre-échange en Colombie-Britannique, ce qui convenait parfaitement à la campagne locale. Contrairement à ce qui s'était passé avec les conservateurs locaux, la visite du chef, Ed Broadbent, a été le fait saillant de la campagne locale. Elle a servi à descendre en flèche le libre-échange et à afficher la solidarité du NPD avec les syndicats. Les relations avec les responsables de la campagne nationale étaient plus étroites du fait que la personne chargée d'assurer la liaison avec les médias pour la campagne locale provenait du bureau d'Ed Broadbent. Natif de la place, cet homme avait ses billets d'avion (aller-retour entre Ottawa et la circonscription) payés par le bureau local du NPD.

Les néo-démocrates disposaient eux aussi de plusieurs bureaux; ils déclaraient pouvoir compter sur une équipe centrale d'environ 15 personnes et d'une centaine de bénévoles. Quoique moins bien financés que les conservateurs, les néo-démocrates ont réussi à attirer une multitude de partisans à leurs manifestations publiques. De plus, à en croire les critiques formulées par des militants conservateurs, le NPD aurait trouvé assez d'occasionnels pour préparer plus de pancartes que dans n'importe quelle autre campagne. L'appui inconditionnel des syndicats (soutien matériel et temps donné par les bénévoles) a considérablement aidé la cause du parti. Les organisateurs locaux, heureux d'inscrire leur démarche dans le sillage de la campagne provinciale et, dans une moindre mesure, dans celui de la campagne fédérale, ne répugnaient certainement pas à exploiter les liens du parti avec le mouvement syndical.

Les libéraux ont eu plus de difficulté que les conservateurs à se trouver de bons thèmes électoraux. Le fait que John Turner ait été le seul chef national à ne pas visiter la circonscription donne une idée de la manière dont le parti national estimait sa popularité dans le secteur. La polarisation de la politique en Colombie-Britannique, alimentée dans ce cas par le libre-échange, plus le fait que Bob Brisco et Lyle Kristiansen avaient tous deux déjà occupé le siège constituaient d'importants obstacles à la campagne libérale. Les libéraux se sont retrouvés dans une position inconfortable quand ils ont été contraints de tâter de la politique fortement partisane du libre-échange, d'autant plus que leur position contre l'accord économique posait un problème au candidat local, Garry Jenkins, qui a fait observer que « le Parti libéral avait traditionnellement appuyé le libre-échange ».

Les responsables de la campagne libérale de Kootenay-Ouest–Revelstoke ont par ailleurs noté que l'absence de campagne provinciale digne de ce nom empêchait d'aborder les questions provinciales de façon bien articulée. S'il est vrai que le directeur de la campagne de Kootenay-Ouest–Revelstoke était prêté par le bureau du parti situé à Vancouver, il y a eu, au dire de Garry Jenkins, « peu de contacts avec le parti et peu d'aide de sa part... On a laissé la campagne locale se débrouiller toute seule. » Certes, cela aurait pu donner aux libéraux locaux la possibilité de voler de leurs propres ailes, mais le manque de ressources les en a empêchés.

Totalement décentrés et déconcentrés par le débat sur le libre-échange, et devant un parti provincial ne croyant pas aux chances de l'emporter dans Kootenay-Ouest–Revelstoke, les libéraux de l'endroit ont dû tout faire en solitaires. Leur campagne pouvait compter sur une poignée de bénévoles à temps plein, y compris un jeune directeur de campagne bénévole plein d'enthousiasme, sans parler des quelque 40 militants et militantes à temps partiel. La campagne libérale était aussi nettement plus limitée dans sa capacité à réunir des fonds, disposant d'un budget de publicité inférieur au tiers de celui de ses adversaires. Même si les médias et Garry Jenkins ont trouvé que ce directeur de campagne était très efficace, le fait qu'il ne soit pas de l'endroit en disait long sur la faiblesse de l'association locale. En fait, on en était à se demander si l'unité locale répondait aux critères de base établis par le parti pour l'obtention du statut d'association.

À supposer même que les libéraux de l'endroit aient été mieux disposés à l'égard du libre-échange, l'axe local syndicats-NPD était beaucoup mieux en mesure de traiter de la question. Ils devaient donc conclure que seules les questions à caractère local pourraient alimenter favorablement leur campagne. L'exploitation forestière, le développement durable et la renégociation du *Traité du fleuve Columbia* faisaient partie de ces questions. En fin de compte, les libéraux ont très peu influencé la campagne générale. Cette exclusion des principaux enjeux locaux a fait ressortir le caractère marginal de leur campagne locale, marginalité soulignée encore par leur incapacité à recueillir des appuis lors des débats tenus à l'hôtel de ville. Une note positive apparaît toutefois au bilan libéral : l'utilisation de la télécopie. Cette innovation technologique devait faciliter la communication entre les organisateurs et les médias, donc réduire les besoins en effectifs. L'utilisation des télécopieurs par les libéraux de Kootenay pourrait fort bien préfigurer une « guerre des fax » aux prochaines élections, surtout là où il y a carence de bénévoles. Pour certains, cette innovation électronique a permis aux libéraux de sauver la face dans cette course.

Dans Vancouver-Centre, les campagnes disposaient de meilleures ressources et se trouvaient au centre des stratégies provinciales et nationales des partis. De plus, les médias s'intéressaient énormément à la lutte. Ces circonstances ont fait que la campagne s'est jouée sur un tout autre terrain, ce qui montre à quel point les campagnes les plus spectaculaires sont, par essence, imprévisibles.

Vancouver-Centre

La lutte dans Vancouver-Centre a attiré des candidats et candidates très en vue, suscitant ainsi beaucoup d'intérêt de la part des médias. Pour certains, la circonscription est un « phare », symbole du soutien populaire accordé aux partis à mesure que la campagne se déroule, alors que pour d'autres, il s'agit au contraire d'un comté volage tout à fait capable d'élire un non-conservateur pour succéder à la ministre du cabinet Pat Carney, sur le point de prendre sa retraite.

Quel que soit le point de vue adopté, les partis jugeaient essentiel de présenter des candidats forts et de mener une campagne vigoureuse. Quant aux médias, ils s'attendaient à ce que les formations en présence jettent dans la mêlée leurs gros canons, considérant par ailleurs que la couverture de la circonscription est aussi pratique que stimulante, compte tenu du calibre des candidats habituellement présentés. Après tout, au fil des ans, plusieurs ministres libéraux et conservateurs en sont issus, lui conférant un statut d'ordre national. Et pour les conservateurs, il s'agissait d'une des rares circonscriptions de la Colombie-Britannique où ils pouvaient espérer tenir bon contre l'impopularité du gouvernement Mulroney dans cette province. Du côté du NPD, c'était l'occasion rêvée de capitaliser sur la popularité accrue des actions politiques à Vancouver pour faire de cette circonscription un porte-étendard pouvant stimuler d'autres succès sur les scènes provinciales et fédérale. Quant aux libéraux, un succès dans la circonscription assurerait leur légitimité dans l'Ouest, élément capital vu la proximité de la circonscription de John Turner, Vancouver Quadra.

Parce que la circonscription était avantageusement située par rapport aux sièges sociaux des partis et des médias d'envergure provinciale, et que les candidats locaux étaient bien placés pour agir en porte-parole de leur formation, de nombreuses questions devaient être abordées dans le cadre de la campagne locale. Contrairement à Kootenay, où le débat sur le libre-échange découlait d'une conjonction de facteurs locaux et externes, le débat à Vancouver-Centre semble avoir été régi plus par le désir des partis d'annoncer leurs positions sur le libre-échange que par des préoccupations réellement locales. Très peu de questions locales faisaient d'aussi bons points de mire que celles qui portaient sur le libre-échange. Cela ne signifie pas qu'on ne s'intéressait pas localement à la question, mais plutôt que l'intérêt qu'on lui portait revêtait un caractère général, abstrait par moments. Le débat, formulé en termes nationaux, s'inscrivait dans le prolongement du débat national. Il faut également souligner que la faiblesse du PLC et la force du NPD en Colombie-Britannique ont donné naissance à des débats locaux constituant des variantes du débat national.

Le fait que la circonscription englobe le quartier des affaires a contribué à mettre l'accent sur le libre-échange. Libéraux et conservateurs jugeaient essentiel l'appui du milieu des affaires pour justifier leurs vues sur le libre-échange. Même le NPD semble avoir poursuivi une politique de non-belligérance vis-à-vis du milieu des affaires. Les partis, qui ont souligné le professionnalisme de leur candidat, ont envoyé leur chef national prendre des bains de foule dans le centre-ville afin de montrer la qualité de l'accueil que leur réservaient les gens d'affaires. Étant donné que ces événements étaient destinés aux médias des échelons local, provincial et national, la démarcation entre ces trois niveaux de campagne, déjà brouillée par le débat sur le libre-échange, devenait encore plus floue.

Dans une circonscription pouvant facilement changer de mains, milieux politiques et médias s'entendent pour dire qu'une bonne candidature s'avérait cruciale pour le succès de la campagne, car, après tout, si les candidats forts constituent une attraction pour les médias, ils feront l'objet de reportages. Leurs qualités personnelles sont à ce point de vue un élément vital de la campagne et du reportage, surtout quand on sait qu'un député de Vancouver-Centre a de sérieuses chances d'être nommé au cabinet si son parti remporte les élections. Et parce que la circonscription avait auparavant élu des candidats en vue, l'aptitude d'un candidat à « vendre » les vues de son parti sur le libre-échange serait de fait perçue comme un indice de compétence politique, voire comme une illustration de ses chances d'obtenir ulté-rieurement certains avantages pour la circonscription. Les conservateurs et les néo-démocrates ont beaucoup tablé sur le thème de « qui a le plus de chances d'aider qui ». Le NPD, pour sa part, a fait directement appel à l'individu « moyen », en soulignant les qualités de Mme den Hertog, « jeune femme brillante et sensible aux grandes questions de l'heure », tandis que les conservateurs ont mis en relief la protection de la base économique des circonscriptions pour la relier à l'expérience politico-économique de Kim Campbell. Les libéraux ont également souligné l'expérience de Tex Enemark et son aptitude à obtenir des faveurs d'Ottawa une fois élu.

La campagne locale s'est concentrée sur des questions portant sur autre chose que le libre-échange, notamment pour tenir compte de la nature de la circonscription. L'étendue de la couverture médiatique témoignait de la multiplicité des enjeux locaux. Les candidats se sont empressés d'établir leur bonne foi à propos d'un certain nombre de questions, dont le multiculturalisme, les préoccupations propres aux femmes, celles des homosexuels et ainsi de suite. Les candidats locaux ne se contentaient pas de débattre de questions locales; le calibre des médias engagés ainsi que l'attention accordée à la circons-cription en faisaient une tribune idéale pour haranguer l'électorat provincial sur diverses questions. Par ailleurs, l'emplacement central de la circonscription permettait de traiter de plusieurs sujets intéressant les autres parties de la province (pêche, industries forestière et minière) en recourant à des porte-parole d'entreprises ou d'associations qui faisaient des déclarations à partir de leur siège social respectif à Vancouver. De plus, cela permettait aux partis et aux médias de simplifier la logistique propre à une campagne menée à l'échelle de toute la province.

Outre la couverture provinciale, la campagne locale était suivie par la presse nationale, ce dont les partis en présence ont vite cherché à profiter. Le NPD notamment s'est servi de la circonscription comme d'une scène pour donner de grandes conférences de presse sur un large éventail de questions. L'une de ces conférences a rassemblé toutes les femmes candidates de la Colombie-Britannique pour aborder les préoccupations propres aux femmes. L'environnement, les préoccupations des homosexuels et l'avortement ont été d'autres questions traitées de cette manière. C'est en partie pour cette raison que des militants et militantes se sont plaints de l'équilibre et du traitement des questions dans la campagne locale, qui relevaient essentiellement de considérations hiérarchiques ou médiatiques.

Les militants et militantes des trois formations locales ont déclaré avoir tenté de mettre une distance entre la campagne locale et leur campagne nationale respective, même si les candidats néo-démocrate et conservateur ne se sont pas entendus à ce sujet avec leurs organisateurs. Les militants du NPD se sont sentis bloqués sur plusieurs fronts. Tout en se réjouissant de l'importance supplémentaire accordée au libre-échange par la campagne provinciale (alors que la campagne nationale mettait l'accent sur le leadership), le directeur de la campagne de Mme den Hertog a estimé que le rôle de sa candidate comme porte-parole contre le libre-échange ainsi que son intervention dans un certain nombre de dossiers provinciaux constituaient forcément une entrave à sa capacité de se consacrer à la campagne locale. En outre, le fait que Mme den Hertog soit présidente fédérale était perçu par certains bénévoles locaux comme une forme de relation trop intime avec la campagne nationale et avec la direction du parti, qui cherchait alors à souligner le leadership d'Ed Broadbent, question non pertinente dans l'Ouest. Vancouver-Centre a pour cette raison perdu un certain nombre de militants qui ont préféré se consacrer à d'autres campages régionales; on pense notamment à la campagne de Svend Robinson, où l'idée de pouvoir se limiter à des questions vraiment locales avait plu à certains militants. Certains membres du NPD ont alors déclaré que la campagne locale avait souffert d'un manque de militants, ce qui expliquait en bonne partie pourquoi elle avait mis du temps à trouver son rythme. La campagne du NPD disposait d'environ 10 à 15 militants à temps plein et de 300 ou 400 à temps partiel.

Les conservateurs de Vancouver ont jugé la campagne provinciale inadéquate même si elle était centrée sur la question du libre-échange, et ont déclaré ne pas avoir tenu compte de la campagne nationale. La faiblesse de la campagne régionale n'a pas nui à la campagne locale, qui disposait des ressources voulues pour se tirer d'affaire toute seule. En fait, on a estimé qu'il était bon de se tenir assez loin de la morosité provinciale. La combinaison de ce qui restait de l'organisation de Pat Carney et de l'organisation provinciale de Kim Campbell a donné une formidable machine de campagne. On a estimé le noyau central à quelque 50 personnes, auxquelles il faut bien sûr ajouter les centaines d'autres bénévoles. Libéraux et néo-démocrates ont souligné l'importance des moyens matériels et humains dont avaient pu disposer les conservateurs.

L'appui accordé aux conservateurs et aux néo-démocrates contrastait violemment avec la petite cinquantaine de militants et militantes que les libéraux avaient pu réunir. Il semble qu'il se soit produit une fuite importante vers la campagne de John Turner dans la circonscription voisine de Vancouver Quadra. En fait, un certain nombre de militants, et non les moindres, ont admis avoir appuyé M. Enemark par sentiment de loyauté personnelle plutôt que par sentiment de solidarité envers le parti. Ce qui démontre que, en dépit des apparences, Vancouver-Centre suscitait en réalité une course à deux voies.

La campagne libérale était très vaguement liée à la campagne nationale; elle était rattachée à une association locale et à une campagne régionale quasi inexistantes. L'opposition au libre-échange n'était pas bien vue des militants locaux, et parce qu'on estimait que Vancouver-Centre avait toujours donné la chance aux libéraux lorsqu'ils présentaient un bon candidat, la campagne s'est concentrée sur les qualités de Tex Enemark. La faiblesse de l'organisation locale puis celle de la campagne locale se sont traduites dans les résultats finals. L'impuissance de la campagne des libéraux à réunir des appuis lors des débats à l'hôtel de ville a gravement nui à l'image du parti, transformant ces débats en confrontation entre le PC et le NPD.

Les chiffres suivants donneront une idée de l'appui local accordé aux partis : les conservateurs de Vancouver-Centre ont recueilli environ le double des sommes amassées par les deux autres principaux partis. Bien que les libéraux aient dépensé deux fois plus que les néo-démocrates et un tiers de plus que les conservateurs, on a reconnu, du moins dans les médias, qu'ils avaient mené une campagne plus faible que les autres formations (voir le tableau 2.A1). Ceci prouve, dans une certaine mesure, qu'il y a des activités non médiatiques dans une campagne électorale dont l'importance est néanmoins cruciale pour la crédibilité de la campagne et qui exigent un grand nombre de bénévoles.

Dans Vancouver-Centre, l'espace médiatique obtenu grâce au calibre de la course n'a pas été directement converti en espace additionnel pour la campagne locale compte tenu des sollicitations émanant déjà d'autres campagnes. En outre, l'amalgame des questions traitées reflétait en partie les préférences des autres campagnes, ainsi que celles des médias, et pas seulement celles des organisateurs de la campagne locale. Cela aide à comprendre pourquoi des militants et militantes ont pu prétendre que la campagne manquait d'un centre d'intérêt local.

Comme dans le cas de Kootenay, les campagnes des niveaux local et national ont également utilisé des stratégies publicitaires parallèles. Les campagnes locales des libéraux et des conservateurs semblent avoir peu contribué aux stratégies publicitaires nationales, avec lesquelles elles n'entretenaient que peu de rapports. Cela s'applique également aux campagnes locales du NPD, à ceci près que la force de la campagne provinciale ainsi que les liens étroits entre les stratégies des niveaux local et provincial ont quelque peu compensé les lacunes signalées à propos des deux autres partis.

Enfin, il faut prendre le temps de commenter l'importance des candidats et candidates dans une élection nationale. Dans une province qui s'est violemment retournée contre le gouvernement, et dans une circonscription contrôlée au niveau provincial par les néo-démocrates, les conservateurs ont réussi à faire élire Kim Campbell à Vancouver-Centre. Les militants et militantes de la campagne ont fait grand cas du rôle que les qualités personnelles de la candidate ont joué dans ce résultat. Leurs commentaires semblent indiquer qu'il y a lieu de revoir un tant soit peu l'idée qu'on se fait de l'influence d'un candidat sur les résultats électoraux. Cette réévaluation tiendrait compte d'un certain nombre de facteurs qui semblent tenir au type de candidat choisi pour briguer un siège : les ressources que tous les échelons des partis sont disposés à consacrer à une campagne particulière; le niveau de l'aide professionnelle mise à la disposition de la campagne; la capacité organisationnelle de la campagne; le rôle joué par le candidat dans l'organisation et son aptitude à attirer de bons organisateurs pour la campagne; la volonté des médias de couvrir le candidat; le désir du parti de se servir du candidat comme d'un porte-parole; la mesure dans laquelle on reconnaît la crédibilité d'un candidat. De même, l'évaluation de l'importance du candidat devrait tenir compte du rapport qui s'établit entre politiciens en vue et circonscriptions clés.

Discussion

La « localisation » de la question du libre-échange dans Kootenay-Ouest–Revelstoke illustre l'influence des facteurs démographiques locaux sur la nature des enjeux locaux et l'importance qu'on leur attribue. La démarche illustre également l'importance des ressources mises à la disposition des organisateurs locaux et des rapports qui s'établissent entre les composantes locales et non locales de l'appareil des partis. Le débat sur le libre-échange a pu dominer la campagne locale parce que la question rejoignait des enjeux économiques locaux, avec pour résultat que la campagne locale a été exposée aux politicailleries nationales et régionales, en plus de favoriser la politisation des mêmes clivages que dans la campagne nationale, ce dont s'accommodaient fort bien les grosses machines nationales ou provinciales. La forte emprise de la question du libre-échange sur la scène locale a servi les intérêts du Nouveau Parti démocratique (NPD). Le caractère central de cette question pour l'électorat et pour la collectivité en général signifiait que les ressources combinées des libéraux et des conservateurs n'avaient pas réussi à contrer l'envahissement de l'espace local.

La reproduction au niveau local des clivages politiques des niveaux provincial et national a conféré à la campagne locale un visage très « national ». Les campagnes locales, espérant aborder d'autres questions, ont dû faire face aux campagnes des autres échelons du parti, elles-mêmes axées sur le libre-échange. Alors que les conservateurs et les libéraux faisaient preuve d'une certaine indépendance à l'égard de ces autres niveaux, ni les uns ni les autres ne possédaient les ressources voulues pour échapper à l'emprise de la question du libre-échange.

Vu le peu d'intégration intrapartite en matière de stratégies de campagne, l'harmonie entre questions locales, régionales et nationales semble avoir été largement le fait du hasard plutôt que le résultat d'une concertation entre organisateurs de niveaux différents. Seule la campagne locale du NPD a réussi une certaine intégration des deux niveaux, grâce notamment à la force du NPD provincial et parce que le centre d'intérêt des campagnes extérieures convenait aussi à la campagne locale. Même dans ce cas, les efforts d'intégration ont été limités. L'attitude positive des organisateurs locaux lors de la visite d'Ed Broadbent a mis en lumière leur empressement à profiter du prestige des campagnes nationale et régionale.

La puissance de la machine conservatrice a permis à ce parti de chercher à unifier toutes ses campagnes locales, mais il semble que la chose se soit plutôt faite à l'échelon provincial. Les organisateurs des campagnes locales se sont disputé la tâche de définir les enjeux locaux. La relation entre les grands médias et les organisateurs de campagnes a déterminé l'importance attribuée aux questions locales. Bien sûr, les ressources dont disposaient les médias urbains étaient bien supérieures à celles des médias ruraux, et les campagnes locales, mieux financées (dans la plupart des cas, pourvues d'un meilleur personnel). En particulier, le niveau de l'aide professionnelle en toutes choses, depuis la tenue des livres jusqu'à la publicité, était bien supérieur dans le cas des campagnes urbaines à ce qu'il était dans le cas des campagnes rurales.

Même si la campagne locale s'est peu attardée sur le débat du libre-échange, les intérêts des partis provincial et national et des médias ont hissé le libre-échange en tête du programme. Mais il reste que cette prédominance a été notablement plus faible que dans Kootenay. Les questions locales qui venaient s'inscrire au programme étaient dans bien des cas celles que les partis et les médias pouvaient utiliser pour s'adresser à la fois au public local et au public de l'extérieur. Ainsi on peut affirmer que l'importance attribuée aux questions locales ne tenait pas au seul contexte des campagnes locales, mais reflétait aussi les considérations stratégiques d'un certain nombre d'intervenants.

La volonté des organisateurs de l'extérieur de profiter de l'attention que suscitaient les campagnes locales dans les médias a résulté ici en une meilleure intégration des campagnes aux différents échelons que ce ne fut le cas à Kootenay. Nul n'ignorait l'importance de l'exposition aux médias dans les campagnes locales, ce qui fait que l'usage de cette arme devait faire l'objet de négociations entre les divers échelons des partis. D'ailleurs, le recours à des bénévoles spécialisés dans les relations avec les médias montrait combien les organisateurs de campagnes misaient sur les organes de grande diffusion. Le résultat de cette intégration est que les candidats locaux se trouvaient associés de plus près à la plate-forme de leur parti. L'incorporation d'éléments provinciaux, régionaux ou nationaux dans la campagne locale a contribué à augmenter le nombre de questions figurant dans l'espace prévu à cet effet puisque les partis faisaient tout pour rendre public leur point de vue au moyen des campagnes locales. Dans une optique stratégique, cela revenait à dire qu'il fallait présenter sa candidature en fonction de questions jugées importantes dans un cadre plus large, quitte à se faire accuser de manque de flexibilité dans certaines situations locales. Cela devait s'avérer particulièrement juste dans le cas du NPD. La perte de contrôle sur la campagne locale, attribuable à l'intérêt de cette campagne sur les scènes provinciale et nationale, constitue l'un des traits dominants de la campagne électorale dans Vancouver-Centre.

Dans Kootenay, la vigueur de la campagne provinciale du NPD a fait que la campagne locale des néo-démocrates était plus intégrée que n'importe laquelle des campagnes de leurs principaux adversaires se déroulant au même échelon. Cette intégration limitait l'aptitude des néo-démocrates à réagir aux questions locales. Les conservateurs semblent s'être mieux adaptés aux questions locales. La campagne locale des libéraux s'est presque déroulée en vase clos. Même si elle n'était pas directement gênée par les exigences d'autres paliers du parti, elle devait s'attarder à ce qu'elle percevait comme étant des conséquences néfastes si John Turner réussissait à devenir le chef de file des opposants au libre-échange. La faiblesse organisationnelle des libéraux en Colombie-Britannique (ironiquement, l'une des raisons de leur liberté de mouvement) réduisait l'aptitude des organisateurs des campagnes locales à réunir et à concentrer les ressources voulues pour influencer l'importance attribuée aux questions locales.

En passant, il faudrait noter que les candidats et candidates tendaient à être plus conscients des efforts déployés par les autres paliers du parti et mieux disposés envers ces démarches visant à coordonner les activités locales et non locales de la campagne. Ceci était surtout vrai des députés en exercice, ce qui indique peut-être que les candidats ont en général une vue plus globale des élections, ce que favorise sans doute un contact étroit et prolongé avec le parti.

CONCLUSION

La présente étude s'est attardée aux moyens qu'utilisent les médias et les organisateurs de campagnes pour façonner de questions locales l'espace qui sera présenté à l'électorat. On distingue ici deux volets, l'un d'ordre quantitatif (le nombre de questions pouvant être politisées dans une élection) et l'autre qualitatif (la nature des questions politisées).

L'importance attribuée aux questions locales est déterminée par un certain nombre de facteurs : le nombre et le type des médias disponibles dans une circonscription, le profil de la campagne locale et les ressources consacrées par les partis à la publicité de leur campagne.

La nature des questions locales relève de facteurs étroitement liés à ce qui précède : la démographie d'une circonscription, le degré de coïncidence et d'harmonisation des priorités des campagnes aux trois échelons politiques ainsi que dans les médias, et le résultat de la concurrence que se livrent les diverses campagnes locales pour la maîtrise des enjeux locaux.

Les événements de Kootenay-Ouest–Revelstoke et de Vancouver-Centre invitent à la prudence toute personne prête à affirmer qu'il existe une démarcation nette entre les niveaux politiques local, régional et national. Certaines questions locales ont des retombées nationales, et vice versa. La question du libre-échange a été localisée dans Kootenay, tandis qu'à Vancouver-Centre, les questions locales venaient s'incorporer aux campagnes provinciales et nationales.

Cette étude a permis de découvrir deux types distincts de questions locales : l'un, dans Kootenay, fort justement décrit par la notion de questions parallèles; l'autre, dans Vancouver-Centre, qu'on qualifie ordinairement de questions traitées localement. La nature des questions parallèles n'est tributaire d'aucune interaction avec les questions non locales. Elles peuvent ressembler aux questions provinciales ou nationales, auquel cas la chose est due à l'acceptation d'importantes définitions qui sont externes à la localité, ou encore à l'incapacité des organisateurs locaux de définir des questions différentes et spécifiques. Les questions traitées localement supposent une nette interdépendance entre les questions locales et les questions non locales. Le contenu, l'envergure et les moyens de contrôle de ces deux types d'enjeux peuvent afficher des différences importantes. Les campagnes dans les circonscriptions disposant de questions traitées localement sont en interrelation et en interaction avec des campagnes non locales. Les campagnes dans les circonscriptions abordant des questions parallèles risquent plutôt d'être laissées à elles-mêmes.

L'abondance des médias à Vancouver assujettit les questions locales aux demandes provenant des médias locaux, provinciaux et nationaux ainsi que des partis politiques, donnant comme résultat des questions locales aussi étendues que diversifiées. Les attentes de tous ces intervenants locaux ou autres à l'égard des questions locales ont entraîné une diminution du niveau de contrôle exercé par les organisateurs locaux sur le contenu de leur campagne. L'interdépendance des facteurs locaux et non locaux a propulsé les questions locales à Vancouver-Centre sur la scène nationale, ce qui a eu pour effet de transformer les campagnes locales en simples appendices de la campagne nationale.

Dans Kootenay-Ouest–Revelstoke, on a assisté à une campagne relativement modeste dans laquelle les organisateurs locaux autres que néo-démocrates ont essayé d'exploiter des questions locales ne touchant pas au libre-échange. S'il est vrai que les campagnes locales ont rencontré moins de concurrence qu'à Vancouver-Centre, elles ont également eu beaucoup moins de ressources médiatiques sur lesquelles exercer une influence. Dans l'ensemble, vu le rôle relativement modeste joué par les médias, les organisateurs ont favorisé les formes plus traditionnelles de communication pour diffuser leur message au public. L'espace réservé aux questions locales a été envahi, à distance, par la campagne nationale, notamment parce que le libre-échange représentait sur place un dossier chaud. Le fait de séparer les questions locales des autres questions a fait en sorte que les questions propres à Kootenay-Ouest–Revelstoke ont été traitées parallèlement avec les questions non locales et que, par conséquent, les campagnes locales ont été parallèles aux campagnes non locales, mais bien distinctes de ces dernières.

Les réformes possibles

De façon générale, il ressort de la présente étude que, dans des élections nationales, le choix des questions qui seront traitées au niveau local ne relève, dans le meilleur des mondes, que partiellement de l'échelon local. Il apparaît aussi que la dynamique des campagnes est particulièrement complexe et qu'elle varie grandement d'une circonscription à l'autre. Il en résulte que l'impact de n'importe quel amendement législatif concernant les campagnes électorales variera selon la circonscription.

En outre, et compte tenu du nombre et de la complexité des éléments entrant en ligne de compte dans les opérations électorales, tout changement apporté à la législation des campagnes produira des effets imprévisibles, voire néfastes, dans un contexte où l'objectif consiste à optimiser la participation locale.

La conception du bulletin de vote

Supprimer le nom des partis sur les bulletins de vote   S'il est vrai qu'un tel changement réduit la quantité d'informations données à l'électeur et l'électrice, il aura cependant l'avantage de mettre l'accent sur les candidats et la campagne qu'ils auront menée.

Les médias

Attribution d'un temps médiatique accru aux campagnes locales   Les campagnes locales se trouveraient renforcées s'il était requis qu'une partie du temps d'antenne gratuit et payant prévu actuellement par la loi soit réservée aux candidats locaux. Un temps d'antenne à la radio et aux chaînes communautaires diffusées par câble pourrait s'avérer des plus profitables. Des débats obligatoires entre candidats locaux mériteraient peut-être d'être pris en considération.

Obligation pour toute publicité de parti diffusée par les médias locaux de recevoir l'assentiment du comité de campagne local compétent Une telle démarche permettrait de s'assurer que les composantes politiques locales peuvent influencer dans leur circonscription l'orientation donnée à une campagne par les organisateurs provinciaux et nationaux. Une réforme de cette nature trouverait peut-être plus sa place au sein des partis que dans une réglementation électorale.

Obligation pour les médias locaux de préciser la validité statistique et la pertinence locale de tout sondage publié Cette information, qui devra préciser le nombre de répondants issus de la circonscription où le sondage a lieu, permettra à l'électorat de mieux pondérer l'utilité des sondages.

Faire en sorte que le Conseil de la radiodiffusion et des télécommunications canadiennes (CRTC) intensifie ses efforts auprès des radiodiffuseurs afin de leur rappeler leur obligation de fournir une couverture des campagnes locales Les normes du CRTC exigent une couverture adéquate et équitable, et l'Association canadienne des radiodiffuseurs accepte cette obligation. Cependant, certains radiodiffuseurs ne fournissent pas une couverture aussi grande que celle à laquelle on pourrait s'attendre.

ANNEXE

Tableau 2.A1
Financement des campagnes de Kootenay-Ouest–Revelstoke
et de Vancouver-Centre
(en dollars)

Dépenses	Kootenay-Ouest–Revelstoke			Vancouver-Centre		
	NPD	PC	PLC	NPD	PC	PLC
Radio	3 614	4 689	4 881	—	—	100
Télévision	—	—	—	—	—	—
Autres médias	10 453	13 718	6 698	17 553	24 602	32 438
Total médias	14 067	18 407	11 579	17 553	24 602	32 538
Salaires	9 644	1 941	2 400	8 924	—	2 500
Bureaux	10 975	17 997	9 608	16 249	13 259	12 344
Déplacements	1 858	2 127	2 686	—	—	—
Autres	1 877	1 713	5 281	7 524	7 625	884
Total dépenses (1)	38 421	42 185	31 554	50 250	45 486	48 266
Pourcentage de dépenses par rapport au montant permis	80,9	88,8	66,4	97,6	88,3	93,7
Remboursement	17 149	23 609	16 896	24 329	23 029	24 309
Contributions	42 998	61 232	—	66 615	116 488	54 053
Revenu total (2)	60 147	84 841	16 896	90 944	139 517	78 362
Solde (2 - 1)	21 726	42 656	- 14 658	40 694	94 031	30 096

Source : Canada, Élections Canada 1988.

NPD : Nouveau Parti démocratique; PC : Parti progressiste-conservateur du Canada; PLC : Parti libéral du Canada.

BIBLIOGRAPHIE

Canada, Bibliothèque parlementaire, *History of the Federal Electoral Ridings 1867–1980 : Volume 1*, Ottawa, Bibliothèque parlementaire, 1982.

————, Élections Canada, *Rapport des candidats concernant les dépenses d'élection. Élections fédérales 1988*, Ottawa, 1988.

————, Statistique Canada, *Circonscriptions fédérales électorales — Ordonnance de représentation de 1987 : Partie 1, Profils*, Ottawa, Ministre des Approvisionnements et Services Canda, 1980.

Caplan, Gerald, Michael Kirby et Hugh Segal, *Election : The Issues, the Strategies, the Aftermath*, Scarborough, Prentice-Hall Canada, 1989.

Eagles, D. Munroe, James P. Bickerton, Alain G. Gagnon et Patrick J. Smith, *The Almanac of Canadian Politics*, Peterborough, Broadview Press, 1991.

Fraser, Graham, *Playing for Keeps : The Making of the Prime Minister*, Toronto, McClelland and Stewart, 1989.

Frizzell, Alan, Jon Pammett et Anthony Westell, *The Canadian General Election of 1988*, Ottawa, Presses de l'Université Carleton, 1989.

3

LA CAMPAGNE ÉLECTORALE ET LES MÉDIAS
Étude de leur influence respective dans deux circonscriptions albertaines lors des élections fédérales de 1988

Andrew Beh
Roger Gibbins

IL NE FAIT AUCUN DOUTE que les candidats et les campagnes électorales au niveau des circonscriptions jouent un rôle important dans toute la mythologie démocratique qui entoure les campagnes électorales au Canada et dans les autres démocraties occidentales. Les électeurs et électrices reconnaissent le poids des candidats locaux dans leurs calculs, même s'ils ignorent parfois leurs positions sur les enjeux et souvent jusqu'à leurs noms. Bref, il existe une réticence générale à réduire les campagnes électorales à des luttes entre partis et chefs nationaux; nous croyons que les candidats et candidates devraient compter, que le vote exprimé en leur faveur dans une circonscription devrait être plus que l'expression d'une préférence pour un chef et un parti nationaux. Pour leur part, les candidats n'ont d'autre choix que de croire que la campagne locale a du poids et qu'elle peut même être déterminante. Il est même nécessaire qu'ils en soient convaincus pour faire face aux troubles émotionnels, au bouleversement de leur vie et aux risques financiers qu'engendre la campagne.

Même si les mythes politiques sont souvent bien ancrés dans la réalité, le rôle que jouent effectivement les campagnes électorales dans les circonscriptions est loin d'être clairement défini. Les études sur les élections confirment l'attrait général qu'exercent ces mythes mais, comme nous le verrons plus loin, elles n'apportent aucune confirmation empirique. Il y a donc contradiction entre la façon dont nous pensons que les électeurs devraient agir — soupeser soigneusement les forces et les faiblesses des candidats et candidates en lice dans leur circonscription — et la façon dont il semble qu'ils agissent effectivement : ils semblent utiliser leur vote pour exprimer une préférence à l'échelle nationale, en se souciant assez peu des candidats locaux et parfois même, sans les connaître. Nous allons traiter de cette contradiction en nous demandant encore une fois si les candidats et les campagnes au niveau local comptent dans les campagnes électorales fédérales. Les candidats locaux, et les campagnes locales au sens large, ont-ils un effet marqué sur l'issue de la campagne nationale dans la circonscription ? Ou sont-ils, avec les organisateurs de campagne qu'ils ont réussi à recruter, tout à fait submergés par la campagne nationale, par les partis, par les chefs, par les médias et par les enjeux nationaux ? Pour formuler plus positivement la question, nous nous demandons par quels moyens les candidats et les campagnes locales peuvent arriver à exercer une certaine influence sur la campagne nationale et devenir ainsi, dans une certaine mesure, les maîtres de leur propre destinée malgré le grand tumulte de la campagne électorale nationale.

Notre étude ne se distingue pas par les questions qu'elle pose, puisqu'elles ne sont pas nouvelles, même si elles n'ont jamais trouvé de réponses satisfaisantes, mais par la façon dont elle y répond et par la méthodologie utilisée. Nous nous intéressons avant tout au lien entre les campagnes électorales locales et les médias, non aux perceptions des électeurs ou des candidats. Bref, nous examinons dans quelle mesure les médias permettent aux candidats locaux et aux organisateurs de campagne d'avoir une bonne prise sur la campagne électorale nationale dont ils font partie intégrante.

Cet examen s'est déroulé dans un milieu politique hostile, et même exceptionnellement hostile, à l'apparition d'effets importants au niveau même des circonscriptions. D'abord, nous avons étudié les élections générales de 1988 qui ont, dans une large mesure, servi de référendum national sur le projet d'Accord de libre-échange canado-américain. La prédominance de cette question dans la campagne de 1988 ne pouvait qu'accroître la probabilité que les électeurs se servent de leur bulletin de vote pour indiquer leur appui ou leur opposition à l'Accord plutôt que leur préférence pour l'un des candidats locaux. Ensuite, nous nous sommes penchés sur deux circonscriptions fédérales de l'Alberta, une province qui n'est pas réputée pour ses élections très serrées. (Pour reprendre le mot d'Allan Fotheringham, la lutte électorale en Alberta prend moins le caractère d'un choix que d'un « stampede ».) En effet, il faut remonter jusqu'en 1968, soit plus de 20 ans en arrière, pour trouver un candidat albertain autre qu'un conservateur élu lors d'élections générales. Par conséquent, la culture politique de la province en est venue à donner l'impression que n'importe quel candidat conservateur peut être élu et, inversement, que même Mère Theresa serait battue si elle se présentait sous la bannière libérale ou néo-démocrate. Bref, le contexte électoral est tel qu'on attend des divers candidats ou des campagnes de circonscription qu'ils aient un impact uniquement sur l'importance des majorités du Parti progressiste-conservateur du Canada. Ainsi, les élections de 1988, qui ont tourné autour de l'Accord de libre-échange en Alberta, constituent un test rigoureux de l'émergence possible d'effets au niveau des circonscriptions.

Nous nous sommes appuyés aussi sur la revue de la littérature établie par Fletcher (1987, 346 et 347), qui a dégagé sept grandes caractéristiques des campagnes électorales fédérales au niveau des circonscriptions :

- la campagne nationale et les enjeux nationaux dominent la conscience collective;
- les pratiques journalistiques et la réglementation électorale donnent l'avantage aux candidats sortants;
- les stratégies des campagnes locales (le porte-à-porte, la distribution de feuillets, les appels téléphoniques, etc.) ont des résultats différents dans les diverses circonscriptions, mais l'ampleur de la différence et sa variation d'une circonscription à l'autre sont inconnues;
- les candidats locaux se méfient de la couverture médiatique dans le cas où les journalistes viennent à la demande des grandes agences de presse en vue de rédiger des articles ou un profil des circonscriptions;
- les partis nationaux concentrent de plus en plus leurs activités dans les « circonscriptions marginales »;
- les débats télévisés entre candidats — diffusés surtout par les stations locales du câble — sont de plus en plus courants dans les circonscriptions;
- les candidats locaux retiennent peu l'attention des grands médias.

Notre analyse confirme surtout trois de ces observations : d'abord, la campagne nationale et les enjeux nationaux dominent la conscience publique; ensuite, les débats télévisés entre candidats — diffusés surtout par les stations locales du câble — sont de plus en plus courants (ou du moins sont très importants) dans les circonscriptions; et enfin, les candidats locaux retiennent peu l'attention des grands médias. Nous explorons ces trois observations dans le contexte de trois questions :

1. La campagne de comté est-elle un simple substitut local de la campagne nationale ?
2. Quelles stratégies les candidats emploient-ils pour rejoindre leurs électeurs par les médias ?
3. Réussissent-ils à retenir l'attention des médias ?

Afin d'analyser la relation entre les candidats et les médias lors des élections générales de 1988, nous avons retenu deux circonscriptions de l'Alberta, soit Calgary-Ouest et Macleod. Comme pour des études comparables qui ont été faites en Colombie-Britannique et en Ontario, nous avions deux raisons de choisir ces circonscriptions. La première, c'est que l'une étant urbaine (Calgary-Ouest) et l'autre rurale (Macleod), elles correspondent à deux milieux médiatiques bien différents; la seconde, c'est que dans les deux circonscriptions, la lutte a été vive entre les candidats et candidates lors des élections de 1988, événement rare dans une province reconnue pour ses majorités électorales écrasantes. Pendant la campagne de 1988, l'émergence du Parti réformiste du Canada a largement contribué à accroître la concurrence. Même s'il n'a été fondé qu'en octobre 1987 et qu'il n'a joué qu'un rôle mineur dans la plupart des circonscriptions albertaines en 1988, ce parti a pris beaucoup de vigueur dans Calgary-Ouest et Macleod et occupe depuis l'avant-scène politique.

Nous avons eu recours, pour cette étude, à une méthode comportant trois étapes corrélatives. La première nous a amenés à interviewer les représentants des médias qui décidaient de la couverture de presse pendant la campagne, c'est-à-dire les réalisateurs ou producteurs des informations télévisées, les rédacteurs en chef ou chefs de la rédaction des journaux. La deuxième a comporté l'interview des candidats, des directeurs de campagne et des attachés de presse. La troisième avait à la fois un volet quantitatif — mesure de la place faite dans les journaux à tel ou tel genre de reportages — et un volet qualitatif — analyse de contenu des articles. Nous avons utilisé à cette fin le *Calgary Herald* et, à un degré moindre, le *Calgary Sun*, ainsi que les journaux locaux dans Macleod. Nous n'avons effectué qu'une courte analyse de la couverture télévisée comme telle.

CALGARY-OUEST

Profil de la circonscription de Calgary-Ouest

Calgary-Ouest est l'une des six circonscriptions fédérales de Calgary, les cinq autres étant Calgary-Centre, Calgary-Nord, Calgary-Nord-Est, Calgary-Sud-Est et Calgary-Sud-Ouest. La circonscription représente

15 % des 657 118 personnes qui constituaient la population de Calgary au moment des élections de 1988[1] (voir le tableau 3.1).

Tableau 3.1
Données démographiques de Calgary-Ouest

Population totale	98 661
Superficie (km^2)	1 249
Densité de population (hab./km^2)	79

Au moment des élections de 1988, plus de 14 % des habitants de Calgary-Ouest détenaient au moins un diplôme universitaire et seulement 5,1 % ne s'étaient pas rendus jusqu'à la neuvième année (la moyenne provinciale étant de 8,2 %). Calgary-Ouest est une circonscription exclusivement urbaine et surtout de classe moyenne, les revenus familiaux moyen et médian étant de 40 053 $ et 33 435 $ respectivement. L'Université de Calgary et le Mount Royal College se trouvent tous deux dans la circonscription. Au moment des élections, le taux de chômage dans Calgary-Ouest était de 9,6 %, soit 0,1 % de moins que la moyenne provinciale. Il faut aussi noter que les six circonscriptions de Calgary sont raisonnablement homogènes à ce chapitre; Calgary-Ouest n'a aucune caractéristique particulière par rapport aux cinq autres.

Le candidat du Parti progressiste-conservateur du Canada (PC) et député sortant de Calgary-Ouest était Jim Hawkes, élu la première fois en 1979. Jim Hawkes avait occupé divers postes, depuis celui de secrétaire parlementaire jusqu'à celui de vice-premier ministre en passant par celui de vice-président du Groupe de travail parlementaire sur les perspectives d'emploi pour les années 80. Les élections de 1988 étaient d'autant plus intéressantes que le plus proche adversaire de Jim Hawkes était son ancien adjoint parlementaire (1985–1986), Steven Harper, qui avait aussi fait partie de son équipe électorale en 1984 et qui était devenu par la suite agent principal des politiques au Parti réformiste du Canada (PRC), puis candidat de ce parti dans Calgary-Ouest. John Philips représentait le Parti libéral du Canada (PLC), Richard Vanderberg, le Nouveau Parti démocratique (NPD), Brent Morin, le Confederation of Regions Western Party, et David Faren, le Parti libertarien du Canada. Jim Hawkes et Steven Harper, et leurs partis, étaient en faveur de l'Accord de libre-échange, tandis que John Philips et Richard Vanderberg étaient contre.

L'arrivée de Steven Harper et du PRC explique la réduction de 15,6 % de la majorité de Jim Hawkes en 1984. Celui-ci a néanmoins obtenu 58,5 % des voix en 1988, alors que son plus proche rival, Steven Harper, n'en a recueilli que 16,6 %. Les libéraux et les néo-démocrates ont gagné 12,6 % et 11,6 % des votes respectivement, soit à peu près autant qu'en 1984. Le taux de participation électorale en 1988 a été de 78,8 % des électeurs inscrits (voir le tableau 3.2).

Tableau 3.2
Résultats du scrutin dans Calgary-Ouest, 1984 et 1988

Parti	Pourcentage du vote populaire		
	1988	1984	Différence, 1984–1988
Parti progressiste-conservateur du Canada	58,5	74,1	–15,6
Parti libéral du Canada	12,6	11,4	+1,2
Nouveau Parti démocratique	11,6	11,3	+0,3
Parti réformiste du Canada	16,6	—	+16,6
Autres*	0,7	3,2	–2,5

*Comprend le Confederation of Regions Western Party et le Parti libertarien du Canada.

Les données sur le financement de la campagne montrent que les conservateurs ont reçu 43 298 $ en dons — seulement 1 550 $ de moins que tous les autres partis réunis (voir le tableau 3.3), et qu'ils ont ainsi dépensé davantage. La campagne de Jim Hawkes a coûté 29 745 $, beaucoup plus que celle de n'importe quel autre parti. À noter que ni les libéraux ni les néo-démocrates ne pouvaient raisonnablement

Tableau 3.3
Financement de la campagne dans Calgary-Ouest, 1988

Parti	Dons (N)	Valeur totale ($)	Pourcentage de la limite dépensé
Parti progressiste-conservateur du Canada	297	43 298	68,7
Parti réformiste du Canada	143	25 344	46,8
Parti libéral du Canada	46	12 800	18,8
Nouveau Parti démocratique	3	6 654	12,3
Parti libertarien du Canada	1	50	0,0
Confederation of Regions Western Party	0	0	0,0

s'attendre à remporter les élections dans Calgary-Ouest, que leurs organisations nationales n'avaient pas ciblé cette circonscription et que, par conséquent, leurs dépenses ont été modestes. Seul le PRC pouvait se permettre d'être optimiste, même s'il était pris dans un dilemme puisqu'il appuyait l'Accord de libre-échange alors que les conservateurs fédéraux en faisaient aussi un de leurs chevaux de bataille.

Contexte médiatique de Calgary-Ouest

Deux grands journaux desservent Calgary-Ouest : le *Calgary Herald* et le *Calgary Sun*, qui couvrent tous deux la ville entière et ses environs. Calgary-Ouest n'a pas de médias distincts, ce qui a une incidence énorme sur la couverture de presse de la campagne dans la circonscription. Ainsi, un reportage sur la campagne dans Calgary-Ouest n'intéresserait directement que 10 % des lecteurs du *Calgary Herald*, tandis qu'un reportage sur la campagne nationale pourrait intéresser tous ses lecteurs. Certains facteurs entrent également en considération en ce qui concerne les trois principales chaînes de télévision qui couvrent la circonscription à partir de Calgary[2] : Radio-Canada, les canaux 2 et 7 (indépendants) et CFCN, affiliée au réseau CTV. Le canal 10 — qu'occupent deux petites stations de diffusion indépendantes reliées au Calgary North Cable TV/FM, dans le nord de la ville, et à Rogers Cable TV, dans le sud — diffuse également des émissions pertinentes à la présente étude.

Les deux journaux desservant Calgary-Ouest sont affiliés à d'autres journaux canadiens puisqu'ils appartiennent à des chaînes dont le siège social est à Toronto. Le *Herald* fait partie de la chaîne Southam, et le *Sun*, de la chaîne *Sun/Star*. Tous deux font grand usage de reportages fournis par les autres journaux de leur chaîne. Il n'est donc pas étonnant qu'une très grande partie des articles sur les élections de 1988 aient porté sur la campagne dans les villes où il y avait des journaux de la même chaîne. Ainsi, en lisant le *Sun* ou le *Herald*, les citoyens et citoyennes de Calgary pouvaient en apprendre beaucoup sur les campagnes locales du Toronto métropolitain.

À l'heure actuelle, le *Herald* vend environ 140 000 copies par jour à Calgary et à peu près 8 800 dans la circonscription de Macleod, et le *Sun*, quelque 100 000 copies à Calgary et environ 3 100 dans Macleod. Des représentants des deux quotidiens nous ont affirmé que le tirage actuel était à peu près comparable à ce qu'il était pendant la campagne électorale de 1988.

Le *Sun* a affecté de 10 à 15 journalistes au moins, à temps partiel, à la couverture de la campagne électorale dans Calgary et ses environs immédiats. Dans le cas du *Herald*, dont le tirage est plus élevé, de 15 à 20 journalistes ont couvert la campagne dans la grande région de Calgary pendant les sept semaines qu'elle a duré. De plus, le *Herald* avait à High River (une ville de la circonscription de Macleod) un bureau et un correspondant principal.

Toute évaluation de la couverture médiatique doit aussi tenir compte du contexte politique dans lequel évoluent les médias. Au moment de la campagne électorale de 1988, les conservateurs dominaient déjà sur la scène politique fédérale depuis 1972, et sur la scène politique provinciale depuis 1971. Ce paysage partisan monochrome semble avoir eu deux effets compensatoires. Tout d'abord, les principaux médias locaux ont développé des rapports à l'amiable, et même intimes, avec les conservateurs, du fédéral comme du provincial. Du même coup, néanmoins, l'absence même de porte-parole efficaces de l'opposition dans la province a amené les médias à assumer ce rôle à l'occasion et à combler le vide. Ainsi, les médias ont-ils tendance à se montrer assez favorables sur le plan de leur politique éditoriale, mais à adopter une attitude plus critique dans la couverture des nouvelles.

Analyse de la couverture de presse dans Calgary-Ouest

Introduction L'étude de la couverture journalistique de la campagne électorale de 1988 comporte une analyse à la fois quantitative — mesure de l'espace consacré à tel type de couverture — et qualitative — lecture du contenu des reportages — de la première édition du *Calgary Herald*, et une analyse qualitative de la première édition du *Calgary Sun*. Étant donné qu'à première vue, le type de couverture des deux journaux nous a paru fort semblable et que l'analyse quantitative demandait un énorme travail, nous n'avons effectué cette analyse que pour le *Calgary Herald*. Nous cherchions à déterminer non seulement le nombre et le type de reportages sur les élections de 1988, mais *la raison* pour laquelle ils avaient été faits. Nous avons été ainsi indirectement amenés à établir jusqu'à quel point les organisations électorales locales avaient réussi à attirer l'attention des médias.

Aux fins de notre analyse quantitative, nous avons établi un certain nombre de distinctions analytiques, d'abord entre les reportages de portée nationale et les reportages mettant l'accent sur une ou plusieurs des circonscriptions de la région de Calgary, dont Macleod. Les premiers traitent des partis fédéraux ou de leur chef, ou des deux; les seconds, des questions reliées aux campagnes et aux candidats locaux.

Comme les élections fédérales de 1988 avaient un seul enjeu véritable, presque tout le discours électoral a porté sur les avantages et les inconvénients du libre-échange. La situation n'était donc pas propice à des échanges nuancés sur les problèmes et les candidats locaux. Dans les articles à leur sujet, les candidats locaux étaient presque toujours présentés en rapport avec le débat pancanadien sur l'Accord de libre-échange. Seul un petit nombre d'articles portaient sur les effets purement locaux de l'Accord. Par conséquent, la distinction entre les reportages locaux et nationaux tient exclusivement au fait que les questions nationales y sont traitées en regard des chefs ou partis nationaux, ou en regard des candidats locaux. Quant aux articles sur la campagne locale, qui n'avaient donc rien à voir avec le libre-échange, nous en avons trouvé de deux genres : du genre humoristique (anecdotes sur les conflits de personnalités entre candidats et candidates, prises de bec au cours des débats) ou du genre factuel (annonces des débats et assemblées, invitations à rencontrer les candidats). Aucun enjeu purement local n'en ressortait. La majeure partie des articles locaux portant sur les enjeux de la campagne, et non sur la campagne elle-même, rapportaient les opinions des candidats sur des questions nationales, et établissaient donc un rapport avec la portée nationale de ces questions.

Nous avons établi une deuxième distinction entre les articles suscités par les organisations électorales locales et ceux qui émanaient d'une initiative du journal. Même si la distinction ne s'appliquait pas toujours parfaitement dans chaque cas, les premiers font généralement suite à une initiative de l'organisation locale; par exemple, dans le cas d'une conférence de presse, le cas est habituellement clair puisque le journaliste rapporte qu'il y assistait. Les assemblées, manifestations et « événements médiatiques » sont aussi des exemples assez patents. La situation n'est pas aussi simple quand un article renferme les commentaires de plusieurs candidats du PLC sur le libre-échange, à moins que le journaliste ne précise qu'il couvrait une conférence de presse ou un débat dans une école secondaire auquel assistaient des candidats libéraux.

Il ressort clairement de nos interviews avec les représentants des médias et les organisateurs politiques que les circonscriptions organisatrices ont envoyé de nombreux communiqués aux journaux. Les organisateurs ont surtout contribué à faire parler de la campagne dans la presse par des contacts avec les journalistes affectés aux élections, des communiqués de presse et des appels téléphoniques pour annoncer leurs activités. (Les organisateurs de la campagne dans Macleod prétendent toutefois qu'ils n'ont fait que peu d'efforts pour attirer l'attention des deux quotidiens de Calgary.) Jusqu'à un certain point donc, les organisations politiques locales sont à l'origine d'une bonne partie des articles. Mais ce qui importe essentiellement, c'est la façon dont les journaux décident de traiter cette masse d'informations électorales assez routinières : quels événements ont-ils décidé de couvrir, sur quels discours ont-ils fait des reportages ? C'est dans cette optique que nous examinons l'initiative des journaux. Toutefois, la distinction n'est pas claire et nette et il faut considérer les chiffres avancés comme de simples indications.

Une troisième distinction rendait nécessaire le tri des articles de fond traitant du projet de libre-échange. Nous avons considéré comme tels ceux qui ne rapportent pas ce que les politiciens en pensent, mais qui se concentrent sur les répercussions prévues de l'accord, comme les éditoriaux ou les analyses non partisanes.

Nous n'avons pas tenu compte de la dimension des photos et de la longueur des textes, ni du type ou de la taille des caractères. Nous n'avons considéré que l'espace consacré aux divers aspects des élections. À remarquer que nous avons classé le courrier des lecteurs et les caricatures politiques avec les articles et les avons répartis selon les mêmes catégories, parce qu'ils constituent un élément important de la couverture de presse et qu'il aurait été difficile de les évaluer avec précision selon la grosseur et les types de caractères, sans parler des problèmes de repérage et d'évaluation de l'espace qu'ils occupaient.

Analyse   Le tableau 3.4 illustre la proportion du *Herald* consacrée à la couverture des élections entre le 2 octobre — jour du déclenchement des élections — et le 22 novembre 1988 — dernier jour de la campagne. (On trouvera la répartition des articles publiés dans le *Herald* à l'annexe.) Le tableau 3.4 fait la distinction entre trois types d'articles :

- Les articles nationaux : reportages sur les enjeux du point de vue soit des chefs de partis soit des campagnes locales à l'extérieur de la région de Calgary, soit des deux;
- les articles sur Calgary : couverture des candidats locaux ou de leur campagne dans l'une ou l'autre des six circonscriptions de Calgary à l'instigation soit des organisations électorales, soit des journaux; et
- les articles sur le libre-échange : reportages sur l'Accord de libre-échange lui-même.

Le *Herald* consacrait au-delà de six fois plus de place aux enjeux nationaux, aux chefs de partis et aux campagnes nationales ainsi qu'aux élections à l'extérieur de Calgary qu'à n'importe quel autre article sur la campagne électorale. Même si les reportages sur les campagnes à Calgary étaient deux fois plus nombreux que les articles sur l'Accord de libre-échange, l'ensemble des articles sur les campagnes locales ne représentait que 13 % de toute la couverture des élections de 1988 par le *Herald*.

Tableau 3.4
Couverture de presse selon l'espace consacré et en pourcentage,
Calgary Herald, 2 octobre au 22 novembre 1988

	Espace consacré (cm^2)	Pourcentage de la couverture totale des élections	Pourcentage de l'espace total du journal
Articles nationaux	151 378	81	2,46
Articles sur Calgary	24 808	13	0,40
Articles sur l'Accord	11 357	6	0,18
Total	187 543	100	3,04

Le tableau 3.5 donne un bref aperçu de la place accordée par le *Herald* à la campagne dans sa livraison du 19 octobre. Les principaux articles du jour incluaient la description d'un affrontement entre le premier ministre Don Getty et les membres d'une bande autochtone du lac Lubicon, un important feu de forêt dans le Parc national Yellowstone, et un coup d'œil rétrospectif sur l'effondrement des cours de la bourse du 19 octobre 1987. Les articles sur les élections présentaient une perspective du débat à venir entre les chefs de partis, une description de la campagne de Maureen McTeer dans Carleton–Gloucester, et

Tableau 3.5
Couverture de presse selon l'espace consacré et en pourcentage,
Calgary Herald, 19 octobre 1988

	Espace consacré (cm^2)	Pourcentage de l'espace total du journal
Élection nationale	4 491,5	4,066
Élection dans Calgary	277,6	0,003
Accord	114,8	0,001
Nouvelles générales*	37 350,5	33,814
Section des aliments*	12 995,2	11,765
Arts et spectacles*	14 619,6	13,235
Annonces classées*	17 868,4	16,176
Sports*	9 746,4	8,824
Commerce*	12 995,2	11,765
Total	110 459,2	99,649

*Les chiffres correspondants incluent les annonces.

un résumé des commentaires des chefs de partis sur la question du libre-échange. Le principal reportage local regroupait divers commentaires critiques sur la campagne de réélection du député Alex Kindey dans Calgary-Nord-Est.

Le tableau 3.6 concerne les articles sur les campagnes dans la région de Calgary et fait la distinction entre ceux émanant des organisations électorales et ceux provenant d'initiatives du *Herald*. Le tableau inclut donc entre autres la couverture de presse de la campagne dans Calgary-Ouest.

Tableau 3.6
Couverture de presse selon l'espace consacré et en pourcentage à l'initiative du Herald et des organisations locales, Calgary Herald, 2 octobre au 22 novembre 1988

	Espace consacré (cm^2)	Pourcentage de la couverture totale
À l'initiative du *Calgary Herald*	21 052	85
À l'initiative des organisations locales	3 756	15
Total	24 808	100

Le tableau 3.6 montre que le *Herald* était susceptible de prendre l'initiative des reportages presque sept fois plus souvent que de donner suite aux communiqués des organisations électorales. Cela sous-entend que les candidats et candidates de la région de Calgary devaient avoir énormément de mal à retenir l'attention des quotidiens. De tous les articles sur les élections de 1988, seulement 2 % ont été rédigés à la suite des initiatives des diverses organisations électorales de la région de Calgary, ce qui ne représente qu'une goutte d'eau dans un assez grand vase.

L'analyse qualitative du *Herald* comme du *Sun* ne nous a pas permis d'établir aisément le genre d'articles que les journaux décidaient de publier. Généralement, les articles sur les campagnes locales dont les quotidiens prenaient l'initiative ne portaient pas sur les débats réunissant tous les candidats ni sur les conférences de presse, mais sur les incidents, les conflits de personnalités ou d'autres événements à caractère plutôt sensationnel. Contrairement au *Herald*, le *Sun* n'avait pas de section spéciale consacrée uniquement aux élections; en fait, la couverture de la campagne ne tenait que peu de place dans tout le journal.

Le *Sun* accordait aussi plus d'importance que le *Herald* aux personnalités et aux conflits. Par exemple, il rapportait que le candidat conservateur, Harvie Andre, avait chaussé des espadrilles pour faire du porte-à-porte ou que des croix gammées avaient été peintes sur des affiches électorales dans Calgary-Nord-Est. Les seuls autres types d'articles annonçaient simplement des ralliements organisés par les directions de campagne ou des groupes de pression. En général, les journaux de Calgary ont concentré leur attention sur les personnalités et les conflits plutôt que sur les politiques et les problèmes de l'heure présentés lors d'événements organisés, telles les conférences de presse.

Les articles suscités par les organisations électorales étaient plus susceptibles de porter sur les politiques et les problèmes même si, en fin de compte, les journaux les rapportaient souvent en insistant sur les personnalités et les conflits. Par exemple, un article du *Herald* sur un débat regroupant tous les candidats s'attarde surtout sur la façon dont les participants ont vertement critiqué la position de la candidate conservatrice Bobbie Sparrow sur le libre-échange.

Certains porte-parole des partis interviewés avaient décidé, en fait, de ne plus faire aucun effort pour obtenir l'attention du *Herald* et du *Sun*. Du côté des médias, on faisait valoir que le faible accent placé sur l'activité locale était le résultat du manque d'éléments nouveaux et du manque d'enthousiasme pour la politique dans les circonscriptions. Les médias accusaient les directeurs de campagnes de rabâcher toujours le même message à chaque conférence de presse ou à chaque débat public. Pas un seul représentant des médias ne considérait que sa couverture insistait trop sur les partis, sur les chefs nationaux ou sur les questions de portée nationale; ils ne voyaient donc aucune raison de changer leur stratégie, parce qu'ils ne pouvaient pas, de toute façon, attirer davantage l'attention du public. Ils estimaient que la couverture présentait un bon équilibre entre les niveaux local et national. Néanmoins, les représentants des partis se sont déclarés choqués par l'indifférence du *Herald* et du *Sun* pour les campagnes locales.

Les tableaux 3.7 et 3.8 raffinent quelque peu cette analyse en examinant la couverture des campagnes de Calgary-Ouest et Macleod dans le *Herald*. Dans les deux cas, les articles dont le journal a pris l'initiative prennent encore plus d'importance.

Ces deux tableaux montrent qu'un nombre infime d'articles ont été suscités par les organisations électorales, comparativement à ceux dont le *Herald* a pris l'initiative : le rapport est de 49 pour 1 dans le cas de Calgary-Ouest et de presque 12 pour 1 dans le cas de Macleod. Le succès relatif des organisations électorales de Macleod à attirer l'attention du journal est sans doute dû à un facteur géographique; comme la circonscription de Macleod est assez éloignée de Calgary, le *Herald* devait avoir du mal à trouver des sujets d'article sur la campagne à cet endroit. Par ailleurs, le journal avait aussi son propre bureau à High River, ce qui l'engageait à accorder plus d'attention aux détails de la campagne dans le comté; en effet, le fait d'avoir un bureau dans un endroit oblige plus ou moins à publier ce qu'il expédie. Il faut aussi noter que, dans le *Herald* et le *Sun*, la plupart des articles suscités par les organisations électorales de Macleod annonçaient des débats, des rencontres avec les candidats, etc. Des annonces semblables pour la circonscription de Calgary-Ouest paraissaient moins souvent dans les deux journaux.

Tableau 3.7
Couverture de la campagne dans Calgary-Ouest à l'initiative du Herald et des organisations locales selon l'espace consacré et en pourcentage, Calgary Herald, 2 octobre au 22 novembre 1988

	Espace consacré (cm^2)	Pourcentage de la couverture totale
À l'initiative du *Calgary Herald*	2 721	98
À l'initiative des organisations locales	43	2
Total	2 764	100

Tableau 3.8
Couverture de la campagne dans Macleod à l'initiative du Herald et des organisations locales selon l'espace consacré et en pourcentage, Calgary Herald, 2 octobre au 22 novembre 1988

	Espace consacré (cm^2)	Pourcentage de la couverture totale
À l'initiative du *Calgary Herald*	1 785	92
À l'initiative des organisations locales	158	8
Total	1 943	100

Conclusion   Cette brève analyse étaye nettement deux des observations de Fletcher : que la campagne nationale et les enjeux nationaux dominent la conscience collective; et que les candidats locaux retiennent peu l'attention des journaux. Ces observations générales nous permettent de tirer trois conclusions plus précises.

1.   La campagne de circonscription est un simple succédané local de la campagne nationale. Tous les représentants des médias à Calgary

et les membres des diverses organisations électorales de Calgary-Ouest que nous avons interviewés ont fait valoir que les candidats locaux ne jouaient pas un rôle important dans la couverture de presse. Il n'y a pas eu beaucoup de reportages sur les candidats eux-mêmes, exception faite de leurs positions sur le libre-échange. Les candidats n'étaient que des canaux du débat national, ne présentant aucun intérêt en eux-mêmes. Trois des quatre candidats de Calgary-Ouest et trois des quatre candidats de Macleod n'ont pratiquement fait aucun effort pour attirer l'attention du *Herald* ou du *Sun*. Ils croyaient préférable d'investir leur énergie ailleurs.

2. Toutes les organisations électorales avaient comme principale et souvent unique stratégie médiatique d'informer les journalistes du calendrier de leurs événements officiels. Elles semblaient dépourvues de la créativité et des talents nécessaires pour monter une campagne de presse plus proactive et percutante. Il n'est donc pas étonnant que les journaux eux-mêmes aient été à l'origine de la plupart des articles et reportages.

3. La stratégie adoptée par les organisations électorales a échoué. Même si, selon la plupart des organisateurs interviewés pour l'étude, les représentants des médias étaient bien informés des événements organisés pendant la campagne, la couverture de presse n'a pas été pour autant substantielle.

L'analyse quantitative de la couverture du *Herald* et l'analyse plus qualitative du *Herald* et du *Sun* montrent que les candidats locaux étaient perdus dans la jungle des articles se rapportant au libre-échange, aux campagnes nationales, aux chefs, aux partis et aux enjeux nationaux. Cette conclusion confirme les difficultés éprouvées par les candidats locaux qui s'efforçaient d'être plus visibles et de diffuser leurs messages politiques au moyen de la presse écrite. Dans la circonscription, la campagne électorale de 1988 n'a été qu'un modèle réduit de la campagne nationale. La couverture « locale » se réduisait presque toujours à des articles sur les enjeux nationaux à partir des propos et gestes des candidats et candidates de l'endroit. Il est difficile de déterminer dans quelle mesure cette situation résulte des particularités de la campagne de 1988, de la façon dont la presse écrite couvre les élections, du contexte politique albertain ou encore de l'impact systémique des campagnes électorales nationales qui prennent de plus en plus un style présidentiel.

Couverture télévisée, Calgary-Ouest
Calgary-Ouest est desservie par quatre chaînes établies à Calgary :
*   le câble 10 TV/FM;

- Radio-Canada;
- les canaux 2 et 7 (établis à Calgary et affiliés aux chaînes 2 et 7 de Lethbridge qui, à l'occasion, alimentaient en informations la station mère de Calgary sur les circonscriptions du sud de l'Alberta, dont Macleod);
- CFCN (affiliée à CTV).

Pour couvrir les élections :

- Radio-Canada avait 8 journalistes (dont 2 affectés exclusivement aux élections);
- CFCN en avait 10 à Calgary et 6 à Lethbridge, aucun n'étant affecté à temps plein aux élections;
- les canaux 2 et 7 avaient environ 10 journalistes à Calgary et 4 à Lethbridge, aucun ne couvrant exclusivement les élections fédérales;
- Rogers Cable TV et le câble 10 TV/FM ont affecté chacun un interviewer aux élections.

Les électeurs de Calgary-Ouest, comme ceux du reste de la ville, ont eu droit à une diversité d'émissions et de reportages sur les élections. Tous les représentants de la télévision interviewés ont insisté sur l'importance de toujours trouver des nouvelles fraîches. Selon le réalisateur d'une émission d'information, il fallait fuir les conférences de presse et les « événements médiatiques » orchestrés parce que, d'une fois à l'autre, les mêmes questions et les mêmes politiques étaient débattues. Les représentants de Radio-Canada et de CFCN ont insisté sur la nécessité de présenter des sujets neufs et intéressants et ont signalé la difficulté évidente de rendre passionnantes à la télévision les activités organisées. Bref, les sujets « institutionnels » comme les conférences de presse et autres n'étant évidemment pas courus, la stratégie médiatique des organisations électorales — annoncer les débats et les discours — n'a pas répondu aux attentes des médias. Radio-Canada a organisé un forum politique réunissant une poignée de représentants de la population de Calgary, et a présenté pendant son bulletin d'information de soirée plusieurs courtes discussions entre les représentants des trois grands partis. Le PRC en était exclu.

Un des points qui nous a beaucoup intéressés pour cette étude est le rôle qu'ont joué les stations de télévision communautaires. Les résidents du nord de Calgary captent le câble 10 TV/FM et ceux du sud, Rogers Cable TV, des stations appartenant à deux entreprises distinctes. Ces deux stations ont scindé les circonscriptions de la ville et ont offert une tribune aux candidats et candidates de toutes les circonscriptions. Le câble 10 TV/FM a organisé le débat télévisé de Calgary-Ouest, que les candidats ont pris au sérieux même s'il s'agissait d'une station communautaire. (Le candidat du PC dans la circonscription, Jim Hawkes, s'y est rendu malgré une grave maladie qui l'avait forcé à s'aliter.) En tout, les deux stations communautaires ont tenu huit débats politiques, six pour les circonscriptions de Calgary, un pour Cochrane et un pour Airdrie.

Le câble 10 rejoint quelque 138 000 téléspectateurs dans le sud et 130 000 dans le nord, ces derniers comprenant des résidents des villes périphériques de Cochrane et Airdrie, alors que Rogers Cable TV est cantonné dans la partie sud de la ville. En tout, les deux stations communautaires du câble peuvent donc rejoindre plus d'un quart de million de téléspectateurs habitant presque tous dans les limites de la ville de Calgary. Il est évidemment peu probable que tous les résidents aient suivi le débat de Calgary-Ouest; les autres médias n'en ont pas fait état.

Les représentants de la télévision par câble ont qualifié de « considérable » l'auditoire de ces débats sans pour autant être en mesure de fournir des statistiques précises. Mais peu importe que cet auditoire ait été ou non considérable, tous les organisateurs de la campagne ont pris les débats très au sérieux; ils y voyaient des événements comparables aux débats municipaux mais avec un auditoire plus vaste. À leur avis, ce genre de débat ouvert est une excellente occasion de présenter leurs idées et leurs candidats.

MACLEOD

Profil de la circonscription de Macleod

Macleod est une nouvelle circonscription créée pour les élections de 1984; elle a remplacé les anciennes circonscriptions de Bow River (64,8 % de la population dans Macleod) et de Lethbridge–Foothills (35,2 % de la population). Même s'il y avait une circonscription de ce nom avant la révision de la carte électorale de 1980, ces nouvelles limites sont différentes des anciennes. La nouvelle circonscription de Macleod a une superficie de 27 130 km² dans le sud de l'Alberta et s'étend depuis la localité de Crowsnest Pass dans le sud-est et la frontière entre la Colombie-Britannique et l'Alberta jusqu'à la circonscription de Lethbridge–Foothills vers l'est et jusqu'à la Bow River vers le nord (voir le tableau 3.9).

Seulement cinq des petites localités de la circonscription comptent une population supérieure à 2 000 habitants : Crowsnest Pass (regroupant les anciennes municipalités de Bellevue, Coleman et Blairmore), Claresholm, Fort Macleod, High River et Okotoks. La circonscription présente notamment les caractéristiques ethnographiques suivantes :

- un grand nombre d'habitants sont de descendance britannique (30,8 %) ou germanique (7,9 %);
- 4,8 % de la population est amérindienne, plus du double de la moyenne provinciale de 2,2 %;
- la circonscription a la plus faible proportion d'habitants déclarant avoir le français comme langue d'usage à la maison (0,12 %).

Tableau 3.9
Données démographiques de Macleod

Population totale	65 664
Superficie (km^2)	27 130
Densité de population (hab./km^2)	2,4

L'économie de Macleod est essentiellement agricole; près du cinquième (19,9 %) de la main-d'œuvre travaille dans le secteur agricole et 10,4 %, dans le secteur des services qui est d'ailleurs fortement axé sur l'agriculture. Les mines, situées presque exclusivement dans la région de Crowsnest Pass, emploient 6,9 % de la population active et constituent pratiquement la seule activité industrielle de la circonscription. Le taux de chômage dans Macleod était de 8,0 % au moment des élections de 1988, soit 1,7 % de moins que la moyenne provinciale.

À partir de la fin des années 70 jusqu'en 1984, la circonscription de Bow River, qui couvrait presque toute la nouvelle circonscription de Macleod, était représentée par le député conservateur Gordon Taylor. Celui-ci ayant décidé de ne pas se représenter, Ken Hughes s'est présenté sous la même bannière. Auparavant, Ken Hughes avait notamment été adjoint spécial du ministre des Affaires extérieures d'alors, Joe Clark, et adjoint exécutif du président de Bow Valley Industries. Macleod était considérée comme un château fort conservateur au même titre que Calgary-Ouest. Ken Copithorne, un éleveur local ayant de profondes racines dans le coin, a néanmoins mené une campagne très vive pour le Parti réformiste du Canada (PRC). Les libéraux étaient représentés par Ernie Patterson, le Nouveau Parti démocratique (NPD) par Gary Taje, et la Co-operative Commonwealth Federation (CCF) par Tex Hover. Comme dans Calgary-Ouest, la question du libre-échange y a prédominé pendant la campagne. Les candidats du Parti progressiste-conservateur du Canada et du PRC étaient en faveur du projet de libre-échange, tandis que les candidats du Parti libéral du Canada (PLC) et du NPD s'y opposaient. Quant à Tex Hover, le candidat de la CCF, il n'était pas certain de sa position ni de celle de son parti.

Il y avait presque trois fois plus de bureaux de scrutin ruraux que de bureaux urbains (103/36) dans la circonscription de Macleod. Aux élections de 1988, 76,5 % des électeurs inscrits ont accordé une majorité de 19,3 % au candidat conservateur, Ken Hughes, lui donnant la victoire sur Ken Copithorne (voir le tableau 3.10).

Tableau 3.10
Résultats du scrutin dans Macleod, 1984 et 1988

	Pourcentage du vote populaire		
Parti	1988	1984	Différence, 1984-1988
Parti progressiste-conservateur du Canada	50,5	74,6	-24,1
Parti réformiste du Canada	31,2	—	31,2
Parti libéral du Canada	9,4	6,6	+2,8
Nouveau Parti démocratique	8,6	10,7	-2,1
Co-operative Commonwealth Federation	0,3	8,0	-7,7

La force du PRC se reflète aussi dans les contributions qu'il a recueillies pour la campagne électorale. Comme le montre le tableau 3.11, l'organisation du PRC dans Macleod a reçu au-dessus de 10 000 $

Tableau 3.11
Financement de la campagne dans Macleod, 1988

Parti	Dons (N)	Valeur totale ($)	Pourcentage de la limite dépensé
Parti progressiste-conservateur du Canada	186	42 845	82,4
Parti réformiste du Canada	325	53 443	82,7
Parti libéral du Canada	58	13 275	36,0
Nouveau Parti démocratique	2	11 909	8,2
Co-operative Commonwealth Federation	0	0	0,0

de plus que les conservateurs et plus du double du PLC et du NPD réunis.

Contexte médiatique dans Macleod

Il y a dans la circonscription de Macleod 10 hebdomadaires dont les tirages moyens et médians sont respectivement de 3 999 et 3 305. Le tirage le plus bas est de 1 780 à Fort Macleod et le plus élevé de 10 475 pour le Okotoks *Eagle View Post*. Le nombre d'habitants dans les villes où les journaux sont publiés varie énormément, allant de 1 564 à Nanton à 7 000 dans la nouvelle municipalité de Crowsnest Pass. La population citadine moyenne pour les 10 villes est de 4 479; les clientèles possibles varient entre 4 500 pour le Nanton *News* et 26 000 pour le Okotoks *Eagle View Post*. La taille de ces clientèles est sans doute un facteur qui détermine l'importance relative de n'importe quel des journaux (voir le tableau 3.12).

Tableau 3.12
Tirages et populations dans Macleod

Journal	Tirage	Population citadine	Population — zone de distribution*
Blairmore Pass / *Herald*	2 750	7 000	16 000
Claresholm / *Local Press*	2 169	3 500	10 000
Crowsnest Pass / *Promoter*	3 472	7 000	8 000
Fort Macleod / *Gazette*	1 780	3 180	7 500
High River / *Times*	3 375	5 100	15 000
Nanton / *News*	1 348	1 564	4 500
Okotoks / *Eagle View Post*	10 475	5 676	26 000
Okotoks / *Western Wheel*	8 512	5 676	15 000
Pincher Creek Echo	2 799	4 000	10 500
Vulcan / *Advocate*	3 305	1 600	8 000
Total	39 985	44 296	120 500

*La zone de distribution renvoie à la population totale réelle que le journal rejoint.

Il y a aussi trois stations de télévision qui diffusent en Alberta : Radio-Canada, les canaux 2 et 7 (qu'il s'agisse du canal affilié de Lethbridge ou de celui de Calgary) et CFCN (soit la station affiliée de Lethbridge ou celle de Calgary).

Analyse de la couverture de presse dans Macleod

Nous avons effectué une analyse qualitative et quantitative des 10 journaux. Comme pour l'analyse du *Herald* et du *Sun*, nous avions essentiellement pour but de déterminer l'étendue de la couverture journalistique des campagnes locales. Là encore, nous avons fait la distinction entre les reportages suscités par les organisations électorales et ceux dont les journaux ont pris l'initiative, ainsi qu'entre les articles nationaux et ceux traitant de la campagne dans Macleod. (Nous n'avons aucunement tenté de mesurer la très faible place accordée à l'analyse impartiale de la question du libre-échange.) Comme dans les journaux de Calgary, les articles sur les candidats locaux s'intéressaient presque uniquement aux enjeux nationaux, surtout au débat national sur le libre-échange. Il n'y avait presque aucun article sur des questions purement locales.

Les 10 journaux sont des hebdomadaires. La durée de la couverture de la campagne dans chaque hebdo dépend donc du jour de publication. Notre analyse commence à la première édition suivant le déclenchement des élections le 2 octobre et se termine à la première édition annonçant les résultats après le 21 novembre.

Les tableaux 3.13 et 3.14 comparent la couverture des campagnes nationales et locales. La différence avec Calgary-Ouest est saisissante, car les journaux dans Macleod se sont concentrés beaucoup plus sur les campagnes et les candidats locaux. Il faut cependant souligner encore que les articles à leur sujet présentaient la campagne dans Macleod à la lumière de la campagne nationale et du débat sur le libre-échange. Il ne faut pas conclure que la couverture locale n'a porté que sur des sujets d'intérêt purement local, et encore moins que ceux-ci prédomi-naient, ni qu'on a beaucoup insisté sur les différences entre les candidats et candidates.

Dans l'ensemble, les campagnes et les candidats locaux ont eu droit à deux fois plus de place dans les journaux que la campagne nationale à l'extérieur de Macleod. Comme le montre le tableau 3.14, le rapport couverture locale/couverture nationale était supérieur à 4 pour 1 dans certains des petits journaux. Nul ne peut évidemment s'en étonner. Les hebdomadaires locaux n'ont pas les ressources voulues pour assurer eux-mêmes la couverture de la campagne nationale, et les dépêches intéressantes des agences de presse sont susceptibles de paraître dans le *Herald* ou le *Sun*. Les hebdos dans Macleod font donc ce qu'eux seuls sont capables de faire et veulent faire : couvrir la campagne locale.

Tableau 3.13
Couverture absolue et relative de la campagne, journaux de la circonscription de Macleod, 2 octobre au 30 novembre 1988

Journal	Couverture nationale (cm^2)	Couverture locale (cm^2)
Blairmore Pass / Herald	2 700	1 583
Claresholm / Local Press	843	4 827
Crowsnest Pass / Promoter	787	6 790
Fort Macleod / Gazette	590	1 636
High River / Times	2 620	10 930
Nanton / News	2 031	2 251
Okotoks / Eagle View Post	1 309	1 482
Okotoks / Western Wheel	2 449	4 152
Pincher Creek Echo	3 807	5 651
Vulcan / Advocate	543	2 605
Total	17 679	41 907

Tableau 3.14
Ratio de la couverture locale / couverture nationale, journaux de la circonscription de Macleod, 2 octobre au 30 novembre 1988

Journal	Ratio
Blairmore Pass / Herald	1,7:1
Claresholm / Local Press	1:5,7
Crowsnest Pass / Promoter	1:8,6
Fort Macleod / Gazette	1:2,8
High River / Times	1:4,2
Nanton / News	1:1,1
Okotoks / Eagle View Post	1:1,1
Okotoks / Western Wheel	1:1,7
Pincher Creek Echo	1:1,5
Vulcan / Advocate	1:4,8

Il faut tout de même souligner que les électeurs et électrices de Macleod ont surtout profité de la couverture assurée par le

Calgary Herald, le *Calgary Sun* et les stations de télévision de Calgary. Par conséquent, la couverture de la campagne par les hebdos de Macleod a fait un bien léger contrepoids à celle de la campagne nationale parles médias établis à Calgary. Si les électeurs de Macleod ont pu avoir accès à plus d'informations sur la circonscription que les électeurs de Calgary-Ouest, la campagne nationale n'en a pas moins dominé dans les pages des journaux des deux circonscriptions.

Presque toute la couverture de presse dans Macleod a été suscitée par les organisateurs de la campagne électorale. Les interviews se déroulaient pendant les « bains de foule » : entre deux poignées de main, les candidats s'arrêtaient au bureau du journal local. Les hebdos locaux recevaient régulièrement avis des débats et autres événements organisés, même si leurs rédacteurs en chef étaient déjà bien au courant des événements prévus dans leurs villes. Signalons que presque tous les reportages locaux tournaient autour de rencontres organisées, d'événements « institutionnels », ce qui n'était pas la règle à Calgary. L'article qui suit illustre bien pourquoi les journaux de la circonscription de Macleod avaient tendance à assurer une couverture « institutionnelle » :

> Une lectrice a téléphoné pour se plaindre que l'*Echo* accordait trop d'attention au Parti réformiste.
>
> Elle soulève un argument intéressant. La plupart des électeurs comptent sur les médias pour obtenir de l'information sur les divers partis et leurs cinq candidats dans Macleod.
>
> S'ils veulent des détails et non des généralités, l'hebdo local est sûrement la meilleure source pour les trouver. Si l'information recherchée ne s'y trouve pas, comment les électeurs peuvent-ils voter en toute connaissance de cause ?
>
> Il est vrai que le Parti réformiste a fait l'objet de beaucoup de reportages dans ce journal. Toutefois, il ne faut pas interpréter ce fait comme un appui, mais plutôt comme un signe que ce parti a le don de faire parler de lui.
>
> Il faut en effet définir ce qu'on entend par une « nouvelle ». Les assemblées publiques en sont. Il y a deux semaines, le candidat réformiste Ken Copithorne en a organisé une en ville, et un grand nombre de personnes y ont assisté. On nous en fait rapport comme d'une nouvelle.
>
> Les quatre autres partis n'ont pas (encore), pour des raisons stratégiques ou autres, tenu d'assemblées. Arpenter les rues, frapper aux portes et faire des câlins aux bébés sont d'autres moyens de

gagner des voix, mais ces stratégies n'ont rien de particulier et ne peuvent pas faire la manchette.

Comme Pincher Creek n'a pas non plus eu le plaisir (ou le désagrément) de recevoir la visite de Broadbent, Mulroney ou Turner, l'*Echo* ne peut présenter sur cinq colonnes à la une les promesses des ténors des partis d'augmenter les dépenses publiques tout en diminuant les impôts, etc.

L'*Echo* attache beaucoup d'importance aux reportages politiques. Il a interviewé les cinq candidats et publiera leurs réponses à des questions directes dans les deux prochaines éditions. Tous sont traités équitablement.

Des journalistes se sont rendus à Claresholm jeudi dernier où les cinq candidats ont participé à un débat public. Voilà une nouvelle et tous ont dû répondre aux mêmes questions dans des conditions égales...

L'*Echo* ne peut que rapporter ce que les gens ont dit ou fait. Que les électeurs soient sympathiques ou non à ce qui est écrit, voilà une autre histoire. Après cela, il vous appartient, comme citoyens, de voter selon votre conscience ou vos préjugés. (Breeze 1988, A5.)

Contrairement à la plupart des autres journaux de la circonscription, le *Pincher Creek Echo* a mené de sa propre initiative de nombreuses interviews, mais ces interviews se sont fondues dans la masse des articles suscités par les organisations électorales. Selon tous les interviewés, ce déséquilibre est imputable au manque de ressources — avec en moyenne seulement deux journalistes permanents, il ne restait que très peu de temps pour des reportages poussés, et encore moins pour le journalisme d'enquête. Assister à tous les débats de tous les candidats était certainement le moyen le plus facile et le plus efficace de couvrir la campagne dans la circonscription. Plusieurs rédacteurs en chef ont aussi prétendu que cette forme de couverture « institutionnelle » était non seulement nécessaire, mais souhaitable. L'auteur de l'article du *Pincher Creek Echo* reproduit ci-dessus partage clairement cette opinion.

Bien que tous les représentants des organisations électorales et de la presse écrite dans la circonscription de Macleod attestent l'importance des candidats locaux, la couverture « locale » n'en avait pas moins une saveur « nationale ». En dépit du fait que les hebdos de Macleod ont accordé relativement plus d'attention à la campagne locale, la couverture des journaux de Macleod ressemblait à plusieurs égards à celle des journaux de Calgary. Dans les deux cas, c'est la campagne nationale qui dominait; la campagne locale n'a été perçue que comme une réplique en miniature de la campagne nationale. Bien que les représentants des médias de Macleod aient montré toute l'importance des candidats locaux et que ces derniers aient été fréquemment mentionnés dans les articles des journaux de l'endroit, l'accent y est demeuré essentiellement national. S'il est vrai que la presse de la circonscription a relativement mieux couvert la scène politique locale, elle n'a fait qu'ajouter en réalité à la couverture de presse des campagnes nationales, des chefs et des enjeux nationaux vus à travers le prisme de la campagne locale.

En résumé, les candidats locaux ont tenu un rôle relativement important dans les reportages des journaux de Macleod sur les élections de 1988. Mais il ne s'ensuit pas que les questions locales y prédominaient. En fait, encore plus nettement qu'à Calgary, la couverture de la campagne locale n'a été en pratique qu'une réplique réduite de la campagne nationale, et couverture « locale » n'a presque toujours signifié que l'ensemble des articles sur les enjeux nationaux à partir des propos et gestes des candidats de l'endroit.

La couverture télévisée dans Macleod   Comme nous l'avons signalé plus haut, la circonscription de Macleod est desservie par trois stations de télévision établies en Alberta. Un nombre limité de résidents de Macleod peuvent capter l'une et l'autre des stations affiliées de CFCN de Lethbridge et de Calgary et les canaux 2 et 7. La majorité des résidents ne captent que :

- Radio-Canada (studios à Calgary);
- les canaux 2 et 7 (soit le canal affilié de Calgary ou celui de Lethbridge);
- CFCN (soit la station affiliée de Calgary ou celle de Lethbridge).

Pour couvrir les élections :

- Radio-Canada avait une équipe de 8 journalistes dont 2 affectés exclusivement aux élections;
- CFCN en avait 10 à Calgary et 6 à Lethbridge, aucun n'étant affecté à temps plein aux élections;
- les canaux 2 et 7 avaient environ 10 journalistes à Calgary et 4 à Lethbridge, aucun ne couvrant exclusivement les élections fédérales.

La couverture des élections de 1988 par Radio-Canada mérite d'être soulignée parce que la station de Calgary a cessé de diffuser à la fin de novembre 1990. Radio-Canada couvrira les prochaines élections dans la circonscription de Macleod à partir de sa station d'Edmonton; Macleod se trouvera donc en concurrence avec toutes les circonscriptions de l'Alberta pour obtenir du temps d'antenne. Par conséquent, les électeurs de Macleod, comme d'ailleurs tous les électeurs de la partie sud de la province qui regardent les informations à Radio-Canada verront très peu de reportages, voire aucun sur la campagne dans leur circonscription. Il n'y aura plus aucune émission locale, ce qui laissera toute la place à la campagne nationale. Il est difficile de prétendre que les électeurs de Macleod seront alors bien servis.

Durant la campagne électorale de 1988, les électeurs et électrices de Macleod habitant à High River et Okotoks, et au nord de ces deux villes, captaient les reportages des canaux 2 et 7 et de CFCN diffusés de Calgary. Ceux habitant au sud des deux villes captaient les stations affiliées de Lethbridge. La programmation des stations affiliées était presque identique à celle des stations mères, à une exception près : les informations. Les journalistes établis à Lethbridge pouvaient se concentrer sur la couverture locale sans être noyés par les campagnes de Calgary. Telle est la seule différence notoire entre les reportages captés par les électeurs de Macleod et ceux captés par les électeurs des circonscriptions de Calgary. Les émissions de Radio-Canada provenaient de Calgary et mettaient l'accent sur les campagnes dans cette ville. Les électeurs de Macleod ne pouvaient donc voir à Radio-Canada que les débats diffusés à l'intention des électeurs de Calgary.

Contrairement à Calgary, il n'y avait pas de station communautaire dans Macleod. Pour cette même raison, et aussi parce que les électeurs de Macleod captaient les signaux diffusés de l'extérieur de la circonscription, nous en concluons que la télévision les a relativement peu informés sur la campagne locale. Cette conclusion a été confirmée par nos interviews des organisateurs électoraux et des représentants des médias dans Macleod. Il est vrai que, dans une certaine mesure, la couverture radio a remplacé la télévision, sauf que, pour les organisateurs, la radio n'avait qu'un rôle de second plan, loin derrière les reportages de la presse écrite.

CONCLUSION

Pour la plupart des électeurs, les médias constituent une fenêtre d'une importance capitale sur les campagnes électorales nationales. Outre les contacts directs, brefs et rares avec les intervenants de la campagne — candidat qui sonne à la porte, documentation laissée dans la boîte aux lettres ou pancartes devant les maisons — les électeurs ne voient le déroulement de la campagne que par l'intermédiaire des médias. Ainsi, une analyse de la couverture médiatique des campagnes électorales peut donner une idée de la perception que les électeurs se font de la campagne. Plus indirectement, elle fournit aussi une indication de la marque que laissent les candidats et les organisations locales sur les campagnes nationales. Nous pouvons nous demander si la campagne locale a encore une importance et si elle peut se démarquer suffisamment de la grande machine de la campagne nationale.

Aux fins de notre étude, les conditions d'ensemble n'ont pas été propices à l'observation d'effets importants au niveau des circonscriptions, premièrement parce que le débat sur le libre-échange a dominé la campagne, et deuxièmement parce que l'Alberta n'est pas réputée pour ses luttes électorales serrées où un candidat peut renverser la vapeur à lui seul, grâce à ses efforts, ses qualités et sa compétence. Il ne faut donc pas s'étonner que les chefs, les partis et les enjeux nationaux aient prédominé dans les reportages sur les élections de 1988 dans Calgary-Ouest et Macleod. Il est vrai que les campagnes et les candidats locaux n'ont pas simplement disparu sans laisser aucune trace, mais ils n'en ont pas moins été manifestement noyés et engloutis dans la campagne nationale. Non seulement les articles de portée nationale ont-ils dominé, bien qu'à un degré moindre dans les hebdos de Macleod, mais encore les reportages à contenu local étaient souvent présentés du point de vue de la campagne nationale. Au lieu de traiter strictement des questions locales, ils présentaient les questions nationales dans une perspective locale. Ainsi, la campagne dans les circonscriptions de Calgary-Ouest et Macleod n'a été rien d'autre qu'un modèle réduit de la campagne nationale. Il est possible que cette perspective locale ait contribué à nuancer le débat national, mais il semble que de telles nuances n'ont eu que peu d'effets sur le comportement électoral.

Il reste toutefois une question importante, quoique hypothétique. Aurions-nous pu nous attendre à des effets plus prononcés au niveau des circonscriptions si la campagne n'avait pas été dominée par un seul enjeu et si la lutte avait été menée dans un contexte plus concurrentiel que celui qui prévalait en Alberta en 1988 ? Probablement pas. Le type de couverture électorale dont notre étude fait état n'a probablement rien à voir avec les caractéristiques locales de la campagne de 1988 en Alberta. Bref, les reportages d'intérêt national continueront selon toute vraisemblance à dominer, quelles que soient les circonstances. Nous n'entrevoyons en effet aucune mesure législative qui pourrait faire porter davantage l'attention des médias sur la campagne locale et qui accroîtrait l'influence des organisations électorales et des candidats locaux sur la couverture de presse et l'issue du scrutin. Même si d'autres personnes peuvent imaginer de tels changements, il faut néanmoins se demander s'il y a lieu d'accroître les effets au niveau des circonscriptions. Nous sommes d'avis que, d'une manière générale, il faut répondre par la négative, et que la situation observée dans Calgary-Ouest et dans Macleod ne va pas à l'encontre du rôle que les élections nationales doivent jouer dans la vie politique canadienne.

ANNEXE

Tableau 3.A1
**Nombre et section des articles sur les élections fédérales, Calgary Herald,
2 octobre au 22 novembre 1988**

A (840)		B (463)		C (553)		D (743)		F (436)	
N	Nº de la page	N	Nº de la page	N	Nº de la page	N	Nº de la page	N	Nº de la page
71	1	10	1	31	1	3	1	2	1
64	2	3	2	29	2	1	2	1	3
17	3	2	3	15	3	1	3	1	4
87	4	10	4	10	4	1	4	1	7
41	5	7	5	8	5	7	5		
49	6	28	6	1	6	5	6		
5	7	2	7	17	7	2	7		
35	8	10	8	1	12	1	8		
10	9	1	9			1	9		
7	10					2	10		
10	11					5	11		
11	12					4	12		
1	13								
31	14								
21	15								
5	17								
42	18								
10	19								
7	21								
12	22								
7	23								
	E	(492)							
	G	(156)							
	H	(110)							
	Total	3 793							

Note : Les chiffres entre parenthèses indiquent le nombre total de pages dans cette section au cours de la période. Les sections E (492), G (156) et H (110) n'ont pas été incluses, ces sections ne contenant aucun article sur les élections fédérales.

NOTES

1. Recensement municipal de Calgary (avril 1988).
2. Sans le câble, les téléspectateurs de Calgary peuvent voir CBXFT (réseau français de Radio-Canada). Le câble leur permet de capter 19 chaînes canadiennes et 10 chaînes américaines.

RÉFÉRENCES

Breeze, Philip, « Covering the Election », *Pincher Creek Echo*, 8 novembre 1988, p. A5.

Fletcher, Frederick J., « Mass Media and Parliamentary Elections in Canada », *Legislative Studies Quarterly*, vol. 12 (août 1987), p. 341–372.

4

LA COUVERTURE MÉDIATIQUE DES CAMPAGNES LOCALES LORS DES ÉLECTIONS FÉDÉRALES DE 1988
Analyse de deux circonscriptions ontariennes

David V.J. Bell
Catherine M. Bolan

EN 1980, PIERRE ELLIOTT TRUDEAU a défait le premier ministre sortant, Joe Clark, lors d'une élection dont le déclenchement, neuf mois seulement après la victoire inattendue des conservateurs, a pris tout le monde par surprise. Ed Broadbent a terminé en troisième position. En 1984, la victoire de Brian Mulroney sur John Turner mettait un terme à un mandat de premier ministre qui, par sa brièveté, arrivait au deuxième rang dans toute l'histoire du pays. Ed Broadbent occupait encore le troisième rang. Puis, en 1988, malgré la force étonnante de sa prestation dans les débats télévisés en anglais, John Turner a de nouveau essuyé une défaite cuisante face à Brian Mulroney, le premier depuis quarante ans à obtenir deux mandats majoritaires consécutifs. Encore une fois, M. Broadbent s'est classé troisième.

Ce bref rappel historique des résultats électoraux fédéraux des années 80 n'a pas de quoi surprendre. Il n'y a rien d'inhabituel à traiter un scrutin fédéral, qui marque l'aboutissement de dures luttes menées dans près de 300 circonscriptions au pays, comme une compétition personnelle entre les chefs de partis. Au football et au hockey, certains commentateurs sportifs font souvent de même à l'issue d'un match en parlant de la victoire d'un entraîneur sur un autre, même si les entraîneurs n'ont jamais, de toute la partie, mis les pieds sur la surface de jeu. Pour des millions de spectateurs qui viennent de suivre les performances des joueurs à la télévision, la transformation d'une victoire d'équipe en triomphe personnel d'un entraîneur peut sembler un peu curieuse (sans parler de l'effet d'une telle interprétation sur les joueurs eux-mêmes). Mais la conversion d'une victoire électorale en triomphe d'un chef est acceptée pratiquement sans contestation. Il y a de fortes chances que les spectateurs de l'arène politique aient vu les chefs à la télévision beaucoup plus souvent que les « joueurs » locaux qui cherchent à se faire élire dans leur propre circonscription. En effet, près des deux tiers des anglophones canadiens et 70 % des francophones canadiens ont suivi au moins l'un des deux débats télévisés des chefs au cours de l'élection de 1988 (Clarke *et al.* 1991, 102). Il est peu vraisemblable qu'un pourcentage aussi élevé de Canadiens et Canadiennes aient vu leurs candidats locaux en personne ou à la télévision à un moment donné de la campagne de 1988. Paradoxalement, toutefois, 27 % des électeurs de 1988 interrogés ont identifié le candidat local comme le « facteur le plus important » dans leur choix électoral. Une proportion moindre de répondants ont mentionné le chef du parti comme le facteur le plus important[1] (voir la figure 4.1).

Nous avons étudié le déroulement de la campagne électorale de 1988 dans deux circonscriptions ontariennes, l'une majoritairement urbaine (Markham), l'autre majoritairement rurale (Perth–Wellington–Waterloo), en portant une attention particulière au rôle joué par les médias d'information. Le but premier de notre étude était de voir dans quelle mesure la campagne, au niveau de la circonscription, constitue un microcosme de la course nationale. Nous avons aussi essayé d'étudier comment les candidats locaux tentaient de rejoindre les électeurs et électrices par l'intermédiaire des médias, et, inversement, quelles stratégies les médias ont employées pour tenter de « couvrir » la campagne. En étudiant ces questions et en analysant la façon dont les médias ont effectivement couvert la campagne, nous avons pu mesurer le succès des stratégies médiatiques des candidats et candidates. Enfin, nous avons abordé certaines questions touchant le financement de la campagne et les sondages d'opinion.

Pour mener à bien notre recherche, nous avons surtout rencontré des personnalités d'avant-plan de la campagne (candidats et directeurs de campagne) et des médias (rédacteurs en chef de journaux, directeurs de l'information télévisée) dans chaque circonscription[2].

Figure 4.1
Facteur le plus important dans le choix des électeurs : 1974–1988

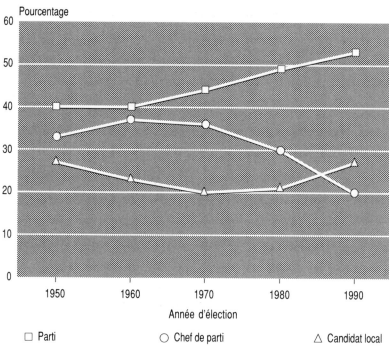

Source : Clarke *et al.*, 1991, 115.

LES CIRCONSCRIPTIONS

Les deux circonscriptions que nous avons choisi d'étudier — Markham et Perth–Wellington–Waterloo — sont, par leurs caractéristiques démographiques et politiques, particulièrement intéressantes et pertinentes pour notre examen. Toutes deux ont été touchées par la nouvelle délimitation des circonscriptions électorales de 1987.

Markham

Markham, située à la limite nord-est de l'agglomération métropolitaine de Toronto, a été créée en grande partie à même l'ancienne circonscription de York-Nord, dont la partie occidentale a été retranchée et remplacée par l'adjonction, au nord, de la municipalité de Whitchurch-Stouffville, qui appartenait auparavant à York Peel[3]. Même après la refonte des circonscriptions, Markham comptait plus de 130 000 habitants, ce qui en faisait la troisième circonscription du pays en importance. C'était aussi l'une des plus riches, avec un revenu familial moyen de 59 095 $ (la cinquième au Canada). Markham occupait la troisième place pour la proportion de cadres et de gestionnaires (20,3 %), avait le plus faible taux de chômage au pays (3,8 %) et arrivait au deuxième rang pour le pourcentage des ménages propriétaires de leur domicile (plus des deux tiers). La croissance rapide (la seconde au Canada entre 1981 et 1986) de sa population allait de pair avec une augmentation importante du nombre des emplois : les personnes qui venaient travailler dans la circonscription chaque jour étaient plus nombreuses que celles qui allaient travailler à l'extérieur. La population active de Markham travaillait dans le secteur manufacturier (18 %), le commerce de détail (13 %), les services commerciaux (9 %), le commerce de gros (8 %) et l'accueil touristique (7 %).

Avant le plus récent découpage, ainsi que vers la fin des années 60 et au cours des années 70, la circonscription était représentée par le ministre libéral Barney Danson[4]. Le conservateur John Gamble a remporté la victoire en 1979 et a réussi à obtenir une réélection l'année suivante, malgré la défaite de son parti à l'échelle nationale.

En 1984, le mécontentement de nombreux conservateurs à l'égard de John Gamble et l'insatisfaction des libéraux à l'endroit de leur propre candidat ont permis à un vétéran de la scène municipale, Tony Roman, de se faufiler comme indépendant. Avec le soutien des éléments libéraux et conservateurs mécontents, M. Roman devenait le premier candidat indépendant à obtenir un siège aux Communes en quarante ans. Son mandat a cependant été de courte durée. En 1988, il a refusé de briguer de nouveau les suffrages au fédéral, préférant un retour à la politique municipale. Dans l'intervalle, Bill Attewell, qui avait remporté le siège de Don Valley-Est pour les conservateurs en 1984, a vu sa circonscription grandement remaniée par la refonte de 1987 et s'est alors tourné vers Markham. Comme il s'agissait d'une circonscription techniquement nouvelle, John Gamble a dû livrer bataille pour tenter d'obtenir l'appui du nouvel exécutif local. Mais les opinions de droite de John Gamble, portées à l'avant-scène de l'actualité lors de l'échec retentissant de sa candidature au leadership conservateur en 1983, avaient éloigné un certain nombre des membres clés du Parti progressiste-conservateur du Canada dans la région. Lors d'une réunion tenue en février 1988, Peter Atkins (fils de Norman Atkins, une des éminences grises des conservateurs) a réussi à faire main basse sur les principaux postes de direction de la nouvelle association de circonscription, poussant John Gamble à se retirer du parti pour se présenter comme indépendant. Cette nouvelle situation a préparé la voie à M. Attewell, qui obtint l'investiture.

La course pour l'investiture libérale en 1988 n'a pas non plus manqué d'éclat. Jag Bhaduria, un Indien ayant immigré au Canada en 1968 et travaillé pour le Parti libéral du Canada sous P. E. Trudeau, a remporté une âpre lutte après avoir recruté plus de 2 000 nouveaux membres, la plupart d'origine sud-asiatique, qui s'étaient installés dans une nouvelle subdivision de la circonscription (Millikin Mills) depuis l'élection de 1984. Puisant dans sa propre poche, M. Bhaduria a déboursé des sommes considérables pour décrocher l'investiture, mais il devait ensuite se retrouver abandonné par l'exécutif local (qui a démissionné en bloc) et négligé par le parti après qu'il eut choisi un ancien partisan de Jean Chrétien, Diarmuid O'Dea, comme directeur de campagne (qui était rémunéré).

Du côté néo-démocrate, Susan Krone a obtenu l'investiture à l'issue d'une assemblée sans incident (chose peu surprenante dans une circonscription où le Nouveau Parti démocratique n'avait jamais réussi auparavant à récupérer son cautionnement).

Enfin, le dernier candidat en lice en 1988, Ian Hutchison, du Parti libertarien du Canada, a maintenu sa candidature même s'il n'a pratiquement pas participé à la campagne.

Perth–Wellington–Waterloo

La circonscription de Perth, dont les limites, en 1984, coïncidaient avec celles du comté de Perth, a été agrandie de près de 40 % par l'adjonction de parcelles des circonscriptions adjacentes de Waterloo et Wellington–Grey–Dufferin–Simcoe. Cette circonscription est située entre Kitchener et London au cœur du vieil Ontario, dans une région que l'on appelle souvent la « ceinture biblique » ontarienne (McNaught et Roe 1988). Rurale et urbaine (près des deux tiers des bureaux de scrutin sont ruraux), sa plus grosse agglomération est Stratford, une petite ville de 27 000 habitants. Certains habitants du secteur rural vivent selon la tradition mennonite. Perth–Wellington–Waterloo a une superficie près de huit fois supérieure à celle de Markham (3 313 km^2 contre 424 km^2), mais a seulement 71 % de sa population (92 026 contre 129 732). Malgré la faiblesse du revenu familial moyen (36 863 $), Perth–Wellington–Waterloo demeure relativement prospère pour un comté à la fois urbain et rural. On y dénombre cependant plus de deux fois plus de familles à faible revenu que dans Markham, soit 9,6 % contre 4,4 %. Renommée grâce au festival de Stratford, cette circonscription compte un certain nombre de petites usines manufacturières où travaille près du quart de la population active de la région. Le secteur agricole et les industries connexes fournissent 16 % des emplois, le commerce de détail 11 %, le secteur de l'accueil touristique 7 % et l'industrie de la construction 6 %.

La population étant constituée de moins de 10 % d'immigrants et immigrantes, la question ethnique a été reléguée à l'arrière-plan, au profit toutefois d'un thème tout aussi percutant, l'avortement. La désignation de Mike Stinson comme candidat libéral rappelait un congrès à la chefferie, au milieu d'une foule de plusieurs milliers de personnes réunies au colisée de Stratford. La position pro-vie de M. Stinson lui a attiré des centaines de partisans et lui a sans doute assuré l'investiture. Cependant, ses efforts ultérieurs pour minimiser l'importance de cette question à l'intérieur de son programme électoral peuvent en définitive lui avoir coûté l'élection. Plus de 2 000 voix sont allées au candidat du parti de l'Héritage chrétien du Canada, Stan Puklicz, dont les positions anti-avortement ont en quelque sorte éclipsé celles de M. Stinson. Le député conservateur sortant, Harry Brightwell, a été stupéfait de voir son énorme majorité de 1984 réduite à moins de 1 000 voix sur le deuxième candidat, Mike Stinson. En troisième position venait la candidate néo-démocrate, Linda Ham, dont les appuis relativement forts (19 % des suffrages exprimés) laissaient présager la victoire néo-démocrate à l'élection provinciale de 1990. Le libertarien Joe Yundt, qui s'était également présenté en 1984, a terminé en cinquième position. (Voir les tableaux 4.3, 4.4, 4.6 et 4.7 pour des données sur le comportement des électeurs et le financement de la campagne dans les deux circonscriptions.)

LE PROFIL DES MÉDIAS

Markham

Sous l'angle médiatique, Markham se situe dans l'ombre de la région métropolitaine de Toronto qui possède au moins quatre grandes stations de télévision (CBC, CTV, Global et City), trois quotidiens à gros tirage (le *Globe and Mail*, le *Toronto Star* et le *Toronto Sun*)[5], ainsi que de nombreuses stations radiophoniques. Néanmoins, Markham possède un canal communautaire (Classicomm) et un certain nombre de journaux locaux, dont plusieurs existent depuis le XIXe siècle. La presse écrite et les médias électroniques de Toronto desservent 33 circons- criptions et s'intéressent peu aux circonscriptions de banlieue comme Markham. (Nous n'avons trouvé qu'un seul article dans le *Globe and Mail* sur Markham, un dans le *Toronto Star*, dans le cadre d'un profil des 33 circonscriptions de la région métropolitaine, et cinq dans un encart hebdomadaire du *Toronto Star* appelé « Neighbours North » : deux d'entre eux ont paru le 11 octobre, un le 15 octobre et deux autres le 27 novembre, après l'élection.) En conséquence, les habitants du secteur doivent nécessairement recourir aux médias locaux pour suivre la campagne dans leur propre circonscription.

Classicomm, le canal communautaire, a couvert toutes les assemblées d'investiture, diffusé quelques reportages sur les candidats et invité chacun d'eux en studio pour un profil d'une vingtaine de minutes. La station a aussi organisé un débat regroupant tous les candidats, retransmis à plusieurs reprises pendant la campagne. On ne dispose pas de données fiables sur le nombre d'électeurs et électrices de Markham qui ont suivi le débat, mais selon des indications officieuses ils ont été nombreux à le faire. Quatre-vingt-neuf pour cent des habitants de Markham sont abonnés à Classicomm, et ils représentent 95 % des 90 000 abonnés de la station. L'autre 5 % réside dans la nouvelle circonscription de York-Nord. La station Classicomm (canal 10) a un auditoire hebdomadaire moyen de 60 000 téléspectateurs. (Cette étroite concordance entre l'aire de diffusion de Classicomm et les limites de la circonscription est atypique de la majorité des circonscriptions urbaines de la province.)

Aucun journal local ne couvre l'ensemble de cette circonscription, qui est constituée de plusieurs municipalités assez distinctes, chacune étant surtout desservie par son propre journal local. Bon nombre de foyers de la section sud-ouest de la circonscription reçoivent le *Thornhill Liberal*, publié juste au nord de Thornhill dans la municipalité de Richmond Hill. À l'est et légèrement au nord de Thornhill se trouvent les municipalités d'Unionville et de Markham, desservies par le *Markham Economist and Sun*. Ces deux journaux ont été fondés au XIXe siècle, mais appartiennent maintenant à Metroland Printing, Publishing and Distributing, un conglomérat contrôlé par le *Toronto Star*. Enfin, Stouffville a son propre journal, le *Stouffville Sun*, qui appartenait en 1988 à Uxbridge Printing, mais qui fait maintenant partie de la chaîne Laurentian.

Aucun de ces trois journaux n'est publié quotidiennement, et chacun emploie un personnel relativement réduit, comme le montre le tableau 4.1. Encore une fois, le nombre et la diversité sont atypiques de la plupart des circonscriptions urbaines.

Perth–Wellington–Waterloo

La plus grande partie de cette circonscription est desservie par le canal communautaire Grand River situé dans la municipalité de Kitchener et appartenant à Rogers Cable. Comme le territoire couvert par la station en vertu de sa licence comprend Kitchener, Stratford, St. Mary's et Brantford, elle dessert trois circonscriptions fédérales en plus de

Tableau 4.1
**Journaux locaux desservant la circonscription de Markham
pendant l'élection fédérale de 1988**

Nom du journal	Lieu de publication	Propriétaire	Parution	Tirage	Rédaction
Thornhill Liberal*	Richmond Hill	Metroland	2 fois par semaine (maintenant 3)	28 500	1 rédacteur en chef 1 directeur des nouvelles 1 directeur des sports 4 reporters
Markham Economist and Sun	Markham	Metroland	3 fois par semaine (maintenant 2)	50 000	1 rédacteur en chef 3 adjoints au rédacteur en chef 2 reporters
Stouffville Sun	Stouffville	Uxbridge Printing (maintenant Laurentian)	1 fois par semaine	(distribué gratuitement)	3 rédacteurs

*Couvre également la circonscription de York-Nord sous le titre Richmond Hill Liberal.

Perth–Wellington–Waterloo. Bien qu'à l'échelle nationale 85 % des Canadiens et Canadiennes soient abonnés au câble, ce chiffre est inférieur dans les circonscriptions comprenant de grandes zones rurales où il est difficile de rentabiliser l'installation du câble. (La proportion est de 50 % dans Perth–Wellington–Waterloo.) La situation est rendue encore plus complexe dans cette circonscription par la présence des mennonites, dont les plus traditionalistes n'ont pas l'électricité. Compte tenu de cette situation, parmi les débats organisés dans la circonscription et regroupant tous les candidats, deux l'ont été par la presse électronique, l'un câblodiffusé, l'autre retransmis par la station de radio locale de Stratford, CJCS. Ces deux débats s'accompagnaient d'une tribune téléphonique (les appels étant filtrés afin qu'il y ait une variété suffisante de problèmes soulevés) où les auditeurs pouvaient poser des questions directement aux candidats. De plus, Grand River Cable a accordé à chacun des candidats fédéraux trois minutes de temps d'antenne pour parler de sujets de leur choix. Leur message a été enregistré au début de la campagne et retransmis jusqu'à trois fois durant celle-ci.

Tableau 4.2
Journaux locaux desservant la circonscription de Perth–Wellington–Waterloo pendant l'élection fédérale de 1988

Nom du journal	Lieu de publication	Propriétaire	Parution	Tirage	Rédaction
Beacon Herald	Stratford	Indépendant	quotidienne	14 100	1 directeur de l'information 4 secrétaires de rédaction 5 journalistes à l'information locale 1 journaliste à l'information régionale 2 photographes
Kitchener-Waterloo Record	Kitchener	Southam	quotidienne	n.d.	21 rédacteurs
Listowel Banner	Listowel	Newfoundland Capital Corp. (chaîne NCC)	hebdoma-daire	4 700	1 rédacteur en chef 2 reporters
Mitchell Advocate	Mitchell	Signal Star	hebdoma-daire	2 500	1 rédacteur en chef 1 reporter
Milverton Sun	Milverton	NCC	hebdoma-daire	n.d.	1 employé
Journal Argus	St. Mary's	Indépendant	hebdoma-daire	4 500	1 rédacteur en chef 2 reporters 1 photographe
New Hamburg Independent	New Hamburg	Groupe Fairway (Southam)	hebdoma-daire	3 900	1 rédacteur en chef 2 reporters

n.d. : non disponible.

Le milieu de la presse écrite dans Perth–Wellington–Waterloo est, à de nombreux égards, plus complexe que dans Markham. Deux quotidiens locaux jouissent d'un important lectorat. Le *Beacon Herald* de Stratford tire à 14 000 exemplaires, dont 8 000 pour Stratford et 6 000 pour l'extérieur. Selon une enquête récente, 80 % des abonnés du

Beacon Herald ne lisent pas d'autres journaux. Bien que la presque totalité des abonnés résident dans la circonscription de Perth–Wellington–Waterloo, le *Beacon Herald* se considère comme un journal local qui a aussi le devoir de fournir des informations sur les événements nationaux et même internationaux. En fait, c'est l'un des rares journaux locaux « indépendants » encore publiés au Canada.

Le *Kitchener-Waterloo Record* est un quotidien important, de plus grande taille que le *Beacon Herald*. Le *Record* estime que sa zone de diffusion comprend l'ensemble du centre sud-ouest de l'Ontario, soit au moins une douzaine de circonscriptions. On ignore le tirage exact du journal dans Perth–Wellington–Waterloo, mais il y compte un « solide lectorat » et s'est donc efforcé de bien couvrir la campagne électorale. Outre ces deux quotidiens importants, il existe dans la circonscription nombre de petits journaux desservant les municipalités et les collectivités. La plupart d'entre eux sont des hebdomadaires et ne sont distribués qu'à des parties de la circonscription. Nous indiquons succinctement au tableau 4.2 leur statut, leur tirage et leur importance.

LA CAMPAGNE ET LE SCRUTIN : REMARQUES GÉNÉRALES

Le chevauchement avec les élections municipales ontariennes

En Ontario, l'élection fédérale avait lieu exactement une semaine après les élections municipales, qui s'étaient déroulées dans toute la province le 14 novembre[6]. La simultanéité des deux campagnes a eu des répercussions profondes sur les candidats, les électeurs et les médias. Les électeurs et électrices ont subi un déferlement de publicité électorale, notamment sous la forme d'une floraison de panneaux en bordure des routes et sur les pelouses. Certains candidats fédéraux ont dû faire des pieds et des mains pour compléter leur organisation, plusieurs militants s'étant engagés depuis longtemps envers les candidats municipaux. Certains candidats ont joué un rôle très actif aux deux niveaux. Un candidat à l'échevinage à King City (petite municipalité située au nord-ouest de Markham) était également le directeur du scrutin de York-Nord, où il y eut allégation de si nombreuses irrégularités qu'une élection partielle a dû être organisée deux ans plus tard. Mais le chevauchement des deux campagnes a touché encore plus durement les médias, pour qui il a été pratiquement impossible de couvrir à fond les deux campagnes. Dans la plupart des cas, les rédacteurs en chef et les directeurs de l'information ont été contraints de donner la priorité à une élection par rapport à l'autre[7]. Dans Markham, on a donné la préférence à l'élection municipale car on se disait : « Qui d'autre va la couvrir ? ». Plusieurs journaux de Perth–

Wellington–Waterloo ont cependant adopté une attitude différente.
Constituant la principale source d'information aussi bien nationale que
locale, ils se sont crus obligés de suivre l'élection fédérale aux dépens
de l'élection municipale, en supposant que « personne d'autre n'allait
le faire ». Dans Perth–Wellington–Waterloo, les grandes dimensions
de la circonscription ont forcé les journalistes des hebdomadaires
— déjà surchargés — à laisser tomber de nombreux événements. De
ce fait, presque tous les petits journaux ont concentré leur attention sur
les activités intéressant leur aire de diffusion immédiate.

Parmi les électeurs interrogés, personne n'approuvait le choix
de la date de l'élection fédérale, et beaucoup estimaient qu'un chevauchement des élections municipales et fédérales (ou provinciales)
devrait être interdit d'une façon ou d'une autre. À cet effet, un
éditorial du *Thornhill Liberal* (12 octobre 1988c), intitulé « Ne laissez pas
l'élection fédérale porter ombrage à l'élection ontarienne », ne mâchait
pas ses mots :

> Il n'y a pas de moment idéal pour convoquer une élection fédérale,
> mais il est vraiment dommage que M. Mulroney et ses gars aient choisi
> une journée de novembre si rapprochée de l'élection municipale
> ontarienne.
>
> Malheureusement pour vous, électeurs, les grands médias
> braqueront leurs projecteurs sur les trois chefs de partis fédéraux
> et sur la campagne nationale en général. Pour les quotidiens et la
> télévision, l'élection municipale n'est qu'un à-côté, et cela signifie que
> vous en connaîtrez moins sur les enjeux et les candidats au scrutin
> du 14 novembre.
>
> C'est une chose regrettable, car, au mieux, on s'intéresse peu
> aux élections locales. Traditionnellement, environ 30 % seulement des
> personnes ayant le droit de vote en Ontario prennent la peine de
> voter, alors que les maires, les conseillers municipaux et les commis-
> saires d'école des localités sont les personnages politiques dont
> l'action influence chaque jour la vie des électeurs.
>
> Il n'est pas possible d'appeler Brian, John ou Ed quand la
> fondrière devant votre maison menace d'engloutir votre voiture.
> Il ne vous servirait pas non plus à grand-chose de faire pression
> à Ottawa au sujet des classes mobiles surpeuplées à l'école de votre
> enfant.
>
> Ce sont là les problèmes ordinaires, mais essentiels, qui forment
> la trame de toute élection municipale. Avant le 14 novembre, prenez
> le temps de connaître qui brigue l'échevinage de votre quartier et qui
> souhaite être votre commissaire d'école. Il est tout aussi important et

fascinant d'observer la lutte et d'écouter les promesses des candidats à la mairie. On peut s'attendre à des luttes serrées et intéressantes pour la mairie de Richmond Hill, de Vaughan et de Markham.

Ces personnes affecteront votre vie tout autant, voire plus, que n'importe quel politicien fédéral. Si les grands organes d'information ne vous donnent pas tous les renseignements dont vous avez besoin pour l'élection municipale, consultez vos hebdomadaires et assistez à quelques assemblées électorales.

Accordez à l'élection du 14 novembre au moins autant d'attention qu'à celle du 21 novembre.

La décision de convoquer une élection fédérale le 21 novembre a manifestement été prise en toute connaissance de cause de ce chevauchement. Les conservateurs espéraient-ils bénéficier d'une relative inattention des médias pendant cette période de surcharge d'information ? Ou ont-ils choisi cette date à contrecœur, malgré ses inconvénients, en raison de facteurs plus importants ? Nous ne le savons pas. Même les conservateurs interrogés ont dit regretter ce choix de date et estimaient qu'ils auraient pu faire mieux s'ils n'avaient pas eu à partager avec le palier municipal l'attention des médias, les ressources et leur personnel de campagne.

L'élection à enjeu unique

L'autre facteur central des élections de 1988 a été la prééminence de la question du libre-échange[8]. Peu d'élections fédérales ont été ainsi dominées par un seul enjeu. Quatre-vingt-huit pour cent des Canadiens interrogés lors des études électorales canadiennes de 1988 ont donné le libre-échange comme le « thème le plus important » de l'élection. Auparavant, la plus forte concentration d'opinions sur un seul thème avait été décelée lors des élections de 1974, alors que 46 % des répondants et répondantes avaient choisi l'inflation, le coût de la vie et le contrôle des prix et des salaires. Le prix du pétrole, le développement et la politique énergétique étaient cités par 31 % des répondants en 1980 (voir Clarke *et al.* 1991, 70). Mais l'élection de 1988 n'a pas commencé comme une campagne à enjeu unique[9], et cette tournure amorcée à la suite du débat des chefs a surpris certains stratèges de partis et certains journalistes, même à l'échelon national.

Le thème du libre-échange présentait plusieurs dimensions. Certains l'envisageaient sous un angle purement économique et essayaient de l'évaluer en fonction de ses seules conséquences économiques. Mais même cela s'est avéré difficile et complexe. Les avis des experts étaient partagés. Il était difficile de prévoir les conséquences économiques. L'éventail des effets possibles touchait un très grand nombre de facteurs économiques, entre autres l'emploi, les taux d'intérêt, la valeur du dollar canadien, les prix à la consommation et la croissance économique future. Une bonne partie de la discussion a porté sur l'impact du libre-échange sur les programmes sociaux et les industries culturelles. Pour d'autres, le libre-échange avait une importance symbolique — par rapport à la souveraineté canadienne et à l'identité nationale — qui dépassait de loin même les considérations économiques les plus générales. Enfin, comme Johnston *et al.* (1989, 1) l'indiquent :

> L'importance électorale de l'Accord de libre-échange ne concernait pas uniquement l'économie ni l'État-providence. L'Accord a aussi donné lieu à un débat sur le degré de confiance que méritait le gouvernement, et ce débat a pris l'allure d'une rétrospective qui n'avait souvent rien à voir avec l'économie.

Étant donné l'éventail énorme des répercussions attribuées au libre-échange, il n'est pas surprenant qu'il soit devenu un enjeu national avec diverses incidences locales. Avec sa forte concentration de professionnels et de cadres, Markham comptait de nombreux partisans du libre-échange. Les avis étaient plus partagés dans Perth–Wellington–Waterloo. Le milieu artistique s'inquiétait des effets de l'Accord sur la politique culturelle. Les agriculteurs se souciaient du sort des offices de commercialisation[10]. Les travailleurs craignaient de perdre leur emploi si les entreprises locales déménageaient outre-frontière. Par contre, certains électeurs prévoyaient de meilleures occasions d'affaires avec un accès amélioré au marché américain. Quels que soient les arguments invoqués, il est clair que le libre-échange était un enjeu d'intérêt à la fois national et local, selon l'angle sous lequel on l'envisageait. Il faut garder cela à l'esprit dans notre discussion et notre analyse des campagnes locales.

Les nouvelles techniques de communication et la liaison avec les permanences des partis

Il n'est guère surprenant que les nouvelles techniques de communication aient eu un effet sur la campagne électorale de 1988. Souvent, le recours aux télécopieurs ou aux liaisons directes par ordinateur devait faciliter la communication avec le siège national du parti et permettre une communication pratiquement instantanée entre le bureau de circonscription et les stratèges nationaux[11]. Mais pour diverses raisons, y compris les nombreux pépins techniques nuisant à la fiabilité des systèmes, une pénurie de personnes adéquatement formées et non intimidées par cette quincaillerie, ou encore le manque de temps à consacrer à ces opérations, les responsables des campagnes ont eu à déplorer des problèmes de communication entre leur bureau et la permanence nationale du parti. Plusieurs autres se sont également plaints d'un manque de formation préalable qui laissait les organisateurs dans l'obligation de se débrouiller, souvent dans l'ignorance des initiatives nationales. Plusieurs répondants ont souligné le contraste entre la planification et la préparation rigoureuses des organisateurs nationaux du parti, en 1984, et les arrangements bâclés de 1988. Que le cas de 1988 ait été exceptionnel ou non, presque tous les directeurs de campagne ont dit avoir eu beaucoup d'autonomie pour planifier et mettre en œuvre la stratégie de campagne. Cela s'étendait à la préparation de la documentation électorale, bien que chaque parti ait mis à la disposition des candidats locaux, moyennant certains frais, des documents que l'on pouvait personnaliser en y ajoutant des photos du candidat local avec le chef du parti, ou en mentionnant les thèmes locaux.

Bien que les nouveaux appareils de communication aient joué un rôle relativement mineur au cours de cette élection, on peut leur prédire, une fois les pépins résolus, une place nettement plus importante qui favorisera la mainmise de la permanence centrale du parti sur les campagnes locales.

Le personnel électoral : une pénurie d'effectif

Peut-être en raison du chevauchement avec les élections municipales, peut-être en raison des styles de vie modernes (familles monoparentales ou dont les deux conjoints travaillent à l'extérieur), ou en raison d'un désenchantement croissant envers les politiciens, plusieurs des candidats interrogés ont révélé avoir eu de la difficulté à recruter des bénévoles pour la campagne. En conséquence, rares sont les candidats, s'il y en a eu, qui ont pu parcourir systématiquement toute leur circonscription pour solliciter les voix, ce qui a fortement limité leur capacité à « faire sortir le vote » le jour de l'élection.

La rémunération du personnel électoral peut poser des problèmes pour les travailleurs et pour l'organisation de la campagne. Un directeur de campagne occupant un poste dans la fonction publique a dû prendre un congé pour travailler à la campagne électorale. Dans un autre cas, le rôle d'agent de liaison avec les médias était un poste bénévole à temps partiel, mais le titulaire de cette fonction avait également un emploi à temps plein rémunéré. Le résultat, c'est que la plupart des contacts avec la presse ont été assumés par le directeur de la campagne et le responsable du quartier général de la campagne qui, bien que présents plus régulièrement, avaient également d'autres tâches à accomplir.

La fragmentation de l'électorat et la prolifération des partis

Le profond désenchantement envers les partis « traditionnels » contribue à l'instabilité de l'électorat, un phénomène observé lors des élections ontariennes de 1990. Bon nombre des personnes qui ont voté pour le Nouveau Parti démocratique (NPD) en 1990 n'avaient jamais voté pour ce parti auparavant et ont abandonné l'un des autres partis importants, ou les deux. Leur soutien au NPD n'est aucunement permanent; il pourrait bien encore une fois changer de direction. Cette inconstance a créé des ouvertures intéressantes pour ce que l'on appelait les partis « marginaux », que l'on désigne maintenant plus justement comme des partis « de rechange ». Dans les deux circonscriptions qui ont été étudiées, seulement deux partis de rechange ont été actifs (le Parti libertarien du Canada et le parti de l'Héritage chrétien du Canada (PHCC)). Paradoxalement, les thèmes abordés par ces candidats ont détourné l'attention des médias des questions locales. Par exemple, dans Perth–Wellington–Waterloo, le candidat libertarien a soulevé des questions d'idéologie (comme l'intervention du gouvernement) dans les débats et les entrevues. De par leur nature nettement philosophique, ces discussions ne permettaient pas un encadrement local, ce qui a eu pour effet de désamorcer le débat sur les thèmes locaux. Dans la même circonscription, le candidat du PHCC, Stan Puklicz, s'est en effet prononcé contre la mise en valeur des affaires locales :

> Il nous faut changer d'attitude. Nous votons pour le Canada dans son ensemble, et les gens sont conditionnés à penser à leur seule circonscription. Je ferai beaucoup pour votre circonscription, mais je veux le faire au niveau national, prôner ce qui est bon pour l'ensemble de notre pays, et tourner le dos à la mentalité égocentrique. Le député qui est élu va à Ottawa représenter l'ensemble du pays et discuter de questions nationales. (Henrich 1988c.)

Lors de la prochaine élection, nous pouvons nous attendre à ce que, dans diverses régions du pays, des formations comme le Parti réformiste du Canada, le Parti vert du Canada, le Parti de l'alliance des familles, le Bloc québécois, le Confederation of Regions Western Party et peut-être d'autres encore mènent une campagne électorale très active, ce qui mettra à rude épreuve toute tentative d'appliquer une doctrine d'équité aux reportages. Il faudra soigneusement préparer les lignes de conduite.

LA CAMPAGNE DANS MARKHAM

Dans Markham, une controverse a fait surface avant même l'émission des brefs d'élection. Pendant la campagne à l'investiture du Parti progressiste-conservateur du Canada, Bill Attewell avait distribué des macarons où il s'affichait « député de Markham ». Ses opposants l'ont accusé d'essayer de donner l'impression qu'il était le député sortant. Il a renforcé cette impression en faisant livrer aux électeurs et électrices de Markham, juste avant le déclenchement de l'élection, son bulletin de député (préparé à l'origine pour ses commettants de Don Valley-Est). Il a repoussé la plus grave critique, voulant qu'il se soit servi des fonds publics à cette fin, en déclarant qu'il avait lui-même payé le tirage supplémentaire des brochures et les frais de distribution connexes. Ces frais ayant été engagés juste avant l'élection, ils n'avaient pas à figurer dans le rapport de dépenses électorales[12].

Les électeurs et électrices de Markham ont eu droit à seulement quelques débats regroupant tous les candidats, la plupart ayant eu lieu dans des foyers pour personnes âgées ou des écoles secondaires. Le seul débat facilement accessible au grand public a été organisé à la hâte par le Nouveau Parti démocratique à Stouffville. Le faible nombre de débats publics peut indirectement s'expliquer par les élections municipales. Le personnel du *Markham Economist and Sun* était « trop occupé » pour organiser le débat qu'il parraine normalement à Markham.

Lors du premier débat, dans un foyer pour personnes âgées de Thornhill, on a beaucoup reproché aux candidats de trop mettre l'accent sur le libre-échange et de ne pas s'occuper des questions que l'auditoire jugeait plus pressantes. Chaque candidat, cependant, avait d'autres sujets à aborder. M. Attewell a insisté sur sa propre expérience et sur la bonne performance économique du gouvernement Mulroney (surtout pour la création d'emplois). Le candidat libéral Jag Bhaduria a parlé de la nécessité de faire respecter la loi et l'ordre public, et a attaqué les conservateurs sur le libre-échange et le déficit. Susan Krone, la candidate néo-démocrate, a insisté sur la crédibilité relative des chefs de partis et a traité de diverses questions féminines : garderies, foyers pour femmes battues, etc. Elle a aussi souligné les effets négatifs du libre-échange pour Markham et le Canada. Le candidat indépendant John Gamble a critiqué l'Accord du lac Meech et a mis en garde la population contre l'imposition imminente d'une taxe de vente nationale. Ian Hutchinson, du Parti libertarien du Canada, s'est plaint de l'ingérence croissante du gouvernement dans divers aspects de la vie privée.

Les reportages sur ce débat initial divergeaient quant au traitement des thèmes soulevés. Le *Stouffville Sun* (Mason 1988) et le *Thornhill Liberal* (1988a) cherchaient absolument à trouver un « gagnant » ou une « gagnante » et à évaluer l'accueil réservé aux candidats[13]. « Bill Attewell semblait s'être aventuré en territoire ennemi... Les habitants de la région... ont dirigé la plus grande partie de leurs questions — et de leur colère — vers M. Attewell... Les trois autres candidats de la circonscription ont également décoché des flèches à l'endroit de M. Attewell », indiquait le *Sun*. Le *Liberal* signalait que « le conservateur Bill Attewell avait été mis sur la sellette ». Dans le même numéro, on pouvait lire dans une chronique intitulée « Gamble a l'avantage dans le débat » que « le fougueux avocat, autrefois conservateur, n'a marqué que quelques points avec ses politiques, mais lorsqu'il s'est agi de parler avec émotion et passion, M. Gamble l'a emporté haut la main ». En ce qui concerne les thèmes soulevés lors du débat, le *Sun* a cité presque exclusivement le libre-échange, tandis que le *Liberal* a indiqué que les pensions de retraite, la réforme fiscale, le libre-échange et le lac Meech avaient été les questions importantes (même si les deux dernières dominaient le reportage). Les reportages ont abordé tous les thèmes dans une optique exclusivement nationale, et cette tendance s'est maintenue lors des autres débats contradictoires.

Les médias ont joué un rôle important dans l'orientation du débat politique local. Ayant peu de réunions publiques à couvrir, certains journaux ont tenté de dresser un profil comparatif des candidats en leur demandant d'exprimer leur position sur un ensemble de sujets, dont le libre-échange, l'avortement, le leadership et les superboîtes postales. Hormis ces articles de fond et quelques-uns sur les débats réunissant tous les candidats, la presse a relativement peu parlé de l'élection fédérale, encore moins dans une optique analytique ou thématique. Dans l'ensemble, les reportages rapportaient ce que les candidats faisaient ou disaient. Les comptes rendus des débats mettaient souvent l'accent sur les quelques étincelles qui y avaient jailli, sans aborder le fond des questions discutées. Les médias de Toronto se sont très peu intéressés à la course de Markham. Le *Globe and Mail* a publié un seul article étoffé où l'on disait que les « projecteurs étaient braqués sur John Gamble » (Webb-Proctor 1988).

Dans la presse écrite locale de Markham, aucun éditorial de la rédaction ou d'un collaborateur spécial ne citait le nom des candidats. Les quelques éditoriaux consacrés à l'élection fédérale oubliaient en général la campagne locale. Dans son seul éditorial portant sur l'élection, le *Markham Economist and Sun* (1988) traitait des chefs nationaux, mais pas de la campagne ou des candidats locaux. Deux de ses éditorialistes invités ont abordé le logement (Swarbrick 1988) et le libre-échange (Davidson 1988), mais ni l'un ni l'autre n'élaborait sur les incidences de ces questions à l'échelon local, ni ne mentionnait la campagne ou les candidats locaux. Le *Stouffville Sun* a publié un éditorial (2 novembre) dans lequel Jim Mason proposait « certaines questions pour votre candidat fédéral lorsqu'il viendra visiter votre quartier au cours des trois prochaines semaines », notamment sur le Sénat, l'installation de superboîtes postales à Stouffville, la construction d'un aéroport fédéral à Pickering et les implications financières des promesses électorales. Encore une fois, même si l'on mentionnait des questions d'intérêt local, les candidats n'étaient pas identifiés. Dans le *Thornhill Liberal*, le courrier du lecteur, les éditoriaux et les chroniques étaient largement consacrés au libre-échange et à ses implications à l'échelon national. Un éditorial de David Teetzel (1988) abordait de façon plus explicite la pertinence des candidats locaux dans la campagne fédérale, mais une fois de plus sans les nommer.

L'événement médiatique le plus important de la campagne a sans doute été le débat télévisé organisé par le canal communautaire, Classicomm. Là encore, des personnalités des médias ont contribué à structurer les questions, qui étaient posées aux candidats par un groupe de journalistes, et non par un auditoire en studio ou par les téléspectateurs au téléphone.

La visite d'un chef de parti suscite toujours quelques manchettes. Cependant, John Turner n'est pas venu et Ed Broadbent n'a fait qu'un arrêt, au début de la campagne, ce qui a fait de la visite de Brian Mulroney, bien que brève, un important événement médiatique pour Bill Attewell. Le *Thornhill Liberal* du 22 octobre titrait à la une : « Le premier ministre préside un rassemblement pour le libre-échange à Thornhill », et publiait une photo des deux hommes participant à une activité partisane. Mais, dans un éditorial très critique, David Teetzel déplorait que les gens qui étaient venus voir le premier ministre « avaient été en définitive des figurants pour une émission de télévision », ce qui met en évidence « la vérité sur les campagnes nationales à l'ère de la télévision : les candidats ne sont pas là dans l'intérêt de la population, ce sont les électeurs qui se déplacent dans l'intérêt du candidat ». M. Teetzel précisait toutefois que Brian Mulroney n'était pas le seul chef de parti à mener une campagne « orchestrée d'en haut ». Tous les chefs de partis le font, y compris M. Broadbent, qui a pris la parole à Aurora (au nord-ouest de Markham) au début de la campagne. De plus, M. Teetzel imputait une partie du blâme aux médias eux-mêmes. Il devait conclure ainsi :

> Malgré tout, nous avons des candidats locaux. Quand les caméras et les projecteurs se seront éteints, ce seront eux qui viendront frapper à votre porte, vous expliquer leurs politiques et vous traiter avec le respect que vous méritez. Il est temps de donner moins d'importance aux figures de proue qui cherchent à se faire élire premier ministre et de s'intéresser davantage aux candidats locaux. (Teetzel 1988.)

Le facteur décisif dans l'issue de la campagne et dans la victoire impressionnante de Bill Attewell (qui a récolté la plus grosse majorité [plus de 14 000 voix] conservatrice en Ontario) a probablement moins été la couverture médiatique que son impeccable organisation[14] (mise sur pied dès la course pour l'investiture) et ses bonnes relations avec plusieurs groupes ethniques clés. Ainsi le rôle de M. Attewell à la présidence du Groupe parlementaire pour les Juifs soviétiques a consolidé son appui chez les 9 000 électeurs juifs de Markham.

Tableau 4.3
Comportement des électeurs, Markham
(en pourcentage)

	1988	1984	Différence en %
Conservateurs	53,1	36,0	+17,1
Libéraux	31,8	15,3	+16,5
Néo-démocrates	9,0	9,0	+ 0,0
Autres	6,1	39,8	-33,7
Marge de la victoire (%)	21,3		
Nombre total de bulletins	69 329		
Nombre de bulletins rejetés	263		
Participation au scrutin (%)	75,6		

Source : Eagles *et al.* 1991.

Note : Bureaux de scrutin ruraux : 0; bureaux de scrutin urbains : 251.

Dans un éditorial sur l'élection fédérale, le *Markham Economist and Sun* (1988) consacrait une épigramme de circonstance à l'élection et à sa couverture médiatique. Sous le titre « Prêts ou non pour le libre-échange », l'éditorialiste déplorait le manque d'information pour voter dans un sens ou dans l'autre. Les lecteurs qui avaient lu avec soin les reportages sur l'élection étaient mal informés des effets précis du libre-échange à l'échelon local. On leur avait cependant affirmé à maintes reprises que c'était, de façon générale, une bonne ou une mauvaise politique. Ni les candidats ni les médias ne semblent avoir sérieusement tenté d'informer le public sur une question que pratiquement tout le monde, en fin de compte, a jugée vitale[15].

Tableau 4.4
Financement de la campagne, Markham

	Nombre de contributions	Valeur totale ($)	Dépenses d'élection ($)	Pourcentage des dépenses autorisées
Conservateurs	160	55 981	50 576	90,2
Libéraux*	155	29 390	44 712	79,7
Néo-démocrates	53	11 657	10 163	18,1
Indépendants	52	21 886	21 918	—
Libertariens	—	—	—	—

Source : Canada, Élections 1988.

*Le « Résumé des recettes » contenu dans le rapport concernant les dépenses d'élection du candidat divise les sommes en contributions reçues (29 390 $) et en prêts d'exploitation (19 029 $). Bien que le *Rapport du directeur général des élections concernant les dépenses d'élection* (Canada, Élections 1988) ne comporte pas ce deuxième montant, cela pourrait expliquer l'excédent des dépenses d'élection du candidat par rapport aux contributions.

LA CAMPAGNE DANS PERTH–WELLINGTON–WATERLOO

La couverture plus attentive des médias locaux et le degré supérieur d'animation dans Perth–Wellington–Waterloo offraient un contraste frappant avec la campagne dans Markham. Alors que les deux plus importants journaux locaux de Markham disposaient d'un personnel relativement faible qui divisait son temps et son énergie entre deux élections, le *Beacon Herald*, qui paraît six fois la semaine a pu, par exemple, affecter un journaliste à chaque candidat fédéral pendant la durée de la campagne. Le *Kitchener-Waterloo Record* étant distribué dans plusieurs circonscriptions, il a assuré une couverture « locale » en publiant des articles de fond sur les circonscriptions desservies. Nous avons trouvé cinq articles consacrés à Perth–Wellington–Waterloo, et dont les thèmes principaux étaient : la nouvelle délimitation des circonscriptions électorales (deux articles), le libre-échange, l'agriculture et les questions féminines. Les trois derniers thèmes étaient surtout abordés dans un contexte « national », sans mention particulière de leur rapport avec la circonscription. Le *Record* est le seul journal de la circonscription qui est alimenté par une chaîne, Southam en l'occurrence. Ce lien a permis une couverture plus diversifiée, comportant des articles sur des sujets généraux tels que les documents de campagne, l'image télévisuelle des chefs de partis, etc., au détriment toutefois de l'aspect régional.

Alors que la campagne de Markham n'a donné lieu qu'à quelques assemblées regroupant tous les candidats, il y en a eu 15 à Perth–Wellington–Waterloo, dont une à la radio et une autre à la télévision. Les organisateurs de ces assemblées représentaient divers groupes d'intérêt de la circonscription, depuis les gens d'affaires jusqu'aux groupes de femmes. De plus, six têtes d'affiche politiques ont visité la circonscription — quatre pour les conservateurs, une pour les libéraux et une pour les néo-démocrates (voir la liste des événements au tableau 4.5).

Tableau 4.5
Dates importantes pour les activités électorales dans Perth–Wellington–Waterloo

Visites dans la circonscription	
Jake Epp, ministre de la Santé et du Bien-être social	27 octobre
Brian Mulroney, premier ministre	9 novembre
Eugene Whelan, ancien ministre de l'Agriculture	11 novembre
Allan Blakeney, ancien premier ministre de la Saskatchewan	18 novembre
Charlie Mayer, ministre chargé de la Commission canadienne du blé	18 novembre
Assemblées regroupant tous les candidats	
Centre communautaire d'Elma	24 octobre
École secondaire Northwestern	27 octobre
Perth Women Voters in Action	29 octobre
Club Rotary	3 novembre
École secondaire du district de Mitchell	7 novembre
Stade de New Hamburg	7 novembre
Perth Federation of Agriculture	8 novembre
Business and Professional Women's Club	9 novembre
Foyer pour personnes âgées de Brunner	14 novembre
École secondaire de Waterloo–Oxford	15 novembre
École secondaire Central	16 novembre
Radio CJCS, Stratford	17 novembre
Rogers Cable TV, Kitchener	17 novembre
École secondaire du district de Listowel	18 novembre

Le « dossier local » le plus important, dans une optique non partisane, a été la nouvelle délimitation, qui a augmenté la taille de la circonscription de près de 40 %. Une bonne partie de l'élite régionale a considéré cela comme une rupture de l'intégrité naturelle du comté de Perth, dont les limites ont été inchangées au niveau provincial.

À l'extrémité est de la circonscription, le canton de Wilmot demeure ancré à Waterloo par le biais des administrations municipale et régionale, ce qui a créé une certaine confusion dans un électorat sollicité par des candidats entièrement nouveaux pour lui[16]. Parce qu'ils lisent essentiellement le *Kitchener–Waterloo Record*, les électeurs du canton de Wilmot estiment ne pas avoir bénéficié d'une couverture complète de la campagne dans leur circonscription. Les habitants de Perth n'étaient pas contents que l'on ait ajouté des parties de Wellington et de Waterloo, plusieurs avouant à mots couverts ne pas apprécier que l'investiture soit allée à un non-résident de Perth (Mike Stinson).

Les journaux de cette circonscription essentiellement rurale ont affirmé donner la priorité à l'élection fédérale plutôt qu'à l'élection municipale. Cela semble être juste. Cependant, un candidat s'est plaint de l'affectation des journalistes les plus expérimentés à l'élection municipale, la campagne fédérale ayant reçu une moins bonne couverture en raison du manque d'expérience et d'envergure des journalistes assignés : « Lorsqu'ils ne comprennent pas un dossier, ils peuvent vous massacrer. » Les hebdomadaires ont estimé qu'il leur incombait de s'intéresser à la campagne locale, laissant aux quotidiens les élections fédérales.

Les médias locaux se sont beaucoup inquiétés de la question du traitement équitable de tous les candidats et candidates par la presse. L'« équité » était généralement définie en fonction de l'espace et de l'attention accordés. (Un journal est même allé jusqu'à compter la longueur des articles en pouces.) Le *Beacon Herald* et le *New Hamburg Independent* ont publié une série de profils de candidats, obtenus grâce à des entrevues personnelles et téléphoniques, ayant tous à peu près la même longueur. Cette pratique avait toutefois ses détracteurs, un rédacteur en chef affirmant que le traitement équitable ne reflétait pas la réalité et entraînait un déséquilibre parce que les candidats des partis de rechange « obtenaient davantage de place qu'ils ne le méritaient ». D'autres ont limité la couverture de la campagne au strict minimum, en raison d'un manque de temps et d'espace, se contentant de comptes rendus d'« événements » tels que les assemblées, les visites dans les circonscriptions ou l'inauguration des bureaux de campagne. Ils ont admis que cette pratique favorisait les trois grands partis et les députés sortants, mais ont souligné qu'il leur était tout simplement impossible de réaliser des entrevues personnelles avec les candidats et de préparer des profils par circonscription. Dans les cas où de tels profils ont été publiés, c'était en général parce que les organisateurs de la campagne avaient pris l'initiative de faire parvenir aux médias[17] des cahiers de presse et des biographies.

La définition donnée par la presse du traitement équitable n'était pas partagée par certains candidats, qui se souciaient davantage de l'aspect qualitatif que quantitatif des reportages. Le litige tournait autour de la couverture accordée au thème de l'avortement, au sujet duquel les candidats représentaient toute la gamme possible des opinions. Leurs idées ne suivaient pas nécessairement la ligne du parti, à l'instar du vote libre au Parlement peu avant sa dissolution pour la campagne électorale. Le candidat libéral Mike Stinson était nettement contre l'avortement. La néo-démocrate Linda Ham estimait que les femmes devaient avoir le choix et que celles qui le désiraient devraient avoir accès à ce service médical. Le candidat conservateur sortant, Harry Brightwell, prônait une position mitoyenne, étant favorable à une loi qui ne limite pas indûment l'avortement, sans pour autant verser dans une liberté d'accès totale. Stan Puklicz, du parti de l'Héritage chrétien du Canada, prônait le credo de son parti en faveur de la cellule familiale comme fondement de notre société, estimant que l'avortement était une question morale pour laquelle il n'existait pas de « droits ». L'un des candidats a admis que la perception d'un seul enjeu dans sa campagne avait nui à ses chances. Un autre est allé jusqu'à protester auprès d'un journal qui l'avait étiqueté comme candidat à thème unique.

L'étendue géographique de la circonscription a imposé de sévères limitations au temps et aux efforts consacrés à la campagne par les politiciens et les journalistes. La plupart des candidats devaient avoir plusieurs bureaux de campagne dans divers secteurs de la circonscription. Un avantage ici était que l'inauguration d'un bureau de campagne attirait toujours l'attention des médias. Harry Brightwell a fait installer une ligne téléphonique sans frais à Wellesley, à l'extrémité nord-est de la circonscription. Les candidats avaient la lourde tâche de sillonner la circonscription d'un bout à l'autre pour se rendre aux multiples activités et débats prévus tout au long de la campagne. Dans le cas le plus extrême, les deux débats avec tribune téléphonique, retransmis par la radio et la télévision, ont eu lieu le même soir dans deux villes situées à 30 ou 40 minutes de route l'une de l'autre. Le débat retransmis par Rogers Cable constituait la cinquième réunion des candidats en quatre jours, et la dixième en deux semaines, et une autre réunion était prévue le lendemain matin à l'extrémité nord de la circonscription, à 45 minutes de route. De plus, Perth–Wellington–Waterloo est une circonscription où l'électorat accorde une grande valeur aux rencontres personnelles. On a beaucoup insisté sur le porte-à-porte et la distribution de documents. Un candidat a déclaré : « Les gens s'offusquent si vous ne leur rendez pas visite. » Linda Ham a constaté que la division d'un si grand territoire en zones rurales et urbaines rendait sa campagne plus difficile, du fait que le Nouveau Parti démocratique est plus populaire dans Stratford, une zone urbaine.

On a estimé de façon générale que, en dehors de la modification des limites de la circonscription électorale, il n'y avait pas d'enjeu « local » dans Perth–Wellington–Waterloo, c'est-à-dire d'enjeu propre à la circonscription. Cela peut s'expliquer en partie par la campagne municipale qui incluait les préoccupations de la communauté à l'égard du recyclage, du logement pour les familles à faible revenu, de l'aménagement urbain, de l'environnement, du tourisme et de la modernisation du centre-ville. Les questions d'intérêt national prédominaient dans la campagne fédérale, tandis que l'on faisait rarement état de leurs répercussions à l'échelle locale. Par exemple, au cours d'une visite dans la circonscription, le ministre de la Santé, Jake Epp, a discuté des répercussions du libre-échange sur le système canadien des soins de santé sans aborder les préoccupations immédiates de la circonscription. Cette façon de faire a peut-être été exacerbée par le fait que les nombreux politiciens fédéraux à visiter la circonscription avaient tendance à aborder les questions sous l'angle national. Il se peut que le chevauchement des campagnes municipale et fédérale ait accentué la séparation par la couverture médiatique des enjeux locaux des questions d'intérêt national. Le *New Hamburg Independent* (Henrich 1988a, 1988b) a publié en première page des reportages portant sur les campagnes municipale et fédérale, s'assurant effectivement, sur le plan graphique, de bien délimiter les questions d'intérêt national et les enjeux locaux.

La prédominance de la radio et de la télévision dans Perth–Wellington–Waterloo différencie le paysage médiatique de cette circonscription de celui de Markham. La station CJCS, à Stratford, a organisé le seul débat radiophonique tenu dans chacune des deux circonscriptions. Tous les candidats disposaient de deux ou trois minutes pour faire des remarques préliminaires et pour conclure. Le débat comme tel était suivi d'une tribune téléphonique où les auditeurs pouvaient poser des questions à des candidats donnés, les autres candidats ayant également la possibilité de répondre. La station a trouvé cette formule généralement satisfaisante et en a évalué le succès par la forte participation des auditeurs. Ce débat était la seule manière, pour la station, de couvrir efficacement l'élection locale. En dehors de ce débat, CJCS s'est contentée de faire quelques reportages sur les autres débats tenus dans la circonscription et de diffuser de la publicité nationale où les candidats locaux pouvaient être mentionnés. Harry Brightwell a consacré près de 5 000 $ à des publicités radiophoniques, rédigées dans le bureau de campagne et enregistrées par lui-même. Ces annonces étaient diffusées sur les ondes de CJCS à Stratford, sur celles d'une station de musique country à Kitchener, ainsi qu'à CKNX, une station de Wingham consacrée à la musique de détente. La permanence nationale du parti a fourni l'arrière-fond musical de ces publicités, centrées sur divers dossiers négligés par la campagne nationale.

Rogers Cable a aussi organisé un débat avec tous les candidats[18]. Cette émission de quatre-vingt-dix minutes commençait par les déclarations préliminaires de chaque candidat (l'ordre d'intervention avait été tiré au sort), chacun ayant ensuite une minute pour réfuter les arguments des adversaires. L'animateur a proposé une série de thèmes soulevés pendant la campagne et dans la presse. Pour chaque sujet présenté, chaque candidat avait la possibilité de répondre. Suivait alors une tribune téléphonique : après un filtrage initial des appels, les gens pouvaient poser en direct leur question, et pouvaient ensuite demeurer en ligne pour réagir éventuellement aux réponses du candidat ou de la candidate. On a tenté d'élargir le débat en diversifiant au maximum les sujets abordés. Bien qu'il soit difficile d'évaluer la cote d'écoute, la station estime que cette formule est bonne, à en juger par le taux de participation élevé. (La station a toujours un téléphoniste en service et encourage les téléspectateurs à lui faire part de leurs opinions.)

Tableau 4.6
Comportement des électeurs, Perth–Wellington–Waterloo
(en pourcentage)

		1988	1984	Différence en %
Conservateurs		39,1	55,8	-16,7
Libéraux		37,0	28,5	8,5
Néo-démocrates		19,0	15,5	3,5
Autres		4,9	0,2	4,7
Marge de la victoire (%)		2,1		
Nombre total de bulletins	46 121			
Nombre de bulletins rejetés	149			
Participation au scrutin (%)		71,9		

Source : Eagles *et al.* 1991.

Note : Bureaux de scrutin ruraux : 123; bureaux de scrutin urbains : 76.

L'analyse des articles publiés au sujet des débats radiophonique et télévisé confirme la prééminence des médias électroniques. Le *Beacon Herald* a publié, le 18 novembre, un long article intitulé : « Les candidats fédéraux abordent de nouveaux sujets au cours des débats à la télévision et à la radio. » Étant donné la date tardive de ces débats, le 17 novembre, il est peu probable que les hebdomadaires aient pu en rendre compte, puisque leurs numéros suivants étaient essentiellement consacrés aux résultats de l'élection.

Tableau 4.7
Financement de la campagne, Perth–Wellington–Waterloo

	Nombre de contributions	Valeur totale ($)	Dépenses d'élection ($)	Pourcentage des dépenses autorisées
Conservateurs	210	31 716	42 716	92,9
Libéraux	218	39 949	40 066	87,2
Néo-démocrates	126	21 398	31 312	68,1
Parti de l'Héritage chrétien du Canada	143	15 025	14 900	32,6
Libertariens	9	1 000	—	—

Source : Canada, Élections 1988.

PRINCIPALES CONSTATATIONS

Les questions d'intérêt local et les questions d'intérêt national

Les campagnes locales que nous avons étudiées se sont effectivement avérées, à plus d'un égard, un microcosme de l'élection nationale. Le thème du libre-échange a prédominé, surtout après le débat national des chefs de partis. L'Accord du lac Meech et la future taxe de vente nationale ont été relégués aux oubliettes. Bien que l'on ait discuté d'autres sujets, ceux-ci étaient abordés dans l'optique « nationale ». De ce fait, même lorsque le libre-échange prenait moins d'importance, la campagne locale faisait écho aux thèmes et aux polémiques nationaux. La plupart des dossiers nationaux avaient d'importantes incidences locales qui auraient pu faire l'objet d'analyses et de débats. Pourtant, ni les candidats ni les médias n'ont procédé ainsi, se confinant dans un certain « prêt-à-penser » fourni par le parti. Les candidats locaux considèrent qu'ils doivent suivre la ligne du parti. Ils écrivent peut-être leur propre discours, mais pour ce qui est des thèmes et des sujets de la campagne, ils expriment rarement leurs propres idées. Dans leur esprit, les questions d'intérêt local existent à peine et ont peu d'importance. Pour les questions d'intérêt national, ils empruntent le discours officiel du parti national.

Les facteurs locaux (bien qu'ils ne soient pas des enjeux) ont cependant joué un rôle essentiel dans la course à l'investiture. Le dossier ethnique[19] dans Markham et la question de l'avortement dans Perth–Wellington–Waterloo ont valu au Parti libéral du Canada un grand nombre de nouveaux membres. La course à l'investiture conservatrice dans Markham a aussi entraîné le recrutement de nouveaux membres, remplissant quelque peu le réservoir des bénévoles pour la campagne électorale.

Les principaux facteurs en jeu dans la campagne

Pour notre étude, nous avons demandé à des politiciens et à des journalistes en vue, dans les deux circonscriptions, de commenter plusieurs facteurs précis de la campagne, l'objectif étant de jauger à quel point ces éléments avaient contribué à façonner l'environnement informationnel au sein duquel les électeurs et électrices devaient faire leur choix. Certains facteurs reflétaient des thèmes omniprésents dans la présente étude, comme la tension entre les problèmes locaux et les enjeux nationaux, ou encore le rôle joué par les partis et leur chef (ainsi que par les médias) dans le déroulement de la campagne. Nous avons demandé à nos répondants et répondantes du monde politique leur avis sur le rôle joué par la publicité, le porte-à-porte et les débats contradictoires, sur l'impact des autres moyens de communication (par exemple, la distribution de dépliants électoraux) et sur l'utilité des nouvelles techniques, comme le publipostage. Dans l'ensemble, nous avons constaté qu'au niveau de l'environnement informationnel durant la campagne de 1988, les circonscriptions de Markham et de Perth–Wellington–Waterloo présentaient à la fois des similitudes et des particularités.

Sur la pertinence des questions locales, les représentants du monde politique et des médias avaient des opinions étonnamment divergentes : presque tous les répondants des médias ont prétendu que les questions d'intérêt local avaient joué un rôle très important, et dans certains cas primordial, dans leurs reportages sur la campagne. Au contraire, les répondants politiques n'ont accordé qu'une importance relativement minime, et dans certains cas nulle, aux dossiers locaux dans leur campagne. On peut tirer certains renseignements intéressants des tableaux 4.8 et 4.9. Il n'y a pas eu, dans ce cas, de différence entre les circonscriptions, comme on aurait pu s'y attendre, étant donné l'importance accordée au libre-échange dans Perth–Wellington–Waterloo; mais cela reflétait l'impression générale d'une absence de thèmes électoraux propres à chaque circonscription. Les candidats et les directeurs de campagne ont accordé beaucoup plus d'importance que les médias aux questions d'intérêt national, qu'ils considéraient souvent comme des éléments absolument essentiels de la campagne. Les questions d'intérêt régional avaient également, selon eux, un impact important, bien que dans une moindre mesure dans Markham. Les répondants des médias étaient du même avis à ce sujet.

Tableau 4.8
Facteurs importants de la campagne (médias)

Répondant	Questions locales	Points forts du candidat	Attaque des autres candidats	Questions régionales	Questions nationales	Chefs nationaux	Programmes des partis	Candidat sortant
Markham								
A	4	4	2	3	4	4	3	2
B	4	2	3	2	2	3	2	3
C	2	2	1	2	3	3	3	s.o.
D	3–4	2–3	2–3	2	2	2	2–3	3
Perth								
A	1	2	1	1	4	4	4	4
B	4	4	1	4	4	4	2	1
C	4	2	3	2	3	2	3	3
D	4	1	1	2	4	4	4	3
E	2	3	1	1	3	3–4	3	3
F	3	2	2	2	4	4	4	2
G	3	2	1	1	2	2	3	4
H	3	1	2	1	2	2	4	2
I	4	1	2	3	3	2	2	2

Question : Quelle a été l'importance des facteurs suivants dans la couverture de la campagne ?
1 : nulle; 2 : moyenne; 3 : très grande; 4 : absolument primordiale.

s.o. : sans objet.

L'une des différences les plus marquées entre les deux circonscriptions concernait l'importance d'être député sortant. Les répondants et répondantes de Markham ont affirmé que l'identité du député sortant était un facteur négligeable; de fait, deux répondants estimaient que cette question était sans importance, en raison du découpage de la circonscription en 1987. Dans Perth–Wellington–Waterloo (également une nouvelle circonscription), toutefois, on estimait généralement que le fait d'être député sortant avait été un facteur important, voire déterminant, dans la victoire remportée par Harry Brightwell avec une marge de 961 voix (2,1 %). (Ce qui fait resurgir le débat sur l'importance des candidats locaux.) Dans les deux circonscriptions, les points forts des candidats étaient jugés moins importants par les représentants des médias que par les répondants du milieu politique, et la majorité des répondants estimaient qu'attaquer les autres candidats avait peu d'importance, voire aucune, dans la campagne. En moyenne, on pensait que les programmes des partis jouaient un rôle de premier plan dans l'organisation des campagnes et dans la couverture médiatique, dans les deux circonscriptions.

Tableau 4.9
Facteurs importants de la campagne (politique)

Répondant	Questions locales	Points forts du candidat	Attaque des autres candidats	Questions régionales	Questions nationales	Chefs nationaux	Programmes des partis	Candidat sortant
Markham								
A	2	3	2	1	4	4	3	3
B	1	3	2	2	4	4	4	2
C	1	2	1	1	3	3	3	2
D	3	3	1	3	4	4	3	1
E	1	1	2	3	4	4++	2	s.o.*
F	2	3	3	2	4	4	3	1
G	2	4	1	1	4	3	4	3
H	1	2	1	1	3	3	2	3
I	s.o.	s.o.	s.o.	s.o.	s.o.	s.o.	s.o.	s.o.
Perth								
A	3	3	1	4	3	3	2	4
B	2	4	3	2	4	4	4	3
C	2	2	1	1–2	3	3	3	3
D	1	4	3	3	3	1	3–4	2–3

Question : Quelle a été l'importance des facteurs suivants dans le déroulement de la campagne ?
1 : nulle; 2 : moyenne; 3 : très grande; 4 : absolument primordiale.
s.o. : sans objet.
*Sans objet à cause de la redistribution de 1987.

Nous avons interrogé les candidats et les directeurs de campagne sur l'importance de plusieurs facteurs dans l'élaboration de leur stratégie électorale (voir le tableau 4.10). Dans Markham, le porte-à-porte avait ses partisans et ses détracteurs, contrairement à Perth–Wellington–Waterloo où ces visites étaient d'une importance déterminante pour l'issue des élections. Cela n'est peut-être pas surprenant dans une circonscription largement rurale que les répondants et répondantes des médias et du monde politique ont souvent décrite comme très « humaine » (voir les conclusions pessimistes de Black 1984). Le porte-à-porte était de fait l'activité électorale la mieux cotée dans la circonscription.

Tableau 4.10
Classement des activités électorales

Répondant	Publicité	Reportages électoraux	Assemblées de tous les candidats	Porte-à-porte	Distribution de dépliants	Publi-postage	Bains de foule	Faire sortir le vote
Markham								
A	4	3	2	4	3	1	4	s.o.
B	3	3	3	4	4	1	2	4
C	1	1	2	3	s.o.	s.o.	s.o.	3
D	1	3	2	3	4	1	2	3
E	4	3	1	1	4	1	2	4
F	2	2	3	1	3	1	3	1
G	2	2	4+	4	4	1	4	1
H	4	3	4	4	4	3	4	4
Perth								
A	3	4	3	4	4	2	3	4
B	3+	3	1+	3+	3	3	2	2
C	3	2–3	2	4	1–2	s.o.	3	2
D	s.o.	s.o.	s.o.	s.o.	s.o.	s.o.	s.o.	s.o.

Question : Quelle a été l'importance attribuée aux activités suivantes dans le cadre de votre campagne ?

1 : nulle; 2 : moyenne; 3 : très grande; 4 : absolument primordiale.

s.o. : sans objet.

Nous avons également sondé nos répondants sur divers autres facteurs. En général, selon eux, la couverture médiatique a joué un rôle très important, alors que le publipostage n'avait aucun impact dans ces circonscriptions[20]. La plupart des répondants jugeaient la distribution de documents très importante, voire tout à fait essentielle. Par exemple, dans Perth–Wellington–Waterloo, une organisation a donné une importance primordiale aux dépliants électoraux en prévoyant deux ou trois envois par ménage ou commerce. Une autre organisation écartait cette stratégie au profit des contacts personnels avec les électeurs et électrices. Les opinions variaient quant à l'importance des débats contradictoires : on constate avec surprise qu'aucune tendance claire ne se dégage selon la circonscription, malgré les rôles particulièrement différents joués par les débats dans Markham et dans Perth–Wellington–Waterloo. Les avis étaient moins divergents sur les assemblées permettant de rencontrer les candidats, généralement jugées très importantes. Enfin, les opinions étaient partagées sur l'importance de « faire sortir le vote », mais on estimait en moyenne qu'il s'agissait d'un facteur très important dans la campagne, sans différence marquée entre les circonscriptions.

Des remarques intéressantes ont été faites par les répondants du milieu politique sur l'importance des divers médias dans la campagne (voir le tableau 4.11). Dans les deux circonscriptions, on estimait que les stations de télévision locales ont joué un rôle relativement peu important pendant la période électorale; inversement, on a attaché un très grand poids au rôle des journaux locaux et de la presse écrite en général. Cette différence confirme la primauté de la presse écrite sur la radio, la télévision par câble et la télévision commerciale dans les stratégies médiatiques locales[21]. Ainsi la radio a été un facteur peu important dans Markham, alors qu'elle était considérée comme un élément essentiel dans la circonscription rurale de Perth–Wellington–Waterloo. Les canaux communautaires étaient des facteurs marquants des stratégies médiatiques dans les deux circonscriptions, c'est-à-dire plus importants que les stations locales de télévision commerciale et un peu moins que la presse écrite. On peut en déduire que malgré la difficulté d'évaluer la cote d'écoute de la télévision par câble, on apprécie ce média comme outil de campagne.

Tableau 4.11
Importance de divers médias dans la campagne

Répondant	Stations locales de télévision	Stations locales de câblodiffusion	Journaux locaux	Autres publications ou périodiques	Stations de radio
Markham					
A	1	2	2,5	s.o.	s.o.
B	2	1	4	3	s.o.
C	1	2	3	s.o.	s.o.
D	1	3	2	2	1
E	1	4	4	4	1
F	4	3–4	3	3	1
G	1	4	4	4	1
H	2	2	3	2	1
Perth					
A	1	3	4	4	2
B	3	2	3	s.o.	3
C	2	2	2	3	2
D	1	2	4	s.o.	2,5

Question : Quelle a été l'importance attribuée aux médias suivants dans la planification de votre stratégie de communication électorale ?

1 : nulle; 2 : moyenne; 3 : très grande; 4 : absolument primordiale.

s.o. : sans objet.

La couverture médiatique de la campagne locale

Les débats télévisés entre les candidats locaux deviennent les faits saillants des campagnes locales. Ces débats représentent également une « réplique en miniature » des débats nationaux. Nous nous attendons à ce que ces débats commandent une cote d'écoute de plus en plus élevée et qu'on leur adjoigne plus souvent un volet « tribune téléphonique ». Dans les zones urbaines, les débats télévisés pourraient bientôt éclipser les autres activités électorales, y compris les assemblées regroupant tous les candidats. (Ces dernières semblent devenir moins fréquentes dans Markham). Dans les circonscriptions rurales, les débats radiophoniques continueront probablement tant que l'abonnement au câble demeurera faible.

La qualité de la couverture des enjeux est médiocre aussi bien dans la presse écrite que sur les ondes. Cela reflète en grande partie le faible niveau d'analyse et de débat offert par les candidats eux-mêmes, qui manquent de personnel et de ressources pour la recherche. D'autre part, notre culture politique ne semble pas avoir d'attentes plus exigeantes. Ces divers facteurs se renforcent mutuellement et forment un cercle vicieux :

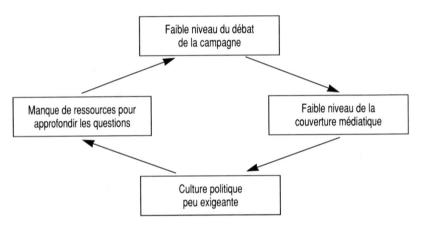

Il est peut-être possible de rompre ce cercle en augmentant les ressources consacrées à l'examen des incidences locales des politiques et des questions nationales, par exemple en organisant à l'intention d'étudiants et étudiantes du premier cycle universitaire en sciences politiques et autres disciplines connexes une série de stages de recherche dans les circonscriptions. Les résultats et les analyses de ces travaux seraient mis à la disposition des médias, des partis et des candidats locaux jouant un rôle actif dans la circonscription[22]. Ces stages pourraient être organisés sous les auspices d'Élections Canada et supervisés par des professeurs d'universités.

En 1988, les médias locaux en milieu urbain ont estimé que leur rôle premier était de suivre la campagne municipale. Cette position a créé dans la couverture de l'élection fédérale une lacune qu'aucun autre média n'a comblée. Nous supposons que ce problème venait du chevauchement des deux campagnes. La couverture dans la circonscription rurale a été beaucoup plus complète. Les directeurs des médias, dans les deux milieux, se sont dits désireux d'offrir des comptes rendus équitables et accueilleraient un ensemble de directives, semblables à celles du Conseil de la radiodiffusion et des télécommunications canadiennes pour la presse audiovisuelle, visant à couvrir adéquatement la campagne. Ils seraient aussi heureux de participer à un atelier ou à une conférence pour discuter de ces questions. Encore une fois, Élections Canada pourrait en prendre l'initiative. En définitive, ce serait peut-être plus productif que d'exiger ou de subventionner de « l'espace publicitaire gratuit » dans les journaux locaux.

Le financement des campagnes et les dépenses électorales

En ce qui concerne le financement des campagnes, nous nous sommes principalement intéressés à son impact sur les stratégies médiatiques. Grâce à nos entrevues, nous avons recueilli une grande variété de commentaires intéressants. L'éventail des opinions était très large. Un candidat a remarqué : « J'ai réussi à mener une campagne tout à fait honnête avec 8 000 $ environ. Il n'est nullement nécessaire d'imposer des limites si élevées pour les dépenses. » Par contraste, plusieurs participants ont jugé impossible de mener une campagne « qui tient debout » avec 50 000 $, l'essentiel de cette somme servant à payer les inévitables frais fixes de location ou d'impression avant même que la campagne ait débuté. Il est notamment impossible de faire une publicité efficace à la télévision avec les limites actuelles. Un directeur de campagne a recommandé que l'on supprime tout plafonnement et qu'on laisse dépenser sans limites ceux qui peuvent obtenir davantage de fonds. Une autre solution serait d'accorder davantage de temps d'antenne ou d'espace publicitaire gratuits dans les médias, ou d'encourager les partis à consacrer une plus grande proportion des ressources télévisuelles aux circonscriptions locales, au lieu de favoriser uniquement le niveau national. Enfin, un candidat, qui a abondamment puisé dans ses finances personnelles pour obtenir l'investiture, a déploré que les règlements actuels puissent avoir pour effet de décourager les candidatures de personnes moins bien nanties. « Tout le monde devrait pouvoir briguer l'investiture, et pas seulement ceux qui peuvent se financer eux-mêmes. » Il réclamait le plafonnement des dépenses pour les courses à l'investiture, afin d'éviter un monopole de riches ou d'habiles quémandeurs de fonds (on pourrait s'inspirer des règles concernant la course au leadership national des partis). Plusieurs répondants ont recommandé des déductions d'impôt pour les personnes qui contribuent aux campagnes d'investiture.

D'autres ont signalé que si l'on conserve les limites actuelles de dépenses, il demeurera impossible pour les candidats locaux de monter de grandes opérations de publicité télévisée. Étant donné que les Canadiens et Canadiennes considèrent de plus en plus la télévision comme leur source principale d'information sur la politique, cela pourrait poser un problème. Pour éviter de donner un avantage injuste aux partis ou aux candidats aisés, il pourrait être préférable, au lieu d'élever le plafond des dépenses, d'étendre aux stations locales de câblodistribution l'exigence de fournir du temps d'antenne gratuit.

Quelques répondants ont évoqué la possibilité d'« espace gratuit » dans les journaux locaux. (Certains ont accueilli très favorablement cette suggestion, alors que d'autres s'y sont fermement opposés. En général, la réaction des gens à cette idée reflète leur idéologie personnelle sur le rôle relatif de l'intervention gouvernementale et du secteur privé.) Plusieurs candidats ont recommandé que les règlements concernant le financement soient simplifiés, pour que les agents officiels et les autres personnes participant aux campagnes les trouvent plus faciles à comprendre. On pourrait notamment atteindre cet objectif en intensifiant les communications avec la permanence nationale du parti, pour mieux informer les intervenants concernés.

Les sondages d'opinion

La campagne de 1988 était autant une « campagne de sondages » qu'une « élection sur le libre-échange ». Il y a eu plus de deux fois plus de sondages publiés en 1988 qu'en 1984, et les médias leur ont donné beaucoup d'importance. Fletcher (1990) a constaté qu'environ 30 % des reportages sur la campagne (télévision et presse écrite) accordaient une place importante aux résultats des sondages[23]. La profondeur et l'envergure des critiques exprimées par nos répondants à l'égard des sondages d'opinion étaient surprenantes. La plupart des critiques déplorent l'effet d'entraînement des sondages. Peu ont parlé de l'effet inverse lié au « vote stratégique », même si Johnston *et al.* (1989) présentent des arguments convaincants sur l'impact notable de cet effet au cours de l'élection de 1988. La plupart des critiques préféreraient une interdiction pure et simple des sondages pendant les campagnes électorales, mais personne ne croit qu'il s'agisse là d'une solution réaliste à ce qui est néanmoins considéré comme un problème grave. L'éditorialiste Marney Beck (1988) écrivait ce qui suit dans le *Liberal* du 2 novembre :

Les sondages influencent-ils le vote des gens ou reflètent-ils exactement les moindres préférences des électeurs ? C'est la question de la poule et de l'œuf qui donne à l'électorat l'apparence d'un troupeau de dindes.

Bien qu'il soit hors de question d'interdire totalement les sondages, on pourrait envisager de généraliser la politique du *Globe and Mail*, qui ne commande aucun sondage dans les dix derniers jours de la campagne.

CONCLUSION

Notre étude de deux circonscriptions ontariennes a révélé à la fois des similitudes et des différences dans l'environnement informationnel des électeurs et électrices durant la campagne électorale fédérale de 1988. Dans l'ensemble, la couverture médiatique de la campagne dans Perth–Wellington–Waterloo et dans Markham n'a pas été la même. On peut attribuer cela aux particularités sociopolitiques des zones rurales et urbaines. Dans Perth–Wellington–Waterloo, considérée comme une circonscription sensible aux contacts personnels, on a beaucoup plus insisté sur de tels contacts avec le candidat, aussi bien dans les stratégies de campagne que dans la couverture médiatique. Même si les limites des deux circonscriptions ont été remaniées en 1987, l'impact du découpage a été plus fort dans Perth–Wellington–Waterloo. Dans cette circonscription, un candidat provenant de la nouvelle section était considéré, dans certains milieux, comme un étranger. En ce qui concerne la différence dans l'importance accordée par les médias à l'élection fédérale, on peut l'imputer aux ressources disponibles, ou encore à la nécessité de fixer des priorités étant donné la tenue simultanée d'élections municipales.

Nonobstant la perception médiatique de la campagne, aucun enjeu local n'a défrayé la manchette dans l'une ou l'autre circonscription. De plus, les candidats ou les médias ont très peu analysé les répercussions locales des questions d'intérêt national. Cela cadre avec l'affirmation de Irvine (1982, 782) voulant que les candidats locaux aient une influence négligeable sur les résultats des élections : « Dans le système électoral actuel, le travail des députés n'est jamais récompensé, et leur médiocrité n'est jamais sanctionnée. »

Si l'on changeait le comportement des candidats en période électorale, on changerait peut-être le travail qu'ils effectuent, une fois élus, en tant que représentants de leur circonscription. Le système électoral actuel ne démontre aucune créativité lorsqu'il touche à la scène locale. Nous pensons qu'en jetant les bases d'un programme d'études sur des thèmes propres à une seule circonscription, on changerait de façon significative le processus électoral. Ainsi l'on pourrait organiser une série de stages où des étudiants et étudiantes en sciences politiques élaboreraient, pour chaque circonscription, une base de données et d'informations qui serait mise à la disposition des candidats, de leurs organisateurs et des médias. Cela contribuerait à combler la pénurie de ressources des candidats et des médias, qui limite leur potentiel de recherche, à enrichir l'environnement informationnel des électeurs et à changer le travail des députés en leur permettant de mieux représenter leurs commettants.

ANNEXE
LISTE DES RÉPONDANTS

Les entrevues furent réalisées entre octobre et décembre 1990.

Markham

John Andersen, directeur de l'information, Classic Communications Ltd.
Rob Anderson, directeur de campagne de Bill Attewell.
Bill Attewell, candidat conservateur.
Marney Beck, rédacteur en chef, *Thornhill Liberal*.
Jag Bhaduria, candidat libéral.
John Gamble, candidat indépendant.
Ian Hutchinson, candidat libertarien.
Susan Krone, candidate néo-démocrate.
Jim Mason, rédacteur en chef, *Stouffville Sun*.
Diarmuid O'Dea, directeur de campagne de Jag Bhaduria.
Rob Saunders, directeur de campagne de Susan Krone.
Jo Ann Stevenson, rédactrice en chef, *Markham Economist and Sun*.
Richard van Seters, directeur de campagne de John Gamble.

Perth–Wellington–Waterloo

Andy Bader, rédacteur en chef, *Mitchell Advocate*.
Bill Beane, affectateur, *Kitchener-Waterloo Record*.
Robert Boyce, directeur de campagne de Harry Brightwell.
Harr Brightwell, candidat conservateur.
Ronald C. Carson, rédacteur en chef, *Beacon Herald*.
Marion Duke, rédactrice en chef, *Listowel Banner*.
Mike Dunn, directeur de campagne de Linda Ham.
John Juurinen, directeur de la programmation, Rogers Cable.
Paul Knowles, rédacteur en chef, *New Hamburg Independent*.
Doug Lester, directeur de la programmation, radio CJCS.
David May, responsable de la publicité de Harry Brightwell.
Robin Moore, directeur de la programmation, Trillium Cable Communications.

Donald O'Connor, rédacteur en chef, *St. Mary's Journal Argus*.
Stan Puklicz, candidat du parti de l'Héritage chrétien du Canada.
Ivy Reeve, rédacteur en chef, *Milverton Sun*.
Fritz Roos, *Kitchener-Waterloo Record*.
Mike Stinson, candidat libéral.

NOTES

Cette étude a été complétée en juin 1991.

1. Cette constatation est quelque peu paradoxale. En effet, les stratèges politiques estiment généralement que le candidat local « vaut » tout au plus entre 5 % et 7 % du vote local. Les recherches scientifiques en la matière donnent un certain poids à cette hypothèse. Des études effectuées par Krashinsky et Milne (1983) ainsi que par Cunningham (1971) chiffrent à environ 10 % l'impact électoral du candidat. Irvine (1982) cite certaines études électorales sur l'« importance » du candidat local, qui la font varier d'un maximum de 30 % en 1965 à un minimum de 21 % en 1979, mais il remarque que ces estimations sont trompeuses et peuvent être plus exactement envisagées comme une réaction déguisée au chef du parti. Clarke *et al.* (1991, 113) — où est d'abord parue la figure 4.1 — soulignent que « dans chaque cas l'impact des candidats locaux est relativement faible... En général, les réactions publiques aux candidats locaux ont peu d'utilité pour expliquer [...] le comportement individuel des électeurs... » Cette question demande d'être étudiée et analysée en profondeur.

2. Nous avons également procédé à un dépouillement des journaux locaux pour quantifier et évaluer la couverture médiatique des candidats locaux ainsi que pour analyser l'importance accordée aux enjeux et le contexte dans lequel ils sont discutés. Au fil de nos travaux de dépouillement et d'analyse, nous avons commencé à repenser notre approche en raison de certains problèmes de cohérence causés par la non-disponibilité de numéros antérieurs et par l'absence de microfilms, et en raison de problèmes de codage. Nous avons pu terminer notre analyse de contenu, mais nous avons choisi de présenter plutôt les constatations obtenues grâce à une analyse qualitative, qui a consisté à conjuguer notre lecture attentive des coupures de presse aux entrevues personnelles menées avec les représentants des médias. Cette approche nous a permis de tirer de solides conclusions. La couverture effectuée par les médias électroniques n'a fait l'objet d'aucune analyse de contenu, mais nous avons réalisé des entrevues approfondies avec les directeurs de la programmation et les directeurs de l'information de plusieurs stations de radio et de câblodistribution.

3. Après son élection, Bill Attewell a réussi à faire adopter un projet de loi d'initiative parlementaire pour rebaptiser la circonscription, qui est devenue Markham–Whitchurch–Stouffville.

4. Les candidats libéraux ont remporté toutes les élections de la circonscription de 1934 à 1979, exception faite des victoires conservatrices de 1957 et de 1958.

5. Le *Financial Post* est devenu un quotidien en février 1988, mais son tirage total à l'automne n'était que de 60 000 à 70 000 exemplaires. Dans l'agglomération torontoise en octobre, le tirage payé atteignait 30 945 durant la semaine et 36 960 la fin de semaine.

6. L'élection présidentielle américaine avait eu lieu la semaine précédente.

7. Dans les cas où les organes d'information étaient obligés de desservir plus d'une municipalité, ces difficultés étaient encore accrues. Classicomm, à Richmond Hill, devait suivre plus de 150 candidats et candidates dans les municipalités desservies par cette station. Ce fut également le cas de Rogers Cable, à Kitchener, qui a organisé des débats pour les candidats municipaux et fédéraux, et couvert en direct les deux soirées électorales.

8. Bien que l'impact exact de la question du libre-échange sur le résultat des élections soit sujet à discussion (voir par exemple LeDuc 1991), son influence dans la campagne de 1988 demeure incontestable.

9. *Cf.* Clarke *et al.* 1991, 3 : « Dans les premières semaines de la campagne, la question du libre-échange n'a pas immédiatement pris la vedette, les divers partis accordant souvent plus d'attention à d'autres thèmes. » Les conservateurs ont au début minimisé le libre-échange, pour faire de la « gestion du changement » le thème de leur campagne. Le Nouveau Parti démocratique a évité de parler du libre-échange parce que les sondages indiquaient que le public ne lui faisait pas confiance pour les questions économiques. Il a plutôt mis en valeur la popularité de M. Broadbent. Quant aux libéraux, leur campagne a été lancée au milieu de dissensions internes et d'une confusion stratégique.

10. L'impact du libre-échange sur les offices de commercialisation était un facteur si primordial dans la campagne qu'il a entraîné la visite dans la circonscription d'Eugene Whelan, ancien ministre de l'Agriculture, et de Charlie Mayer, ministre chargé de la Commission canadienne du blé. Plusieurs organisations agricoles locales ont invité tous les candidats à des débats sur la question. Ces visites et ces débats ont été largement couverts dans la presse. Il est cependant intéressant de noter que les discussions aussi bien que la couverture médiatique plaçaient généralement la question du libre-échange dans le contexte national, négligeant d'en évaluer les implications pour l'agriculture à l'échelle locale.

11. Un candidat dont le directeur de campagne travaillait dans l'industrie du téléphone a utilisé avec succès les téléphones cellulaires et les liaisons rapides pour demeurer en contact avec les responsables de sa campagne. Mais nous n'avons constaté aucune utilisation des banques de téléphones dans les deux circonscriptions.

12. Cela soulève la question d'éthique consistant à savoir quand un document distribué aux électeurs et électrices doit être considéré comme un document de campagne. Cela met également en lumière l'avantage qu'ont les députés sortants sur leurs rivaux, surtout lorsqu'ils appartiennent au parti ministériel (voir les remarques de Sayers (1991) sur la campagne de Vancouver-Centre).

13. Jeremy Wilson (1980–1981) souligne que cette tendance des médias est devenue une caractéristique permanente des campagnes électorales d'aujourd'hui au Canada, mais il s'interroge sur son à-propos.

14. Grâce aux contributions, Bill Attewell a recueilli près de deux fois plus d'argent que son principal rival, M. Bhaduria. Il comptait par ailleurs sur dix fois plus de bénévoles, surtout pendant la semaine qui a suivi l'élection municipale.

15. Bill Attewell a coparrainé une tribune publique sur le libre-échange. Le *Liberal* a consacré un éditorial et publié plusieurs longues lettres adressées à la rédaction sur le sujet.

16. Le journal de New Hamburg (situé dans le canton de Wilmot) a rappelé aux lecteurs qu'en raison de la nouvelle délimitation et du fait que la circonscription était nouvelle, il n'y avait, techniquement parlant, pas de député sortant. Mais presque tous les autres journaux considéraient Harry Brightwell comme le député sortant et parlaient de lui à ce titre.

17. Plusieurs chefs des nouvelles ont souligné la difficulté d'entrer en contact avec les candidats des partis de rechange. Cela est peut-être dû à la divergence des priorités de campagne, à un manque de personnel ou à un manque d'expérience. Quelle qu'en soit la raison, certains rédacteurs en chef ont signalé avoir eu des rapports plus étroits avec les trois principaux partis qu'avec les partis de rechange. Dans certains cas, on a jugé que ces derniers ne « courtisaient » pas autant les médias que les trois principaux partis.

18. Bien que n'étant pas obligée de le faire, Rogers Cable estime avoir couvert la campagne d'une façon conforme aux directives d'« accès équitable » fixées par le Conseil de la radiodiffusion et des télécommunications canadiennes. Elle avait envisagé de couvrir les assemblées et les divers événements, mais elle se souciait d'accorder un temps égal aux candidats, ce qui n'aurait pas été possible en couvrant ces événements. La station a estimé que le meilleur moyen d'être équitable était de présenter des profils des candidats et d'inviter tous les candidats à un débat avec tribune téléphonique, qui permettait au public d'évaluer impartialement les candidats fédéraux. Rogers Cable a estimé que sa force, dans la couverture de l'élection, venait de son mandat de service public, de n'avoir pas besoin de « créer » la nouvelle pour vendre du temps d'antenne.

19. La question ethnique, de plus en plus présente sur la scène électorale canadienne, fait l'objet d'une étude approfondie de Zajc (1990). Cette étude se fonde sur l'expérience vécue dans plusieurs circonscriptions du sud de l'Ontario au cours de l'élection fédérale de 1988. Même si la circonscription de Markham n'y est pas spécifiquement traitée, l'étude de Zajc s'avère pertinente pour Markham dans la mesure où ces événements s'insèrent dans un contexte plus général.

20. Ce sont les conservateurs qui ont d'abord recouru au publipostage vers le milieu des années 70; les autres partis ont été plus lents à réaliser l'utilité de cette technique, qui s'avère de plus en plus populaire. Des millions de documents ont ainsi été distribués pour l'élection de 1988 (Taras 1990, 186).

21. C'est l'inverse de la tendance constatée sur le plan national, où les publicités et les débats télévisés accroissent le rôle des médias électroniques (Barr 1991).

22. De nombreux rédacteurs en chef auraient aimé faire des reportages plus fouillés sur les candidats et sur les questions d'actualité de la campagne. Cela aurait pu éclairer les dimensions locales de sujets généraux. Par exemple, le *Liberal* du 16 novembre contenait une analyse générale des questions féminines dans une optique « locale », faisant le lien entre le dossier des foyers pour femmes battues et une maison de transition dans la circonscription. La candidate néo-démocrate, Susan Krone, disposait de solides informations et statistiques concernant le foyer. En mettant à la disposition des candidats et des journalistes ce genre d'information, non seulement on encouragerait la discussion de questions générales dans une optique locale, mais on éclairerait aussi des sujets, comme les questions féminines, souvent oubliés dans les campagnes et dans la presse. Les candidats des deux circonscriptions ont parlé des garderies, par exemple (surtout dans Perth–Wellington–Waterloo où deux débats sur les questions féminines ont eu lieu), mais ces discussions portaient essentiel-lement sur l'aspect philosophique. Ils ont parlé du rôle du gouvernement à l'égard des garderies et du rôle des femmes au sein de la famille. En étant mieux informé, on pourrait avoir une discussion plus approfondie sur les questions d'actualité plutôt que des débats stériles d'ordre philosophique.

23. Fletcher (1990) a soulevé d'autres problèmes concernant la façon dont on dépeint les enjeux électoraux et les réactions du public. Bien souvent, les sondages simplifient à l'extrême des questions complexes et présentent ensuite les résultats dans des catégories arbitraires, censées représenter les « préférences du public ». Les sondages reflètent davantage les sentiments du public que des opinions mûrement réfléchies. En effet, le public est souvent mal informé sur les enjeux, mais il est toujours prêt à les commenter. Selon Fletcher, ce genre d'influence sur les questions

d'actualité et sur la mise en contexte des enjeux importants porte préjudice aux autres sources d'intervention publique, surtout pour les personnes qui ont réfléchi avec soin à ces questions. L'effet des sondages sur les électeurs, sur les campagnes électorales et sur les médias est complexe. Il mérite qu'on s'y intéresse davantage, les sondages faisant de plus en plus partie intégrante de notre paysage électoral.

RÉFÉRENCES

Barr, Cathy Widdis, « L'importance et le potentiel des débats des chefs », dans Frederick J. Fletcher (dir.), *Les médias et l'électorat dans les campagnes électorales canadiennes*, vol. 18 des études de la Commission royale sur la réforme électorale et le financement des partis, Ottawa et Montréal, CRREFP/Dundurn et Wilson & Lafleur, 1991.

Beck, Marney, « Election Polls Reach the Saturation Point », *Thornhill Liberal*, 2 novembre 1988.

Black, Jerome H., « Revisiting the Effects of Canvassing on Voting Behaviour », *Revue canadienne de science politique*, vol. 17 (1984), p. 351–374.

Canada, Élections Canada, *Rapport du directeur général des élections concernant les dépenses d'élection 1988*, Ottawa, Ministre des Approvisionnements et Services Canada, 1988.

Clarke, Harold D., Jane Jenson, Lawrence LeDuc et Jon H. Pammett, *Absent Mandate : Interpreting Change in Canadian Elections*, 2e éd., Toronto, Gage, 1991.

Cunningham, Robert, « The Impact of the Local Candidate in Canadian Federal Elections », *Revue canadienne de science politique*, vol. 4 (1971), p. 287–290.

Davidson, W., « Bad Rap for Free Trade », *Markham Economist and Sun*, 9 novembre 1988.

Eagles, Munroe, James P. Bickerton, Alain G. Gagnon et Patrick J. Smith, *The Almanac of Canadian Politics*, Peterborough, Broadview Press, 1991.

Fletcher, Frederick J., « Mass Media and Parliamentary Elections in Canada », *Legislative Studies Quarterly*, vol. 12 (août 1987), p. 341–372.

————, « Polling and Political Communication : The Canadian Case ». Document présenté à l'Association internationale des recherches et études sur l'information, Lac de Bled, Yougoslavie, 1990.

Henrich, Arlonna, « Little Local Election Controversy », *New Hamburg Independent*, 2 novembre 1988a.

————, « Minister of Health Visits Morningside », *New Hamburg Independent*, 2 novembre 1988b.

————, « Stan Puklicz : Christian Heritage Party Candidate », *New Hamburg Independent*, 2 novembre 1988c.

Irvine, William P., « Does the Candidate Make a Difference ? The Macro-Politics and the Micro-Politics of Getting Elected », *Revue canadienne de science politique*, vol. 15 (1982), p. 755–782.

Johnston, Richard, André Blais, Henry E. Brady et Jean Crête, « Free Trade in the 1988 Canadian General Election ». Document présenté au PIPES Seminar, University of Chicago, 1989.

Krashinsky, Michael, et William J. Milne, « Some Evidence on the Effect of Incumbency in Ontario Provincial Elections », *Revue canadienne de science politique*, vol. 16 (1983), p. 489–500.

LeDuc, Lawrence, « Voting for Free Trade ? The Canadian Voter and the 1988 Federal Election », dans Paul W. Fox and Graham White (dir.), *Politics : Canada*, 7e éd., Toronto, McGraw-Hill Ryerson, 1991.

Markham Economist and Sun, « Free Trade — Ready or Not », 16 novembre 1988.

Mason, Jim, « Attewell Under Fire at Meeting », *Stouffville Sun*, 26 octobre 1988.

McNaught, Jana, et John Roe, « Revamped Riding Provides Opportunity for all Candidates », *Kitchener-Waterloo Record*, 20 octobre 1988.

Sayers, Anthony M., « L'importance attribuée aux questions locales dans les élections nationales — Kootenay-Ouest–Revelstoke et Vancouver-Centre », dans David V.J. Bell et Frederick J. Fletcher (dir.), *La communication avec l'électeur : Les campagnes électorales dans les circonscriptions*, vol. 20 des études de la Commission royale sur la réforme électorale et le financement des partis, Ottawa et Montréal, CRREFP/Dundurn et Wilson & lafleur, 1991.

Swarbrick, Anne, « Affordable Housing — A Voter's Concern », *Markham Economist and Sun*, 2 novembre 1988.

Taras, David, *The Newsmakers : The Media's Influence on Canadian Politics*, Scarborough, Nelson Canada, 1990.

Teetzel, David, « Smile, You're on Candidate Camera », *Thornhill Liberal*, 26 octobre 1988.

Thornhill Liberal, « Gamble Gets the Edge in Debate », 26 octobre 1988a.

————, « PM Hosts Free Trade Rally in Thornhill », 22 octobre 1988b.

————, « Don't Let Federal Vote Overshadow Ontario Vote », 12 octobre 1988c.

Webb-Proctor, Gary, « Markham Tories Pick Experience », *Globe and Mail*, 2 juin 1988.

Wilson, R. Jeremy, « Horserace Journalism : The Media in Elections »,
Revue d'études canadiennes, vol. 15, n° 4 (1980–1981), p. 56–68.

Zajc, Lydia, « The Ethnicity and Competitiveness of Ethnic Minority
Nominees in the 1988 Federal Election », Montréal, Université McGill,
Département de science politique, 1990.

5

LA COUVERTURE MÉDIATIQUE DES CAMPAGNES LOCALES LORS DES ÉLECTIONS FÉDÉRALES DE 1988
Analyse de deux circonscriptions québécoises

Luc Bernier

Dans le système politique canadien, résultats nationaux et résultats locaux sont indissociables. D'après notre étude, les candidats locaux ont reçu peu d'attention des médias nationaux et ne s'en sont guère préoccupés. La couverture des campagnes locales, sauf dans les hebdomadaires qui ne couvrent que l'actualité régionale, est reléguée aux pages intérieures des journaux ou à la fin des bulletins de nouvelles radiophoniques.

Les candidats et candidates dans les circonscriptions ont reçu plus d'attention des médias locaux, mais il n'est pas certain que cette attention ait eu un impact sur le vote. Dans l'ensemble, les résultats des entrevues ont mis en relief un chassé-croisé exécuté lors des campagnes électorales par des organisations locales qui ne visent pas les mêmes électeurs ou les mêmes groupes, et durant lequel les médias ne sont que peu utilisés.

L'opinion publique établit tout naturellement un lien direct entre le résultat électoral et la personnalité des chefs des principaux partis; mais la réalité est plus complexe et c'est elle que nous avons cherché à saisir. La transposition sur la scène locale d'enjeux nationaux souvent superficiellement traités a un impact sur les résultats électoraux. Les organisations locales ont aussi leur mot à dire sur les enjeux électoraux, et ce par l'entremise de moyens peu coûteux comme le porte-à-porte ou les rencontres informelles. Nous avons cherché à saisir de quelle façon ceux qui vivent les campagnes sur le terrain, dans des organisations de comté ou ceux qui couvrent ces campagnes locales, perçoivent l'impact de leur travail et de celui des organisations nationales.

La présente étude porte sur deux circonscriptions québécoises, la première, Outremont, au cœur de Montréal et la seconde, en retrait des grands centres, Frontenac. Nous avons voulu étudier de quelle façon, dans ces deux circonscriptions, la campagne locale se distingue de la campagne nationale. Le comté d'Outremont est un microcosme de la transformation démographique en cours à Montréal comme dans d'autres grandes villes canadiennes. En 1988, Outremont était de plus une des rares circonscriptions au Québec où les trois grands partis étaient bien organisés. Dans Frontenac, comté québécois traditionnel, il sera intéressant de voir comment un « parachuté » a su se faire réélire. Autant Outremont fut un comté libéral depuis toujours, autant Frontenac, depuis trente ans, a été traversé par des vagues créditiste, libérale et conservatrice. Les deux comtés profitent, de plus, d'une large couverture de la presse écrite locale et nationale et des journaux nationaux.

Les résultats présentés ici sont tirés d'une série de 17 entrevues réalisées avec des candidats, des organisateurs et des journalistes locaux et nationaux qui ont participé, d'une façon ou d'une autre, à la campagne électorale de 1988 dans ces deux circonscriptions. À chaque personne rencontrée, nous avons demandé qui d'autre devrions-nous rencontrer. Nous avons procédé à des entrevues jusqu'à ce que les personnes interrogées cessent de nous suggérer de nouveaux noms. Nous avons aussi fait une analyse documentaire de la publicité et des articles parus sur les candidats et la campagne dans les deux comtés.

Les deux circonscriptions semblent avoir reçu très peu d'attention de la part des organisations nationales, et ce pour des raisons opposées. Dans Frontenac, la réélection de Marcel Masse paraissait assurée et il n'était pas nécessaire, semblait-il, pour l'organisation nationale d'y consacrer beaucoup d'énergie. L'organisation locale a bien fonctionné et le ministre Marcel Masse a obtenu la majorité des voix dans tous les bureaux de scrutin (Sévigny 1988b). Les conservateurs ne pensaient pas gagner dans Outremont et avaient décidé de ne pas y investir beaucoup d'énergie, selon certains organisateurs. Pour les libéraux, il s'agissait d'un des rares comtés au Québec qu'ils avaient de bonnes chances de conserver. L'organisation nationale ne semble pas s'être mêlée de cette campagne locale. Dans ce contexte, Outremont et Frontenac étaient, en 1988, des circonscriptions où les organisations locales et les médias auraient pu jouer un rôle important.

Dans les deux comtés, il semble que ni les médias ni les campagnes locales n'aient eu un impact majeur sur le résultat de l'élection. Pourtant, dans des circonscriptions devenues trop populeuses pour que les électeurs aient un contact direct avec les candidats, les médias pourraient devenir un lien important, comme c'est le cas au niveau national.

La victoire du Parti progressiste-conservateur du Canada dans ces deux comtés repose sur des facteurs qui ne leur sont pas caractéristiques. Dans Outremont, la campagne s'est jouée sur les questions du libre-échange et de l'avortement. Dans Frontenac, on pourrait décrire l'élection comme le résultat d'une entente tacite entre un ministre qui apporte des bénéfices tangibles à son comté et des électeurs qui lui assurent une majorité écrasante. La campagne s'est déroulée sur le thème du libre-échange mais le résultat électoral n'y est que faiblement relié.

Dans les deux comtés, on s'accorde pour dire que seuls les partis libéral et conservateur ont des organisations politiques bien structurées. Le Nouveau Parti démocratique n'a joué aucun rôle dans Frontenac mais a contribué à la défaite des libéraux dans Outremont.

En général, les organisateurs déplorent le manque d'intérêt des électeurs pour la politique fédérale au contraire de la politique provinciale où plusieurs sont ou ont été actifs. Le Parti libéral du Canada a perdu une part importante du soutien de l'électorat en raison de son appui mitigé à l'Accord du lac Meech. De plus, on considérait que les relations avec l'organisation nationale devaient être minimisées à cause de l'impopularité du chef et de l'inutilité de l'information qui provenait du parti.

Dans les deux comtés décrits ci-dessous, on souligne le manque de profondeur des débats, on déplore la connaissance superficielle des enjeux et on souhaite un débat plus sérieux sur les problèmes qui touchent les comtés. La recommandation principale faite à la fin de la présente étude vise à résoudre ce problème.

DESCRIPTION DE LA CIRCONSCRIPTION D'OUTREMONT

La circonscription d'Outremont est située au centre de l'Île de Montréal. Elle comprend les quartiers résidentiels cossus du haut d'Outremont et d'une section de Westmount. Le comté a une faible proportion de francophones (51,7 %), nettement en dessous de la moyenne provinciale.

On y retrouve également une importante communauté juive d'environ 10 000 personnes et des communautés portugaise, grecque et italienne. Plus du tiers de la population du comté est né à l'étranger, ce qui le classe au troisième rang pour l'importance du nombre de personnes d'origine étrangère.

Le niveau de scolarité y est élevé : 23,6 % de la population âgée de plus de 15 ans possède un diplôme universitaire comparativement à 8,6 % pour l'ensemble du Québec. Le revenu familial moyen est de 40 692 $. La valeur moyenne des logements y est de 142 311 $. Ces logements ont été construits généralement avant 1946 et sont habités principalement par des locataires. Le comté est essentiellement résidentiel : un dortoir pour les personnes qui travaillent au centre de la ville de Montréal.

La carte du comté a été passablement transformée à la veille de la campagne électorale de 1988. Lucie Pépin, quoique déjà députée, faisait campagne dans un comté passablement remodelé. Suite au recensement de 1986, on dénombrait 93 995 habitants dans Outremont, soit une augmentation de 17 000 par rapport au scrutin de 1984. De ce nombre, 72 840 étaient en âge de voter.

Depuis la création du comté jusqu'à l'élection de 1988, l'électorat d'Outremont avait toujours élu des représentants et représentantes du Parti libéral du Canada (PLC). En 1984, Lucie Pépin avait succédé à Marc Lalonde comme députée tandis que les conservateurs n'obtenaient que 29 % du vote, un de leurs pires résultats au Québec. Jean-Pierre Hogue, le candidat conservateur qui a défait Lucie Pépin en 1988, était un nouveau venu en politique et au Parti progressiste-conservateur du Canada, quoiqu'il eût été étroitement associé à Jean Corbeil, ancien maire d'Anjou et candidat conservateur au même endroit.

Outre Jean-Pierre Hogue et Lucie Pépin, se présentaient comme candidats et candidates dans Outremont : Louise O'Neill (Nouveau Parti démocratique (NPD)), Harriett Fels (Parti vert du Canada), Milenko Miljevik (parti Rhinocéros), Guy Huard (Parti pour la République du Canada), Monique Marcotte (Parti communiste) et Fernand Deschamps (candidat indépendant).

La circonscription d'Outremont couvre non seulement la ville d'Outremont mais aussi une zone centrale de Montréal (le Mille-End) et le quartier multiethnique de Côte-des-Neiges; c'est donc un comté très représentatif de l'ensemble montréalais. Dans Outremont, il y a eu de la publicité en grec, en italien, en portugais, en vietnamien, et dans divers journaux ethniques tel *The Afro Canadian*.

Selon la candidate libérale Lucie Pépin, on peut parler de cinq sous-régions dans Outremont, à l'intérieur desquelles on retrouve 41 groupes différents (Rivière 1988). À la suite du remaniement de la carte électorale, le comté a été considérablement agrandi, diluant vraisemblablement le vote libéral qu'on y trouvait autrefois. Il a hérité des électeurs et électrices de l'ancien comté de Laurier où les votes étaient plus divisés entre les libéraux et les néo-démocrates.

Les communautés ethniques et le secteur Côte-des-Neiges étaient tenus pour acquis au PLC alors que le NPD comptait des appuis dans la partie est du comté, autour de l'avenue du Parc. Selon Lucie Pépin, le redécoupage de la carte électorale lui aurait fait perdre des votes dans certains quartiers ethniques. On attribue la victoire des conservateurs au fait qu'ils ont su gagner les votes provenant du secteur de la ville d'Outremont. Si on se fie aux organisateurs politiques locaux, les gens issus de milieux plus aisés ont voté pour les conservateurs, le NPD et le PLC se partageant le vote dans les quartiers plus pauvres.

À l'élection de 1988, le comté d'Outremont était considéré comme un comté baromètre dont la majorité de l'électorat voterait pour le parti formant le nouveau gouvernement. En conséquence, le comté a pris plus d'importance pour les médias qu'il n'en aurait eu autrement.

Le candidat conservateur, Jean-Pierre Hogue, a emporté la victoire avec 1 702 voix de majorité sur Lucie Pépin (voir les résultats à l'annexe A). La candidate néo-démocrate Louise O'Neill a obtenu 20,5 % des votes, se classant parmi les 10 comtés au Québec où le NPD a réussi à dépasser 20 % du vote. Il n'y a pas eu de véritable campagne menée par d'autres partis dans ce comté.

DESCRIPTION DE LA CIRCONSCRIPTION DE FRONTENAC

La circonscription de Frontenac comprend les villes de Thetford-Mines, Black-Lake et Plessisville et les zones rurales environnantes. Le comté est francophone à 97,2 %. Le revenu familial moyen est de 29 723 $, soit 14 % de moins que la moyenne provinciale. L'industrie minière, de moins en moins importante, y est graduellement remplacée par de petites entreprises de sous-traitance. Le comté a été amputé, avant l'élection de 1988, de trois municipalités comptant 4 919 électeurs et électrices. En 1988, 43 638 personnes y avaient le droit de vote.

Depuis cinquante ans, ce sont les libéraux qui ont le plus souvent gagné ce siège. Les conservateurs l'ont obtenu en 1958 et les créditistes à quelques reprises dans les années 60. En 1984, le conservateur Marcel Masse a remporté le comté avec une majorité de 19 092 voix, le pourcentage de vote qu'il reçut (71,3 %) étant le plus élevé atteint par les conservateurs dans la province. Après la campagne, ses dépenses électorales ont fait l'objet d'une enquête de la Gendarmerie royale du Canada qui n'a rien révélé d'illégal.

Frontenac comprend deux sous-régions qui se distinguent nettement l'une de l'autre : la région de l'amiante, située dans les Appalaches, et la région de Plessisville, de tradition libérale, située dans la plaine du Saint-Laurent. Entre les deux campagnes électorales, l'organisation de Marcel Masse fut très active : visites d'usines, 238 000 lettres envoyées en quatre ans, rencontres organisées, etc.

Dans Frontenac, le candidat libéral était Réal Patry, un commissaire industriel né dans le comté et travaillant à Sherbrooke. Le candidat néo-démocrate, Claude L'Heureux, était un organisateur du parti établi à Montréal. Il fut l'un des deux derniers candidats choisis au Québec. Il ne devait d'ailleurs faire que de brèves apparitions dans le comté malgré sa promesse de venir s'y établir (Gruda 1988). Le seul autre candidat, Jean Guernon, du Parti vert du Canada, n'a pratiquement pas fait de campagne.

LES CAMPAGNES ÉLECTORALES

Dans l'ensemble, les campagnes électorales servent mal les électeurs, ont dit les journalistes et organisateurs rencontrés, parce qu'elles sont devenues des spectacles télévisés qui rendent désuètes les campagnes locales.

Les programmes des partis et les questions nationales

Les questions nationales, au dire des organisateurs rencontrés, sont les principaux enjeux d'une campagne électorale. Pourtant, ont-ils ajouté, les programmes des partis fédéraux sont restés largement méconnus des électeurs et électrices des circonscriptions.

Dans Frontenac, les candidats conservateur et libéral ont axé leur campagne respective sur le thème du libre-échange (Hébert 1988; Royer 1988b). Dans Outremont, en plus du libre-échange, il a beaucoup été question d'avortement (*La Semaine d'Outremont* 1988; Lavoie 1988). Les divers candidats et candidates avaient des positions tranchées sur la question : les candidates libérale et néo-démocrate étaient en faveur du libre choix, le candidat conservateur était contre. Les conservateurs ont même utilisé une lettre que Lucie Pépin avait écrite en 1986 avec quelques ajouts de leur cru (voir l'annexe B).

La campagne de 1988 fut donc surtout axée sur le thème du libre-échange et un peu sur celui de l'Accord du lac Meech. Officiellement, cet accord ne créait pas de distinctions entre les partis, les trois chefs nationaux s'étant déclarés en sa faveur. Cependant, les dissensions internes provoquées par cette question ont sans doute nui aux libéraux.

En s'attaquant à l'Accord de libre-échange et en affirmant qu'il le déchirerait s'il était élu, John Turner amenait le débat sur un terrain glissant pour les candidats libéraux du Québec. Le libre-échange était le sujet de prédilection des conservateurs au Québec et le chef libéral leur donnait l'opportunité de faire campagne sur ce thème alors que d'autres sujets, tels les problèmes sociaux, auraient été plus profitables aux libéraux. Cependant, les questions économiques n'avantageaient pas la candidate libérale d'Outremont.

Comme nous l'avons dit déjà, la question du libre-échange plaçait les libéraux dans une situation difficile au Québec. S'il avait porté sur les politiques sociales, le débat aurait donné aux libéraux et aux néo-démocrates un avantage sur les conservateurs. Dans Frontenac, le candidat libéral, Réal Patry, dénonçait l'accord Mulroney-Reagan, trop imparfait selon lui.

Dans Outremont, la candidate libérale n'a pu obtenir l'appui du député libéral provincial qui préféra garder sa neutralité en raison de sa position sur le libre-échange. Alors que dans certains comtés, les députés libéraux provinciaux assistaient aux assemblées de désignation des candidats libéraux, le ministre libéral et député provincial d'Outremont, Pierre Fortier, expliqua qu'il entendait rester neutre et nia appuyer le candidat conservateur (voir l'annexe C) (Gruda 1988)[1]. Pour les organisateurs libéraux, cette « neutralité » fut un dur coup porté à leur campagne.

Les enjeux locaux

Dans Frontenac, la revalorisation de l'industrie de l'amiante aurait dû être une question essentielle, selon un journaliste rencontré. Il fut cependant le seul à la mentionner. Les autres journalistes et les organisateurs ont parlé des subventions éventuelles si le comté rééélisait son ministre. Le libre-échange n'a été traité que de façon superficielle; ainsi, il n'a pas été question de ses répercussions sur les petites entreprises locales.

Dans Frontenac, tous s'accordent pour dire que la campagne fut monotone. La majorité des organisateurs politiques disponibles travaillaient pour Marcel Masse. La question principale était de savoir s'il récolterait 65 ou 75 % du vote.

Dans Outremont, il n'y avait pas véritablement d'enjeux locaux, mais plutôt des enjeux qui touchaient l'ensemble de la région montréalaise. Ainsi, les candidats libéral et conservateur parlaient tous deux d'obtenir la future agence spatiale pour Montréal.

Les candidats

Les électeurs et électrices votent-ils pour les candidats en présence ou pour le parti ? Les candidats eux-mêmes estiment que leur présence n'explique que dans une très faible mesure le choix de l'électorat. Par exemple, dans Outremont, le candidat conservateur victorieux était, en début de campagne, un parfait inconnu.

D'après un organisateur de ce candidat, seule une personne du sexe masculin pouvait gagner l'élection dans Outremont en 1988. D'ailleurs, la présence de candidates est-elle toujours bien acceptée par les communautés culturelles ? Un autre organisateur conservateur pense que la carrière originale du candidat conservateur lui a servi à se démarquer des candidats néo-démocrate et libérale. Somme toute, il est difficile de croire que c'est sa personnalité qui lui a permis de gagner. Il faut noter toutefois que ce candidat a su jouer habilement avec les craintes de la communauté hassidique de son comté au sujet de l'avortement; c'est surtout grâce à ce thème qu'il a réussi à prendre le pas sur les autres candidats et candidates.

Dans Outremont, le fait d'avoir déjà été députée ne semble pas avoir suffi à Lucie Pépin pour se faire réélire (Reguin 1988). Madame Pépin se présentait comme une candidate aux idées libérales souvent similaires d'ailleurs à celles de la candidate néo-démocrate (Roy 1988; sur les immigrants turcs, voir Rivière 1988; sur les garderies, voir *La Voce d'Italia* 1988). Ainsi, le candidat conservateur a pu canaliser les suffrages des électeurs et électrices dont les tendances étaient plus à droite. De plus, avec la transformation de la carte électorale, Lucie Pépin héritait d'un comté passablement transformé et d'une importante proportion de nouveaux électeurs de qui elle n'avait jamais été la députée.

Dans Frontenac, les personnes interviewées considèrent que rien n'aurait pu empêcher Marcel Masse d'être réélu en 1988. Les journalistes et les organisateurs rencontrés pensent que la promesse du ministre, une fois réélu, de trouver des sommes d'argent à investir dans le comté a fait pencher la balance en sa faveur.

Marcel Masse a su démontrer qu'un « parachuté de prestige » dans un comté pouvait être élu s'il avait de bonnes chances d'être nommé ministre. C'était la première fois que le comté de Frontenac était représenté par un ministre détenant une place aussi importante au sein du cabinet, ce qui laissait entrevoir pour l'électorat l'octroi de subventions au comté et la création d'emplois. Par exemple, le comté a obtenu des sommes du Fonds Laprade[2] alors qu'il ne devait pas en être bénéficiaire initialement. De plus, pour pallier ses absences fréquentes du comté, dues à ses fonctions de ministre, Marcel Masse enregistre une fois par mois une série d'émissions télédiffusées les dimanches matin par le poste local.

On constate donc, tant pour le comté d'Outremont que pour celui de Frontenac, que l'avantage d'être déjà député a eu un impact différent, selon le cas. Pour un membre du parti au pouvoir et ministre de surcroît, cet avantage devient plus que notable. Par contre, dans un comté urbain sujet à des redécoupages de la carte électorale, comme ce fut le cas dans Outremont, la visibilité moindre de la députée et candidate l'a nettement moins avantagée que le ministre Masse.

De façon générale, des organisateurs des deux comtés ont souligné que certains candidats locaux particulièrement forts pouvaient résister à une vague nationale, bien que la chose fût rare. Ils ont ajouté qu'il était toutefois peu probable que les candidats victorieux la dernière fois résistent à une nouvelle vague lors de la prochaine élection, et ce peu importe leur majorité en 1988.

Finalement, les campagnes ne se sont pas faites en attaquant les autres candidats et candidates dans la course. Une certaine sympathie était évidente entre les candidats libérale et néo-démocrate dans Outremont. Le soir de la défaite dans Outremont, Louise O'Neill a même déclaré : « Si j'avais su que Mme Pépin était si faible, je ne me serais pas présentée contre elle. » Un organisateur a expliqué que les attaques personnelles ne faisaient que discréditer les institutions politiques à long terme. D'ailleurs, dans les deux comtés, les conservateurs avaient choisi d'ignorer les autres candidats. Dans l'ensemble, les deux campagnes ont été très civilisées, si on exclut l'utilisation démagogique de la question de l'accès à l'avortement dans Outremont.

Les débats entre candidats

Les candidats et candidates en tête n'ont pas intérêt à participer à des débats publics parce qu'ils y courent le risque de perdre des voix. D'ailleurs, leurs organisateurs redoutent ces débats qui sont difficiles à contrôler. Dans Outremont, le candidat conservateur, qui aurait eu avantage à se faire connaître, a refusé de participer à des débats, à l'exception d'un seul qui n'a pas été retransmis par la télévision ni par la radio[3].

Dans Frontenac, il n'y a pas eu de débat entre les candidats lors de la campagne électorale. L'Union des producteurs agricoles a tenté d'organiser, en vain, un débat sur l'impact qu'elle présumait négatif du libre-échange dans le secteur agricole.

Les gens ont écouté la retransmission des débats télévisés des chefs. Ces débats ont un effet direct sur les électeurs mais aussi sur les organisations locales puisque ces dernières gagnent ou perdent de la motivation selon que le chef de leur parti respectif y a fait bonne ou mauvaise figure.

Les organisations locales, les organisations nationales et les chefs nationaux

Dans Outremont, les organisations locales semblent avoir eu très peu de rapports avec les organisations nationales pour la simple raison qu'elles avaient des préoccupations différentes.

Les organisateurs locaux estiment, autant chez les conservateurs que chez les libéraux, qu'ils ont été livrés à eux-mêmes pendant la campagne. Dans Frontenac, on ajoute que les organisateurs et organisatrices du niveau national ne connaissent rien aux problèmes et aux besoins du comté[4].

Aucun des chefs de partis n'est venu dans Outremont ni dans Frontenac[5]. Du côté du Parti libéral du Canada (PLC), John Turner était perçu comme ayant une influence négative sur la campagne libérale. De plus, dans Outremont, l'organisation libérale faisait partie de la fronde qui aurait voulu remplacer John Turner comme chef du parti. Le vent a tourné après les débats des chefs où l'on a généralement estimé qu'il avait fait bonne figure.

Si certains nostalgiques de l'ère Trudeau créaient des divisions au sein du PLC, d'autres libéraux trouvaient au contraire que l'ombre de Pierre Trudeau était omniprésente. Un des facteurs qui explique l'élection des conservateurs dans Outremont et dans Frontenac est que beaucoup d'électeurs et d'électrices pensaient que les libéraux avaient conservé le pouvoir trop longtemps. Selon l'interprétation de certains organisateurs, les électeurs considéraient que l'équipe du PLC ne s'était pas encore suffisamment renouvelée.

Chez les conservateurs, l'image du chef a favorisé la victoire du parti en 1988. Ainsi, le candidat conservateur dans Outremont utilisait une photographie le montrant en compagnie de Brian Mulroney pour plusieurs de ses annonces dans les hebdomadaires. Chez les libéraux, la photo de campagne de Lucie Pépin la montrait seule.

Les partis politiques investissent beaucoup d'argent dans la mise sur pied d'organisations nationales à seule fin de remporter la victoire électorale. Dans les comtés par contre, les organisateurs et organisatrices disent que le soutien de ces organisations nationales ne leur est pas vraiment utile. Faut-il y voir le désir des organisateurs locaux de présenter leur travail comme le plus important ? Que disent les organisateurs nationaux lorsque interrogés sur l'importance de leur travail durant les campagnes électorales ?

Selon les organisateurs locaux, les organisations nationales ciblent certains comtés où elles interviennent plus activement. D'autres voient une division des tâches entre deux niveaux d'organisation qui ne sont guère liés. De l'organisation nationale, les organisateurs locaux reçoivent du matériel par un processus d'achats groupés qui permet des économies appréciables. Par exemple, le coût unitaire des grandes pancartes ou encore des tabloïds distribués de porte-à-porte diminue grandement. Le candidat conservateur est, de tous les candidats en lice, celui qui a reçu le plus d'aide de l'organisation centrale de son parti et a su en tirer le meilleur parti.

Au Québec, on a longtemps parlé de l'invincible machine libérale. La réalité semble maintenant différente. Tant que Pierre Trudeau dirigea les destinées du PLC, la victoire semblait assurée. Dans Frontenac, tous s'accordent pour dire que l'influence de M. Trudeau explique à elle seule les victoires répétées de l'ancien député libéral fédéral, dont les qualités personnelles n'avaient jamais été remarquées par les organisateurs et journalistes rencontrés.

Le Nouveau Parti démocratique (NPD) demeure inexistant au Québec sauf dans certaines circonscriptions où des candidats et candidates ayant plus de charisme obtiennent des succès personnels de temps à autre. Les conservateurs, pratiquement absents au Québec il y a dix ans, ont eu au dire même de leurs opposants, la meilleure organisation lors des deux dernières élections générales. Les conservateurs ont su recruter des organisateurs péquistes, des libéraux provinciaux, d'anciens unionistes et, pour ce qui est du comté de Frontenac, d'anciens créditistes.

De dire un organisateur libéral : « Lors de l'élection partielle dans Laurier–Sainte-Marie, on avait la meilleure organisation imaginable mais aucune chance de gagner ». Un candidat défait disait que le travail auprès de l'électorat du comté contribue peu à l'issue du résultat électoral. Pourtant, plusieurs organisateurs et organisatrices continuent à considérer que ce travail est essentiel pour rejoindre les communautés ethniques, souvent moins intéressées par les questions nationales que par des questions d'intégration et d'immigration.

L'organisation locale est aussi importante pour que le jour de l'élection, lorsqu'on désire faire sortir le vote, on fasse sortir « son » vote. Faire sortir le bon vote tient à un travail d'élection bien organisé. Il faut être capable de faire du pointage, ce qui a été possible pour les conservateurs dans Outremont et dans Frontenac mais beaucoup plus difficile pour les libéraux et les néo-démocrates.

Les bénévoles et les assemblées d'investiture

Il est possible pour les organisations locales de compter sur un certain nombre de bénévoles qui suppléent en partie au manque d'argent ou d'encadrement. Dans Outremont, le NPD avait peu d'argent mais une bonne équipe de militants et militantes qui couvrait surtout la partie est du comté. En ce qui a trait aux conservateurs, la nouveauté de leur force politique sur la scène québécoise les privait de la base organisationnelle nécessaire pour mener dès le départ une campagne efficace dans ce comté. Les libéraux avaient, quant à eux, les ressources et la tradition, mais ils souffraient d'un manque de motivation.

Les raisons qui poussent les gens à faire du bénévolat lors d'une campagne électorale sont multiples : conviction idéologique ou espoir de bénéfices tangibles à venir mais aussi plaisir de participer collectivement à une entreprise à caractère social.

Il est intéressant de noter que personne ne se souvient avec précision de la soirée de désignation des candidats et candidates, comme si cet exercice était un rituel obligatoire ne revêtant guère d'importance. Le cas de Marcel Masse, désigné par acclamation en 1984 et en 1988 en est un bel exemple (Royer 1988a). L'article de journal qui traite de l'investiture du candidat libéral dans Frontenac ne parle pas d'une opposition à Réal Patry (*Courrier Frontenac* 1988). Pour les libéraux d'Outremont, le grand rassemblement du parti ne se fit pas lors de l'assemblée d'investiture qui précéda de beaucoup la campagne électorale, mais lors de la visite de Jean Chrétien le 27 octobre; cette assemblée fut en réalité le deuxième lancement de la campagne. Pourtant, des assemblées d'investiture réussies peuvent permettre de constituer un noyau de 200 ou 300 membres nécessaires ultérieurement pour l'organisation de la campagne.

Les organisations électorales font également appel à un autre type de bénévoles. Certains candidats peuvent compter sur des amis œuvrant au sein de firmes de communication ou de maisons de sondages, qui offrent leurs services gratuitement en période d'élection.

Il est possible que dans un proche avenir, les bénévoles de ce deuxième type occupent une place plus importante, alors que les bénévoles membres du parti se retrouveront en moins grand nombre. Cette diminution du nombre de bénévoles du premier type s'explique par une certaine lassitude et un cynisme de la population à l'endroit de la politique en général.

Le financement et les dépenses électorales

De l'avis des personnes interviewées, les campagnes nationales coûtent de plus en plus cher. Le coût des campagnes locales a aussi augmenté avec l'introduction d'équipement électronique de plus en plus perfectionné.

Les gens que nous avons interviewés s'accordent pour dire que la *Loi électorale du Canada* complique le travail des organisations de circonscription. Les exemples soulevés sont nombreux :

- Si un parti distribue une circulaire deux jours avant le déclenchement des élections, comme les libéraux l'ont fait dans Outremont, le coût de l'opération n'est pas comptabilisé dans les dépenses électorales. Pourtant, cette circulaire est utilisée à des fins électorales.

- Les dépenses relatives à la restauration des bénévoles constituent-elles des dépenses électorales ?

- En milieu urbain, trouver un local disponible, bien situé[6] et relativement peu coûteux est chose ardue. Il s'agit d'une dépense majeure qui illustre parfaitement les limites de la loi. Il vaut mieux payer 1 000 $ par mois pendant six mois pour un local de campagne que de payer 2 000 $ pour chacun des deux mois de la campagne. En louant son local pendant six mois, une organisation électorale ne déclare que 2 000 $ (le loyer de deux mois) en dépenses électorales.

- Dans un grand comté comme celui de Frontenac, les déplacements peuvent être coûteux. Si un bénévole conduit une voiture pendant le temps de la campagne, s'agit-il d'une dépense électorale ? De même, une firme de consultants en communication, qui exige normalement 200 $ l'heure pour ses services, peut demander 25 $ l'heure en campagne électorale. Quel taux doit être comptabilisé comme dépense électorale ?

- Selon l'interprétation de certains organisateurs rencontrés, les dépenses de moins de 20 $ peuvent ne pas être comptées comme dépenses électorales. Une personne qui effectue une distribution de circulaires dans un comté peut donc être payée avec un billet de 20 $ dans l'avant-midi et avec un second billet de 20 $ dans l'après-midi, sans que son salaire soit considéré comme une dépense électorale. Cette possibilité a été soulignée sans que des faits précis permettent de confirmer cette affirmation.

Pour tous les candidats et les organisateurs rencontrés, les limites des dépenses sont jugées trop basses et doivent être augmentées. Tous soulignent cependant leur nécessité. Un organisateur a prétendu que si le plafond des dépenses était doublé, les campagnes ne seraient pas forcément mieux menées. Il est possible que plus de gens demanderaient une rémunération plutôt que de travailler bénévolement. On se retrouverait ainsi dans une situation semblable à la situation actuelle tout en dépensant plus d'argent.

Par contre, perdre une campagne électorale peut coûter très cher à un candidat ou une candidate. Certains des candidats défaits nous ont dit avoir payé plusieurs milliers de dollars provenant de leurs économies personnelles. Tant les gagnants que les perdants estiment que la limite fixée pour pouvoir récupérer son dépôt pourrait être plus flexible et ils réclament plus d'équité envers chaque candidat.

Toujours par souci d'équité, les dépenses électorales devraient-elles être financées plus directement à même les fonds publics ? Les entreprises devraient-elles participer au financement des partis ? Doit-on laisser les compagnies ou les syndicats financer ces dépenses ?

Les gens interviewés s'accordent pour dire que la *Loi électorale du Canada* est pleine d'échappatoires et que le calcul des dépenses admissibles est inadéquat. L'imagination ne semble pas manquer pour contourner autant l'esprit que la lettre de la loi.

Les sondages pendant les campagnes électorales

L'utilisation de sondages pendant les campagnes électorales semble être un sujet délicat pour les organisateurs, en partie parce qu'il s'agit d'une dépense électorale importante. Leurs commentaires, bien que peu nombreux, nous laissent croire qu'en dépit d'une faible utilisation dans les campagnes locales, les sondages nationaux ont un impact non négligeable sur la motivation des organisateurs politiques, selon qu'ils sont favorables ou pas au parti pour lequel ils travaillent. Cependant, la surabondance de sondages, comme ce fut le cas lors des élections de 1988, en atténue l'impact.

De nombreux organisateurs rencontrés affirment qu'une grande partie de la population s'intéresse aux sondages. Comme plusieurs votent pour gagner, on comprend qu'un sondage publié quelques jours avant la tenue du scrutin avantage alors grandement le parti présumément en avance. C'est pourquoi certains organisateurs préféreraient voir interdire la publication de sondages au cours de la dernière semaine de campagne. Cela n'empêcherait pas les organisations nationales d'y avoir recours, mais elles ne pourraient pas en livrer les résultats au grand public, ce qui n'est pas réaliste dans le contexte actuel. L'information s'échapperait de toute façon.

La couverture de la campagne par les médias

Les médias en présence

La couverture des campagnes électorales régionales se fait surtout par le biais des journaux locaux. Dans les deux circonscriptions, ces journaux ressemblent à des cahiers publicitaires où de petites équipes de journalistes signent les quelques articles publiés. Ces équipes sont trop restreintes pour couvrir plusieurs événements simultanément. Il est aussi possible que certaines activités politiques ne soient pas traitées par manque d'espace. La petite taille de ces équipes explique aussi pourquoi les communiqués de presse des partis politiques sont souvent reproduits intégralement, sans analyse supplémentaire.

Dans les deux comtés, la couverture de la campagne a porté principalement sur les candidats conservateurs et libéraux. Comme un journaliste qui a couvert la campagne dans Frontenac l'a avoué : « Face aux contraintes de temps, je dois faire de la discrimination positive, choisir de couvrir les gens qui ont une chance d'être élus ». Dans l'avenir, si le nombre de partis qui ont une chance véritable de faire élire leurs candidats et candidates augmente, on voit mal comment les journaux locaux, avec des budgets restreints, pourraient parvenir à couvrir de façon adéquate la campagne électorale dans un comté.

La circonscription d'Outremont était couverte lors de la campagne électorale de 1988 par un hebdomadaire, *La Semaine d'Outremont* (qui a fermé ses portes pendant la campagne) et par un mensuel, le *Journal d'Outremont*. Dans ce dernier, les députés fédéral et provincial du comté signent une chronique à chaque parution. C'est dans cette chronique que le député provincial libéral de l'époque avait signifié son intention de rester neutre (voir l'annexe C). Les quartiers Côte-des-Neiges et Saint-Louis, inclus dans le comté, ont aussi leurs propres hebdomadaires. Un autre hebdomadaire, le *Super-Hebdo*, qui est distribué gratuitement, a également traité de la campagne dans Outremont.

Le comté d'Outremont est aussi submergé par les principaux médias montréalais : la télévision (CTV, CBC, Radio-Canada, Télé-Métropole, Quatre-Saisons et Radio-Québec), les journaux (*La Presse*, *Le Devoir*, *Le Journal de Montréal*, *The Gazette*) et de nombreux postes de radio. On y retrouve de plus la télévision régionale, des postes de radio communautaire, des journaux étudiants, etc.

Le comté de Frontenac est desservi par deux hebdomadaires, le *Courrier Frontenac*[7] et le journal de Plessisville, *La Feuille d'érable*. On y trouve également un poste de télévision communautaire, un poste de télévision par câble et les stations du réseau radiophonique des Appalaches. Les journaux *La Tribune* de Sherbrooke et *Le Soleil* de Québec y ont des journalistes permanents. Les journalistes rencontrés nous ont tous dit réaliser eux-mêmes les nouvelles qu'ils diffusent, aucun n'utilisant les nouvelles provenant des réseaux.

La couverture de la campagne

Sur le plan local, les organisations se fient plus à la distribution directe de documents aux électeurs et électrices qu'à la couverture médiatique. Chez les organisateurs politiques rencontrés, on ne semble guère attacher d'importance aux relations avec les médias, sauf dans les petits partis où l'organisation et l'argent font défaut. Ces partis doivent profiter au maximum de la couverture médiatique pour se faire connaître.

Selon les organisateurs locaux rencontrés, la documentation distribuée directement dans les boîtes aux lettres a un impact important. De dire l'un d'entre eux, il faut « contourner les médias locaux ». Il ne s'agit pas de noyer les électeurs sous un flot de circulaires mais de s'assurer qu'ils auront vu une photo du candidat et qu'ils se souviendront de son nom le jour du scrutin. Les organisateurs prévoient donc la distribution d'un ou deux tabloïds[8] durant la campagne et un envoi dans les quarante-huit heures qui précèdent le jour du vote, en plus des grands panneaux publicitaires soigneusement placés aux quatre coins du comté.

Dans chaque organisation, une ou deux personnes au plus sont chargées, entre autres tâches, d'écrire les communiqués de presse. Dans les deux comtés, on déplore le fait que les journalistes n'aient pas le temps de faire des analyses de fond. Les journalistes expliquent cela par les contraintes budgétaires auxquelles ils sont confrontés. Ils ajoutent qu'il y a peu de matériel à couvrir dans les campagnes locales.

Dans Frontenac, les organisations et les journalistes s'étaient entendus pour tenir une conférence de presse hebdomadaire au cours de laquelle les annonces les plus importantes seraient faites. Ces conférences de presse suffisaient aux journaux locaux et, on peut le présumer, aux organisations locales qui n'avaient guère le temps de préparer du matériel supplémentaire.

Les organisateurs et organisatrices perçoivent les médias écrits comme des véhicules publicitaires trop coûteux qu'il faut utiliser avec parcimonie parce que leur rentabilité électorale est incertaine. Certains nous ont expliqué qu'ils passent des annonces dans les hebdomadaires uniquement dans le but de conserver la sympathie de la direction de ces journaux. Pourtant, personne ne s'est plaint d'avoir reçu un traitement inéquitable de la part des journaux locaux. Certains candidats considèrent la couverture des médias écrits comme étant médiocre, mais jamais biaisée en faveur d'un parti ou d'un autre.

La télévision ne traite des campagnes locales qu'à l'occasion. Dans Outremont, la candidate libérale était aussi la porte-parole de son parti sur certains enjeux nationaux, ce qui lui permettait d'être vue plus souvent à la télévision. Pour ce qui est de Marcel Masse, c'est lors d'un débat à Radio-Québec en début de campagne qu'il a fait son apparition la plus importante à la télévision. Il peut aussi arriver qu'à l'occasion de la visite d'un chef de parti dans une circonscription, le candidat local attire sur lui les projecteurs de télévision.

La télévision est un médium trop dispendieux pour y passer de la publicité locale et la radio n'est que peu écoutée. Dans Frontenac, un organisateur nous a expliqué qu'il passait des messages à la radio locale tout juste avant les avis de décès, l'émission ayant la plus haute cote d'écoute.

Dans Outremont, les organisations locales préfèrent les rencontres de petits groupes d'électeurs avec leur candidat. Ces rencontres, durant lesquelles les électeurs sont invités à contribuer financièrement à la campagne, permettent d'atteindre une partie de l'électorat difficile à rejoindre autrement. Le PLC et le NPD ont de plus fait beaucoup de porte-à-porte. Ce mode de communication permet surtout de rejoindre des groupes cibles.

Si les organisations locales disposaient du temps et des ressources nécessaires pour développer plus de matériel et alimenter les médias, il est possible que ces derniers s'intéresseraient davantage aux campagnes locales.

La couverture des campagnes électorales pourrait être améliorée en insistant beaucoup plus sur l'actualité régionale. De même, il serait souhaitable que la couverture puisse se faire par une équipe de journalistes, rares étant ceux qui peuvent à la fois couvrir la campagne et en faire l'analyse. Le travail de chroniqueur n'est possible que si quelqu'un d'autre fait déjà le travail de couverture.

Les organisateurs politiques locaux et les journalistes s'accusent mutuellement d'être les responsables d'une couverture médiatique inadéquate. D'un côté, les organisateurs se plaignent que la couverture des médias demeure superficielle et de l'autre côté, les journalistes répondent qu'il y a fort peu de matière à couvrir durant les campagnes électorales.

Il est peu probable que la couverture des campagnes s'améliore à long terme parce que les médias, autant locaux que nationaux, font face à des conditions budgétaires difficiles. De plus en plus, ils ne couvrent la campagne qu'entre 9 h et 17 h les jours de semaine, le temps supplémentaire coûtant trop cher. Dans un proche avenir, il semble illusoire de croire que les médias disposeront de plus de ressources à affecter à la couverture électorale.

Le peu de ressources disponibles pour cette couverture confine à la superficialité. On est passé de la couverture systématique de toutes les circonscriptions à un choix restreint, et enfin, à l'étude de quelques comtés baromètres.

Selon certains journalistes, leurs articles ne jettent pas un regard suffisamment critique sur les politiciens. Quelques-uns ont même l'impression de servir de véhicules publicitaires aux candidats et candidates. Un journaliste a expliqué que la campagne était organisée à la manière d'un spectacle, ne laissant aucune place aux débats de fond. Les gens ont voté sans connaître l'impact sur leur quotidien des grands enjeux nationaux comme le libre-échange ou l'Accord du lac Meech.

De même, la rareté des ressources contraint les journalistes à ne couvrir que les principaux partis, contribuant ainsi à les rendre plus populaires encore et à laisser dans l'ombre les petits partis. Dans Frontenac, seule la télévision communautaire, de par sa mission unique, a couvert quelque peu la campagne du Parti vert du Canada[9].

Un journaliste rencontré à Montréal expliquait qu'en campagne électorale, les partis deviennent très accommodants pour les journalistes, parfois même les soirs de défaite. Les journalistes s'entendent finalement pour dire que les relations qu'ils entretiennent avec les partis politiques sont très professionnelles. L'autonomie des médias semble respectée par les partis politiques.

CONCLUSION

Certains facteurs géographiques influencent-ils le vote ? Le choix de l'électorat s'explique-t-il différemment dans Frontenac et dans Outremont ? Les questions nationales ou les enjeux locaux ont-ils fait la différence ? Les candidats locaux ont-ils gagné leur siège grâce à leur mérite personnel ou les électeurs ne votaient-ils qu'en fonction du parti ? Les facteurs locaux se sont-ils atténués au fil des ans ? Autant de questions qui illustrent à quel point les motifs de réélection des conservateurs sont loin d'être simples (voir Clarke *et al.* 1991).

Il faut se demander si le scrutin de 1988 est représentatif, compte tenu du fait de l'importance qu'y a prise la question du libre-échange[10]. De plus, dans Outremont, le débat sur l'avortement, chargé d'émotivité, a pris une ampleur insoupçonnée. Dans Frontenac, il est possible que l'enjeu prédominant n'ait eu qu'un faible impact, parce que rien ne pouvait empêcher la réélection de Marcel Masse. Le pourcentage des votes en sa faveur a d'ailleurs augmenté, passant de 71,3 % à 73,6 %, soit le troisième meilleur résultat enregistré par les conservateurs au pays lors de l'élection.

Les libéraux provinciaux étaient en faveur du libre-échange avec les États-Unis et de la ratification de l'Accord du lac Meech, deux sujets sur lesquels les libéraux fédéraux étaient divisés entre les nostalgiques de l'ère Trudeau et les tenants de John Turner. Dans Outremont, Mme Pépin était en faveur de l'Accord. Dans Frontenac, M. Patry était aussi en accord. La neutralité des libéraux provinciaux et les désaccords entre libéraux fédéraux ont nui à l'image du parti et contribué dans une certaine mesure à sa défaite.

Nous avons choisi d'étudier deux circonscriptions représentant deux tendances du Québec moderne. Celle d'Outremont est représentative de l'évolution démographique qui, peu à peu, transforme Montréal. Frontenac représente le vieillissement de la population du Québec rural. Dans l'une et l'autre circonscription, il semble que les électeurs n'aient pas voté en fonction des enjeux locaux ni des candidats en présence mais plutôt en faveur de l'Accord de libre-échange, aussi mal connu et mal compris fut-il. Les organisateurs s'entendent pour dire que les électeurs votent sur des enjeux qu'ils connaissent mal, ce qui s'explique par le manque d'information de qualité. Les organisations locales n'ont pas le temps ni les ressources pour expliquer les répercussions locales des enjeux nationaux. Parallèlement, les journalistes manquent de matériel local intéressant à couvrir. Il faut rompre ce cercle vicieux pour redonner aux campagnes locales l'intérêt et l'importance que les journalistes et les organisateurs jugent nécessaires dans un débat démocratique constructif.

Dans les deux comtés, les gens ont élu les conservateurs parce que ceux-ci ont su récupérer le vote nationaliste québécois à travers la promesse de l'Accord du lac Meech. Ce vote nationaliste leur a fait défaut depuis la pendaison de Louis Riel et risque de leur échapper dès la prochaine élection générale. La distinction entre enjeux nationaux, régionaux et locaux doit être faite avec discernement. Par exemple, la bataille sur la question de l'avortement dans Outremont fut locale mais des confrontations similaires ont eu lieu ailleurs au Canada.

Le comté d'Outremont, que les conservateurs ont remporté en 1988, est aujourd'hui bien différent de celui que les libéraux avaient coutume de remporter depuis sa création. Lucie Pépin n'a pas perdu aux mains d'un héros local; elle a perdu dans un comté peu différent de l'ensemble montréalais, aux mains d'un inconnu qui a profité à la fois de la vague conservatrice qui a balayé les libéraux et de la position de son adversaire sur la question de l'avortement.

Marcel Masse a remporté une éclatante victoire dans Frontenac en démontrant que sa réélection était profitable pour le comté.

Les conservateurs ont remporté l'élection dans ces deux comtés en promettant des bénéfices tangibles aux électeurs et électrices, en ne provoquant pas de débat de fond sur la question du libre-échange et en se ralliant le vote des éléments les plus conservateurs ainsi que le vote nationaliste et celui des gens d'affaires. Ils étaient suffisamment bien organisés pour pouvoir diffuser leurs messages en se passant des médias et ils ont su trouver le financement nécessaire à toutes leurs opérations.

Dans Frontenac, l'organisation libérale n'était pas de taille pour affronter celle des conservateurs et dans Outremont, la préparation des libéraux n'aura pas suffi. Les conservateurs ont su regrouper des organisateurs libéraux provinciaux, péquistes et unionistes pour suppléer à la nouveauté de leur présence au Québec. Cependant, cette coalition est fragile et risque d'éclater à plus ou moins brève échéance. À la prochaine élection, même sans programme, sans organisation et sans argent, le Bloc québécois pourrait, si le contexte actuel se maintenait, récolter entre 40 et 50 sièges au Québec selon l'avis de tous ceux que nous avons rencontrés.

RECOMMANDATIONS

En conséquence, nous recommandons :

1. que la durée des campagnes électorales soit réduite afin de favoriser l'équité entre les candidats et les partis.
2. que le recensement des électeurs et électrices se fasse sur une base permanente afin de réduire la durée des campagnes électorales.
3. que le financement des partis politiques provienne majoritairement des fonds publics afin de favoriser une meilleure équité entre les candidats et une plus grande souplesse dans le remboursement des dépenses.
4. que la comptabilité électorale, actuellement anarchique, soit améliorée.
5. que des stagiaires soient engagés et payés à même les fonds publics pour travailler, dans les diverses circonscriptions, à l'élaboration d'énoncés de politique plus complets et approfondis, ce qui améliorerait la qualité de l'information lors des campagnes.

Ces stagiaires viendraient suppléer à la décroissance du nombre de bénévoles dans les organisations de comté.

ANNEXE A

Tableau 5.A1
Résultats électoraux dans les circonscriptions d'Outremont et de Frontenac lors des élections de 1984 et 1988

i) Outremont

Parti et candidat	Votes reçus 1988	Votes reçus (%)		Variation (%)
		1988	1984	
Parti progressiste-conservateur du Canada Jean-Pierre Hogue	17 597	38,4	29,0	9,4
Parti libéral du Canada Lucie Pépin	15 895	34,7	41,3	−6,6
Nouveau Parti démocratique Louise O'Neill	9 379	20,5	18,3	2,2
Autres	2 919	6,4	11,4	−5,0

Marge victorieuse	3,7 %
Suffrages exprimés	46 381
Participation	76 %
Bureaux urbains	183
Bureaux ruraux	0

Dépenses électorales	Nombre de contributions	Montant total ($)	Dépenses ($)	Pourcentage de la limite
Parti progressiste-conservateur du Canada	120	32 225	38 046	86,6
Parti libéral du Canada	84	66 706	40 083	91,2
Nouveau Parti démocratique	263	23 317	27 516	62,6
Autres	9	558	449	—

Tableau 5.A1 (suite et fin)
Résultats électoraux dans les circonscriptions d'Outremont et de Frontenac lors des élections de 1984 et 1988

ii) Frontenac

Parti et candidat	Votes reçus 1988	Votes reçus (%) 1988	1984	Variation (%)
Parti progressiste-conservateur du Canada		73,6	71,3	2,3
Marcel Masse	25 872			
Parti libéral du Canada		19,9	22,8	-2,9
Réal Patry	6 978			
Nouveau Parti démocratique		5,1	2,8	2,3
Claude L'Heureux	1 785			
Autre		1,5	3	-1,5
Jean Guernon	511			

Marge victorieuse	53,8 %
Suffrages exprimés	35 464
Participation	80 %
Bureaux urbains	84
Bureaux ruraux	84

Dépenses électorales	Nombre de contributions	Montant total ($)	Dépenses ($)	Pourcentage de la limite
Parti progressiste-conservateur du Canada	314	42 877	38 818	92,8
Parti libéral du Canada	66	24 975	23 100	56,1
Nouveau Parti démocratique	1	45	0	0,0
Autre	0	0	—	0,0

ANNEXE B
LETTRE DE LUCIE PÉPIN UTILISÉE PAR LES CONSERVATEURS DANS LA CIRCONSCRIPTION D'OUTREMONT LORS DE LA CAMPAGNE ÉLECTORALE DE 1988

 COALITION Pour la Vie   QUÉBEC
For Life

C.P. 104 BEACONSFIELD, Qué., H9J 5T6

INFORMATION AUX ELECTEURS D'OUTREMONT

VOICI COMMENT VOTRE DEPUTEE TRAVAILLAIT POUR VOUS EN 1986

CI-DESSOUS, EXTRAITS D'UNE DE SES LETTRES.

Liberté de choix / Freedom of Choice Association canadienne pour le droit à l'avortement (ACDA) / Canadian Abortion Rights Action League (CARAL)

Juillet 1986

Chère amie, cher ami,

Je tiens à vous faire connaître aujourd'hui l'Association canadienne pour le droit à l'avortement (ACDA), une organisation qui milite pour le libre-choix des Canadiennes en matière de planification des naissances.

Je vous demande de vous joindre à moi et d'appuyer l'ACDA qui lutte pour que les Canadiennes puissent obtenir le libre-choix. Ni l'ACDA ni moi-même ne pensons que la plupart des gens votent pour tel ou tel candidat en fonction de sa position vis-à-vis une seule question, mais je sais que le libre-choix concernant l'interruption volontaire de grossesse est certainement l'un des sujets que les gens discuteront avec leur député(e). L'ACDA

n'existe que par les contributions de celles et ceux qui appuient cette option. Je vous prie de vous joindre à moi et d'appuyer l'ACDA aujourd'hui. Votre contribution de 25, 35, 50 ou même 100$ ou plus peut nous aider à gagner la bataille. Merci.

Bien à vous,

Lucie Pépin

Lucie Pépin
directrice honoraire

ELECTION-VIE '88

P.S. Si vous appuyez, comme moi, le libre-choix, joignez-vous à moi et envoyez aujourd'hui même votre contribution à l'ACDA. Nos adversaires ont beaucoup de ressources, mais ensemble nous pouvons vaincre.

POUR QUI VOTEREZ-VOUS?
ON NE VOTE NI BLEU NI ROUGE NI CAILLE   **VOTONS JEAN PIERRE HOGUE**
ON VOTE POUR LA VIE

ANNEXE C
POSITION DU DÉPUTÉ PROVINCIAL LIBÉRAL D'OUTREMONT,
PIERRE FORTIER, LORS DE LA CAMPAGNE ÉLECTORALE DE 1988

Le mot du député / Pierre Fortier   Journal d'Outremont
Septembre 1988

TITRE: La prochaine campagne électorale fédérale
et l'Accord de Libre-Échange

De toute évidence, un des sujets qui se trouvera au centre de la prochaine campagne électorale fédérale sera l'Accord de Libre-Échange entre le Canada et les États-Unis. Vu l'importance de ce sujet pour la santé économique du Québec, je me dois d'indiquer clairement les motifs qui m'amènent à appuyer cet Accord.

Bien sûr, le député d'Outremont, qui vous représente à l'Assemblée nationale depuis novembre 1980, a toujours observé une neutralité objective lors des élections municipales et fédérales. En effet, oeuvrant au niveau provincial au sein d'une formation politique tout-à-fait indépendante de toute autre instance fédérale ou municipale, j'ai toujours tenu à respecter le point de vue de mes électeurs.

Toutefois, dans notre système fédéral, les deux niveaux de gouvernement doivent collaborer pour favoriser des politiques permettant le développement économique du Québec, surtout lorsqu'il s'agit d'une politique aussi fondamentale que celle appuyée par l'Accord de Libre-Échange.

Or, ce qu'il faut savoir concernant les impacts prévus de cette libéralisation des échanges, c'est que tous les modèles macro-économiques sérieux (Conseil économique du Canada, Conférence Board, ministère des Finances du Canada, Informatrica, etc.) prédisent des effets positifs en termes d'emplois et de revenus pour les Québécois et Québécoises. Ce qui est également vrai, c'est que des personnes publiques québécoises de différentes formations politiques se lient pour appuyer l'Accord de Libre-Échange. Ces chefs de file ont pour noms Robert Bourassa et Jacques Parizeau.

J'aurais voulu avoir le temps et l'espace nécessaire pour formuler des commentaires sur le document publié récemment par le Parti libéral du Canada à ce sujet. Qu'il me suffise de dire que je ne partage nullement le point de vue exprimé par l'Opposition officielle à la Chambre des Communes à cet égard. Bien sûr, tout le monde s'entend sur la nécessité pour le Canada (et le Québec) de diversifier ses marchés. C'est le souci qui avait motivé, en 1971, le ministre libéral fédéral, M. Mitchell Sharp, à proposer la "troisième option". Or, alors qu'en 1971, le marché américain représentait 86,5% de nos exportations de produits finis, on constate que, 15 ans plus tard, en 1986, ce pourcentage atteint 90,5%.

Soyons réalistes. Pour le meilleur ou pour le pire, les États-Unis sont nos voisins immédiats et l'Accord de Libre-Échange nous permettra de favoriser et d'harmoniser nos relations commerciales avec cet important client.

PIERRE FORTIER

NOTES

L'étude a été complétée en mars 1991.

L'auteur tient à remercier Johanne Poulin pour son aide dans la préparation de ce texte.

1. En Ontario, le premier ministre David Peterson est revenu d'un voyage à l'étranger pour faire campagne avec John Turner (Gauthier 1988; Gagnon 1988).

2. Le Fonds Laprade a été constitué lorsque le gouvernement fédéral décida de ne pas achever la construction de l'usine d'eau lourde Laprade à Bécancour (Sévigny 1988a).

3. Il s'agit en fait d'une réunion d'information sur l'apartheid qui a eu lieu le 6 novembre 1988. Ce fut la seule fois où les trois candidats ont été réunis lors d'un débat (*Journal d'Outremont* 1988).

4. Un organisateur national a répondu que certains organisateurs locaux se prennent trop au sérieux !

5. Un des journalistes rencontrés a cru se souvenir qu'en 1984 ou 1988, Brian Mulroney avait fait une visite éclair dans le comté de Frontenac. Cette visite avait de toute façon été traitée par un journaliste affecté à la couverture de la région voisine.

6. Un local bien situé est un local desservi par le système de transport en commun pour faciliter le transport des bénévoles.

7. D'après un sondage publié dans le *Courrier Frontenac*, ce journal serait lu par 35 000 personnes (voir Baker 1988).

8. Les organisateurs expliquent que l'efficacité des circulaires repose sur trois éléments : le plus grand nombre possible de photographies des notables appuyant le candidat ou la candidate, de gros caractères et le moins de texte possible.

9. La télévision communautaire veut donner la parole à ceux qui n'ont pas l'occasion de se faire entendre. L'expression employée fut que « le Parti vert a été soutenu par la télévision communautaire ». Le candidat du Parti vert a aussi accordé une entrevue, avec les autres candidats, dans l'hebdomadaire local.

10. Selon Brodie (1989), il est possible que l'élection de 1988 ne diverge guère des autres.

RÉFÉRENCES

Baker, Bruno, « 35 000 lecteurs assidus au Courrier Frontenac », *Courrier Frontenac*, 12 septembre 1988.

Brodie, Janine, « The Free Trade Election », *Studies in Political Economy*, vol. 28 (1989), p. 175–182.

Canada, *Loi électorale du Canada*, L.R.C. (1985), chapitre E-2.

Clarke, Harold D., Jane Jenson, Lawrence LeDuc et Jon H. Pammett, *Absent Mandate : Interpreting Change in Canadian Elections*, 2ᵉ éd., Toronto, Gage, 1991.

Courrier Frontenac, « Réal Patry mise sur ses racines », 31 mai 1988.

Desnoyers, André, « Jean-Pierre Hogue s'installe comme député progressiste-conservateur d'Outremont », *Journal d'Outremont*, décembre 1988.

Gagnon, Lysiane, « Sur la vague... », *La Presse*, 22 octobre 1988.

Gauthier, Gilles, « Peterson finira la campagne avec Turner », *La Presse*, 12 novembre 1988.

Gruda, Agnès, « Électrogrammes », *La Presse*, 22 octobre 1988.

Hébert, Pierre, « Libre-échange au centre du débat », *Courrier Frontenac*, 10 octobre 1988.

Journal d'Outremont, « Trois des huit candidats visent la victoire », 15 novembre 1988.

Lavoie, Gilbert, « Pas facile de faire campagne chez les sœurs Marie-Réparatrice », *La Presse*, 18 octobre 1988.

Reguin, Olivier, « Des députés tous ministrables », *Liaison Saint-Louis*, 30 octobre 1988.

Rivière, Daniel, « Outremont devenu société des nations », *Journal d'Outremont*, juillet 1988.

Roy, Tristan, « L'ABC des élections dans le quartier », *Liaison Saint-Louis*, 16 octobre 1988.

Royer, Mario, « Marcel Masse candidat dans Frontenac », *Courrier Frontenac*, 6 juin 1988a.

———, « Marcel Masse vante les mérites du libre-échange », *Courrier Frontenac*, 24 octobre 1988b.

La Semaine d'Outremont, « Avortement : Louise O'Neill défend la position du NPD », 2 août 1988.

Sévigny, Pierre, « Le ministre Masse affirme : "La région de Plessisville a été bien servie en argent" », *La Tribune*, 4 novembre 1988a.

———, « Majorité dans tous les bureaux de scrutin », *La Tribune*, 23 novembre 1988b.

La Voce d'Italia, 13 août 1988.

6

PORTÉS PAR LA VAGUE
Les partis, les médias
et les élections fédérales
en Nouvelle-Écosse

Leonard Preyra

L'ÉLECTION GÉNÉRALE DE 1988 qui a permis au Parti progressiste-
conservateur de Brian Mulroney de remporter 169 des 295 sièges de la
Chambre des communes fut peut-être la plus tumultueuse de l'histoire
du Canada. Lors d'un sondage *Maclean's*/Decima réalisé immédiatement
après l'élection du 21 novembre, 3 répondants sur 5 déclaraient avoir
fait leur choix au cours de la campagne, tandis que 27 % admettaient
avoir changé d'idée au moins une fois pendant la campagne. La moitié
des personnes interrogées ont soutenu que leur décision avait été
influencée par la couverture médiatique (*Maclean's*/Decima 1988, 19).
Selon l'Étude sur l'élection fédérale de 1988, 27 % des électeurs ont
affirmé que c'est le candidat en lice dans leur circonscription de l'endroit
qui avait le plus influencé leur décision[1]. D'autres facteurs ont influé
sur le vote. Ainsi 53 % des personnes interrogées ont soutenu avoir
voté pour « le parti dans son ensemble », un autre groupe de 20 % liant
la décision à leur évaluation des chefs des partis nationaux (Frizzell
et al. 1989, 118). Les prises de position politiques des chefs de partis et
des candidats locaux — surtout en ce qui a trait au libre-échange —
ont fortement joué sur le comportement électoral d'une bonne majorité
des répondants et répondantes (*ibid.*, 123).

Bien que les composantes nationales de l'élection fédérale de 1988
(les chefs, les enjeux principaux, l'heure et la couverture médiatique)
aient fait l'objet d'analyses considérables, on a très peu écrit au sujet
des candidats locaux, des questions d'intérêt local et des médias locaux.
Ce vide surprend, vu le grand nombre d'électeurs et électrices qui

affirment que ce sont d'abord les qualités du candidat local qui déterminent leur vote. En outre, au Canada, chaque électeur n'a droit qu'à un bulletin de vote et ne peut voter que pour le candidat ou la candidate de sa circonscription.

L'information relayée à l'électorat par les candidats et les médias est fortement influencée par les stratégies de communication électorale. Parmi celles-ci, on retrouve les habituelles « trois vagues » de documentation électorale, ainsi que la sollicitation, les envois postaux, la couverture et les commentaires de presse (Fletcher 1990, 4 et 5). Par ailleurs, l'avènement de nouvelles techniques (télécopieurs, téléphones cellulaires, ordinateurs, etc.) a radicalement transformé la communication électorale et la façon dont les journalistes documentent, rédigent, révisent et soumettent leurs reportages (Abramson *et al.* 1988; Desbarats 1990).

Il faut d'ailleurs préciser qu'il existe divers degrés de médiatisation des communications électorales. Les messages peuvent être non médiatisés (c'est le cas des périodes de diffusion gratuite et des messages publicitaires), partiellement médiatisés (diffusion d'interviews ou de débats des chefs), ou fortement médiatisés (journaux, revues et téléjournal) (Fletcher 1990, 5).

Pour faciliter la conceptualisation du contexte dans lequel se déroule une campagne locale, Sayers (1991) a élaboré la notion d'« espace d'intérêt ». Cet espace représente « l'environnement local d'information au sein duquel les électeurs prennent leur décision de vote ». Il est circonscrit tant par l'interaction politique locale, provinciale et nationale que par les organisations politiques et médiatiques. Selon Sayers, la définition des grands thèmes et l'importance qu'on leur attribue « varieront vraisemblablement dans un axe vertical au sein des médias et des partis — en passant par la hiérarchie de ces deux entités, de l'échelon local à l'échelon national ».

Dans la présente étude, on étudie les stratégies de communication retenues par les partis politiques et les médias dans les circonscriptions d'Annapolis Valley–Hants et de Halifax au cours de l'élection fédérale de 1988. L'objectif visé est de voir dans quelle mesure les électeurs et électrices pouvaient, à partir du flux d'informations accessibles dans leur circonscription, procéder localement à un choix éclairé. Si l'on parle de couverture des médias et de stratégies de campagne, la course locale différait-elle de manière significative de la course nationale ? Au niveau local, le débat était-il différent ? Où se situait l'équilibre entre les volets national, régional et local pour ce qui est de la documentation de campagne, des annonces, du débat public et de la couverture offerte par les médias ? De quelle façon a-t-on adapté les questions nationales en fonction des préoccupations régionales et locales de l'électorat ?

En analysant la couverture médiatique de la campagne électorale et en partant d'entrevues menées avec les candidats, leur directeur de campagne et d'autres personnalités, on découvre comment les candidats ont rejoint leur électorat et de quelle façon les médias ont couvert la campagne électorale.

LE PROFIL DES CIRCONSCRIPTIONS

En Nouvelle-Écosse et dans le Canada atlantique, Halifax constitue un comté baromètre. Depuis la Seconde Guerre mondiale, et si l'on excepte l'élection de 1980, le parti qui a remporté la victoire dans Halifax a également obtenu la majorité des sièges dévolus à la Nouvelle-Écosse (voir le tableau 6.1) et au Canada atlantique dans le nouveau Parlement. Et, si l'on fait abstraction des années Stanfield et de l'élection de 1988, le parti qui a fait élire son candidat dans Halifax a également formé le gouvernement. Non seulement ces résultats globaux sont-ils révélateurs de la circonscription elle-même, mais encore nous rappellent-ils que, à tout le moins en Nouvelle-Écosse, les campagnes locales se sont inscrites dans la foulée des courants nationaux ou provinciaux bien avant l'apparition des nouvelles techniques de communication et des tactiques de propagande électorale.

Néanmoins, les données propres à Halifax nous donnent également la preuve qu'il est possible à certains types de candidats locaux de résister à des courants nationaux apparemment irrésistibles. Dans Halifax, la popularité des libéraux a chuté de plus de 10 % pendant la vague de « Trudeaumanie » qui devait balayer le pays. En fait, il aurait peut-être fallu parler de « Stanfieldmanie » pour décrire le climat politique prévalant dans cette province pendant les années où Robert Stanfield représentait Halifax et y dirigeait le Parti progressiste-conservateur du Canada (PC). Mais Halifax est aussi une circonscription volage. Les quatre dernières élections fédérales ont porté au pouvoir, alternativement, les libéraux et les conservateurs, la victoire ne tenant en moyenne qu'à 4,6 % de la volonté populaire. Par ailleurs, Annapolis Valley–Hants est le fief du PC et de la famille Nowlan depuis plus de quatre décennies. George Nowlan a acquis la circonscription au PC en 1948; à sa mort, en 1965, son fils Pat lui a succédé.

Mais les différences entre les deux circonscriptions ne se limitent pas aux résultats électoraux. Annapolis Valley–Hants, qui s'étend sur 5 433 km^2 et possède une densité de 16,5 habitants au kilomètre carré, est essentiellement rurale et agricole. Elle est surtout connue pour ses vergers, ses terres fertiles et ses marées, les plus hautes du monde, près de la baie de Fundy. Par contre, Halifax est une circonscription typiquement urbaine, de 250 km² seulement, mais qui possède une densité de 364,5 personnes au kilomètre carré (Eagles *et al.* 1991). La population y est cosmopolite et l'économie, relativement diversifiée. Il s'agit du cœur du Canada atlantique.

Tableau 6.1
Résultats des élections fédérales dans Halifax et dans Annapolis Valley–Hants, 1945–1988
(en pourcentage du vote populaire)

Année	Ancien gouver- nement	Gagnant en Nouvelle- Écosse	Halifax			Annapolis Valley–Hants		
			PLC	PC	NPD	PLC	PC	NPD
1945	PLC	PLC	47,6	34,5	16,9	55,7	38,1	4,8
1949	PLC	PLC	57,1	32,5	10,4	50,0	50,0	0,0
1953	PLC	PLC	55,3	40,8	3,9	48,4	51,6	0,0
1957	PC	PC	47,2	50,6	2,2	42,0	58,0	0,0
1958	PC	PC	37,6	59,9	2,6	41,8	58,2	0,0
1962	PC	PC	45,4	46,9	6,7	43,6	52,6	2,4
1963	PLC	PLC	50,0	46,0	4,0	48,5	49,8	1,7
1965	PLC	PC	42,6	47,4	9,5	43,7	53,2	3,1
1968	PLC	PC	35,6	60,3	4,1	40,1	56,6	3,3
1972	PLC	PC	31,4	56,2	12,3	35,7	58,5	5,0
1974	PLC	PC	40,7	49,3	9,3	43,0	52,5	3,7
1979	PC	PC	40,4	40,5	18,5	29,9	50,1	20,0
1980	PLC	PC	41,6	38,6	19,7	31,3	42,0	25,3
1984	PC	PC	34,4	44,8	20,4	28,5	53,8	16,0
1988	PC	PLC	43,0	38,0	17,7	40,1	44,2	12,5

Source : Compilé à partir de Feigert 1989.

NPD : Nouveau Parti démocratique; PC : Parti progressiste-conservateur du Canada; PLC : Parti libéral du Canada.

Outre l'opposition rurale-urbaine et les degrés contrastants de rivalité politique dans chaque circonscription, on a aussi noté de profondes différences entre les candidats en lice. Dans Halifax, Stewart McInnes s'est lancé dans la mêlée en tant que membre du cabinet et « ministre de la région ». Il a dû relever un défi de taille en affrontant la libérale gauchisante Mary Clancy, avocate et personnalité médiatique influente et colorée. Quant à Ray Larkin, candidat du Nouveau Parti démocratique (NPD), un brillant avocat plein de verve, ardent défenseur des intérêts régionaux, il représentait l'un des grands espoirs de son parti dans les provinces de l'Atlantique. Le décor de Halifax étant bien assis, une course à trois avec, pour toile de fond, le risque d'une défaite pour un ministre important, ne pouvait que retenir l'attention des instances locales et nationales des médias et des partis politiques.

Dans Annapolis Valley–Hants, Pat Nowlan, le candidat conservateur qui, en sept élections, n'avait jamais subi de défaite, s'est lancé dans cette campagne en lutte ouverte contre son parti; à maintes reprises, il avait menacé publiquement de quitter sa formation à cause de l'Accord du lac Meech, du bilinguisme officiel et de la taxe sur les produits et services. (Peu après l'élection de 1988, il fut désavoué par son association de circonscription pour avoir quitté le caucus conservateur et s'être déclaré « conservateur indépendant ».) Pat Nowlan, homme charismatique et organisateur politique d'expérience, connaît parfaitement sa circonscription. Son adversaire libéral, John Murphy, animateur communautaire bien connu, a pris place dans la bataille en sachant que son prédécesseur avait échoué avec une marge de 25 % des voix lors de l'élection précédente, et que le parti n'avait jamais pu décrocher la circonscription électorale depuis 1945. Quant à Keith Collins, économiste et boursier de Rhodes, bien enraciné dans la communauté, il défendait la bannière du NPD sans douter de sa défaite. À part la réputation de non-conformiste de Pat Nowlan, la lutte dans Annapolis Valley–Hants ne laissait augurer rien de bien stimulant. Le PC tenait le siège pour acquis et les médias ne pressentaient aucune lutte digne de ce nom (Entrevues, Spur et Kingsbury).

À l'issue de cette rapide comparaison entre les deux circonscriptions, on pourrait s'attendre à ce que la dissemblance se reflète dans les thèmes de la campagne et dans les stratégies médiatiques, à tout le moins au niveau local. Ce ne fut pas le cas. Car, malgré des différences évidentes entre les circonscriptions, non seulement les stratégies de communication électorale et la couverture des médias furent-elles très analogues, mais elles gravitèrent, pour la plupart, autour des thèmes nationaux et des chefs de partis. Qui plus est, ni dans une circonscription ni dans l'autre, les enjeux et thèmes nationaux ne furent récupérés pour être « assaisonnés » au goût de l'électorat local; le discours est demeuré national, pour le fond comme pour le ton. Comment expliquer cette similitude ?

Au départ, il faut admettre qu'une élection fédérale a un caractère national et qu'elle constitue, d'abord et avant tout, un mécanisme permettant de reporter au pouvoir un gouvernement ou de s'en débarrasser. Il ne faudrait donc pas s'étonner que les campagnes électorales canadiennes s'articulent autour de leaders et d'enjeux nationaux. Le processus est, d'entrée de jeu, axé sur le pays dans son ensemble.

Plusieurs études ont fait ressortir cette prédominance d'une perspective nationale dans la couverture des élections. Une analyse de la couverture accordée aux dernières élections révèle une tonalité incontestablement nationale, souvent dominée par l'information sur les leaders (Clarke *et al.* 1991, 88). Dans la même foulée, les études de Fletcher (1987, 1990) laissent entendre que l'intérêt des médias envers les leaders, les partis et les enjeux nationaux fait souvent oublier le candidat local. Qui plus est, les campagnes nationales des partis visent surtout les médias nationaux et n'atteignent les régions qu'après une longue décantation. Quant à la couverture locale, on la confie souvent à des organes locaux (hebdomadaires et stations de radio) de moindre envergure. En règle générale, la couverture électorale assurée par ces médias se révèle habituellement de qualité inférieure, n'offrant qu'une piètre analyse ou explication des questions en cause (Bell *et al.* 1991).

De plus, les tendances économiques nationales — produit national brut, balance des paiements, déficit, taux d'inflation, d'intérêt et de chômage — se répercutent au niveau local, où elles influent inévitablement sur le « poids » de la campagne et sur son résultat. Bien sûr, d'autres études s'imposent si l'on veut illustrer la corrélation possible entre l'état de l'économie nationale, les éléments moteurs de la campagne et les espoirs électoraux des partis, de leurs chefs et des candidats locaux.

Toutefois, si l'on exclut ces considérations macropolitiques, on découvre que trois types de rapports ont donné pour l'essentiel le ton aux communications électorales à l'échelon de la circonscription : l'intégration, au niveau du parti, des campagnes locale et nationale; l'affiliation des médias locaux aux médias nationaux pour permettre un mouvement centrifuge de l'information; et enfin, l'existence de thèmes résolument locaux.

L'auteur de l'étude n'a détecté aucun facteur (comprendre la télévision ou le libre-échange) qui puisse à lui seul rendre compte de l'optique nationale adoptée localement par les partis et les médias. Logiquement, ceci pourrait signifier que des forces (nullement exclusives à l'élection de 1988) ont compliqué, pour les candidats et candidates, l'élaboration ou la mise en œuvre de stratégies de communication indépendantes.

LA DIMENSION INTERNE DES PARTIS

Dans la documentation officielle, on a longuement fait état de la souveraineté des associations de circonscription, de leur droit de choisir leurs « membres », des moyens qu'elles privilégient pour mener à bien leurs campagnes électorales (voir Carty et Erickson 1991). Bien que, dans le cadre de l'étude, on n'ait trouvé aucune preuve d'intervention directe par une instance nationale dans le choix des candidats locaux, ni de directives nationales fermes quant à l'orientation de la campagne locale, on a découvert, en revanche, que l'intégration verticale des organisations nationales pesait lourd sur le déroulement, le style et le contenu des communications électorales dans Halifax et Annapolis Valley–Hants.

Comment le parti national a-t-il modelé la stratégie de la campagne électorale locale ? L'argumentation qui suit fait référence à divers facteurs : les dépenses préélectorales, les lettres d'appui, les coordonnateurs de la campagne provinciale, la coopération régionale, les sondages des partis, les thèmes de la campagne nationale, les déclarations s'inscrivant dans la plate-forme du parti, les « trousses de campagne » destinées aux circonscriptions, la publicité nationale et régionale dans les médias, les stratégies relatives aux débats, les tournées des chefs et les rapports entretenus par le « parti national » avec les médias. Chacun de ces éléments a joué sur les stratégies de campagne du candidat local et a affecté la couverture médiatique locale de l'élection.

Les dépenses préélectorales

La campagne de 1988 a débuté longtemps avant l'émission des brefs d'élection. D'aucuns pourraient dire que son départ coïncide avec l'assermentation du gouvernement Mulroney, en 1984. Mais de façon plus certaine, on peut affirmer que les conservateurs ont entrepris leurs préparatifs électoraux en 1986 alors qu'ils ont constitué leur équipe de coordination, dirigée par Norman Atkins (Lee 1989, 247 et 248). En mai 1988, l'organisation de la campagne nationale était déjà en place et, vraisemblablement, les thèmes et stratégies, déjà établis. À ce moment, le gouvernement conservateur a commencé à dévoiler de nouveaux projets et de nouvelles initiatives — signe avant-coureur d'une élection. Selon *Maclean's*/Decima (1988, 14), les conservateurs ont annoncé, entre le 20 mai et la fin septembre, plus de 70 projets fédéraux d'une valeur approximative de 8 milliards de dollars. Cet ensemble de promesses préélectorales comportait un bloc de 3,2 milliards de dollars destinés à Hibernia et des fonds supplémentaires pour l'Agence de promotion économique du Canada atlantique. Plus tôt, le gouvernement avait notamment rendu publics des projets d'une valeur de 40 milliards de dollars pour la défense, dont 8 milliards affectés à la construction de sous-marins atomiques, et 9,6 milliards à la production de nouvelles frégates. Il faut dire que l'état de la marine canadienne intéresse particulièrement les habitants d'Halifax, ville qui abrite la principale base de la marine : 13 000 emplois, 484 millions de dollars en salaires annuels plus 121 millions de dollars en retombées locales (Caplan *et al.* 1989, 43).

Cette manne dispensée par le gouvernement fédéral en période préélectorale a largement servi la campagne conservatrice à travers la Nouvelle-Écosse, mais surtout dans Halifax, circonscription de Stewart McInnes, candidat conservateur et ministre des Travaux publics, considéré comme le seul politicien capable d'assurer à la circonscription et à la Nouvelle-Écosse leur juste part des largesses de l'État. (Le Parti libéral du Canada (PLC) a dévoilé son programme électoral en 40 points avant l'élection, tandis que le Nouveau Parti démocratique (NPD) faisait également des promesses préélectorales; par contre, le fait que ces deux formations ne soient pas au pouvoir les privait des ressources et de l'organisation permettant de proposer une aussi belle brochette de projets pour le Canada atlantique.) Bref, on peut dire qu'en plus de plaire aux médias, l'annonce par anticipation des nouvelles initiatives et des promesses gouvernementales aura permis aux partis nationaux (particulièrement le parti au pouvoir) d'être bien en selle (et, par ricochet, de bien positionner les candidats locaux) à l'approche de la campagne. Ainsi les partis nationaux ont-ils pu ajuster leurs promesses aux circonscriptions et aux régions cibles, et les candidats locaux, bénéficier d'un modèle pour les communiqués de la campagne (Caplan *et al.* 1989, 23–52).

Les lettres d'appui

Au même titre que l'injection de fonds dans la circonscription où la région servait d'indicateur de l'intérêt porté par le parti national à la campagne locale ou régionale, les lettres d'appui signées par les chefs des formations signifiaient que le candidat local était « dans les bonnes grâces » du parti. D'ordinaire, cet aval va de soi; mais lorsque le candidat local est un rebelle de la trempe de Pat Nowlan, c'est loin d'être chose acquise. La nécessité du parrainage dicte une ligne de conduite aux candidats locaux et garantit, en quelque sorte, que leurs prises de position s'harmonisent avec les objectifs nationaux qu'incarnent les chefs de partis (Entrevue, Jefferson). Plusieurs aspects de la loi électorale et des usages en cours au sein des partis canadiens viennent rappeler aux candidats locaux faisant cavalier seul qu'ils

peuvent payer cher une trop grande démarcation par rapport à la
« ligne du parti ».

Les organisations de la campagne provinciale

Toujours dans le cadre des préparatifs électoraux en matière de
communication à l'échelle locale, il ne faudrait pas sous-estimer les
organisateurs de la campagne provinciale, chargés de « mener toute
opération nationale touchant à la région en veillant au bon déroulement
des campagnes dans leur circonscription » (Courtney 1981, cité
dans Frizzell *et al.* 1989, 18). Dès le début de la course, les comités
de campagne de la Nouvelle-Écosse (qui, en règle générale, étaient
un reflet des comités nationaux) assurèrent la liaison avec leurs
homologues nationaux et aidèrent à coordonner les campagnes
locales. Circonscription « chaude », Halifax jouissait d'une attention
exceptionnelle, les coordonnateurs cherchant à assurer à leurs
candidats toutes les ressources humaines et matérielles nécessaires
à la conduite d'une bonne campagne. Par contre, le NPD de Halifax
était hostile au parti national, qui avait tenté sans succès
de « parachuter » un directeur de campagne dans la circonscription
— quelqu'un qui, soi-disant, bénéficiait d'appuis à l'échelon national
(Entrevue, Larkin).

Quoi qu'il en soit, les trois organisateurs provinciaux se sont assurés
que candidats et agents étaient bien au courant de leurs obligations
envers la loi et leur parti pour ce qui est des campagnes électorales. De
plus, dans les trois partis, des personnes-ressources ont organisé, à
l'intention des directeurs de campagne et des candidats, des séminaires
ou des colloques provinciaux aux fins d'échanges et de coordination.
Ainsi, avant l'élection, le Parti progressiste-conservateur du Canada
(PC) a tenu une grande réunion régionale des députés et officiers de
circonscriptions de la Nouvelle-Écosse. De telles réunions fournissaient
l'occasion d'inciter les responsables locaux à chercher et à nommer leur
candidat ou candidate si ce n'était déjà chose faite. Au cours de la
période préélectorale, il y a eu cinq autres rencontres régionales destinées
aux directeurs de campagne. Lors de ces ateliers de préparation, les
candidats et, le cas échéant, leurs directeurs de campagne se sont
penchés sur l'organisation et l'administration de la campagne, les
relations avec les médias et les stratégies de communication, la sollicitation, le scrutin, les tactiques à adopter dans le cadre des débats
publics et les réponses à apporter aux questions types. Avant la
campagne, on a mis à la disposition des candidats des manuels
d'organisation, des cassettes vidéo, des documents de référence, et tous

les supports techniques, outils qu'on a fortement mis à contribution dès le début de la campagne.

Quant aux libéraux et aux néo-démocrates du Canada atlantique, ils ont tenu leurs ateliers de préparation à une date ultérieure; par contre, leurs réunions étaient organisées sensiblement de la même façon. Lee (1989, 39) a fort bien décrit l'atmosphère qui régnait dans les ateliers :

> « Colloque » de trois jours chez les conservateurs d'Ottawa, tenu par Norman Atkins (colloque connu sous le sobriquet de « Norm's Boot Camp »). Les candidats y reçoivent une dose de motivation semblable à ce qu'on retirerait d'une retraite en compagnie d'un prédicateur, la confiance en soi que permet une formation chez Dale Carnegie, et le dynamisme commercial qu'on associe à un congrès Amway... le tout dans l'atmosphère de bonhomie quelque peu artificielle d'un rassemblement de « Moose ». Un vrai enfer, mais on a bien fait les choses !

Ce qui étonne le plus dans cette coordination, c'est qu'au niveau local, tant au sein des partis qu'entre les partis, les structures de la campagne et le mode de gestion étaient pratiquement identiques. Les organisations des trois formations, dans Halifax et Annapolis Valley–Hants, comprenaient : le candidat, le directeur de la campagne, un comité consultatif (de 12 à 15 personnes) sur les politiques, deux ou trois agents de liaison avec les médias ainsi que des bénévoles et des solliciteurs à temps partiel (pour le porte-à-porte, les appels téléphoniques et la distribution de feuillets d'information), dont la quantité était fonction du nombre de bureaux de vote, ou, encore, de la vigueur démontrée par l'association de circonscription.

En plus de viser l'harmonisation des démarches organisation-nelles, les personnes-ressources du provincial ont également tenté, au moyen de colloques régionaux, de favoriser une meilleure cohérence politique dans la région et par rapport à la plate-forme nationale du parti. Tant dans la circonscription d'Annapolis Valley–Hants que dans celle de Halifax, les militants libéraux et néo-démocrates se sont plaints dès le début de la campagne, lors de la réunion du caucus de la Nouvelle-Écosse ou du Canada atlantique, que les stratèges nationaux de leurs partis étaient totalement insensibles au climat politique régnant dans la région — surtout en ce qui a trait au libre-échange. À cet égard, les relations étaient particulièrement tendues entre l'organisation fédérale du NPD et celle de Halifax (Entrevue, Gill).

Malgré tout, les candidats des trois partis se montrèrent beaucoup plus dynamiques et eurent davantage de succès lorsqu'il fut question de coordonner les prises de position politiques à l'échelle régionale; dans ce domaine, les coordonnateurs provinciaux et les candidats de Halifax ont mené la barque. Que cette quête de cohérence et de coordination ait produit les mêmes stratégies de communication ne devrait donc guère surprendre.

Les sondages à l'échelle nationale

Toujours dans la période préélectorale, les sondages nationaux des partis se sont montrés indissociables des efforts déployés avant la campagne en vue d'une stratégie de communication cohérente pour l'élection de 1988. Les sondages Decima effectués pour le compte du PC six mois avant l'élection puis après trois semaines de campagne ainsi que les sondages de contrôle et les groupes témoins ont indubitablement influencé la stratégie de la campagne nationale. Les données émanant de ces sondages étaient tenues à la disposition de toutes les circonscriptions intéressées (y compris Halifax). Même si les échantillons locaux étaient trop restreints, les candidats de Halifax ont eu recours aux données des sondages nationaux et, par la suite, aux évaluations qui en découlaient, pour confirmer la justesse des plans initiaux et pour tracer les grandes lignes des communiqués émis dans le cadre de la campagne locale.

De la même façon, la publication, en cours de campagne, des sondages effectués par les partis et les médias a influencé la politique au niveau local. Au dire de tous les directeurs de campagne interrogés, le résultat des sondages a eu une incidence directe sur les électeurs « stratégiques », sur l'effectif et le moral des bénévoles, et sur le nombre de donateurs souhaitant se ranger du côté des gagnants ou étant enclins au népotisme[2]. Mais il y a plus : les responsables des campagnes locales ont dû réagir, à la fois publiquement et de manière tactique, aux sondages nationaux qui ont gonflé la vague nationale, ajouté de nouvelles plages locales et forcé les candidats à affronter les remous ainsi créés. Voulant réagir à la chute de popularité indiquée par le sondage ayant suivi un débat des chefs, Pat Nowlan, par exemple, organisa 14 assemblées publiques en 12 jours pour contrer ce qui semblait être une vague libérale.

Les slogans de la campagne nationale

Une fois l'élection annoncée, les slogans arrêtés pour la campagne nationale du parti ont revêtu une grande importance dans la mise au point du programme de communication destiné aux candidats locaux.

Le cri de ralliement des conservateurs, « Un seul parti, un seul chef pour le changement », fut repris par les responsables des campagnes locales et par les médias, tant dans Halifax que dans Annapolis Valley–Hants, ce qui a immédiatement fait porter, dès le départ, l'accent sur le leadership et la compétence. (À Annapolis Valley–Hants, on a moins insisté sur le leadership.) Ici, les candidats locaux n'avaient pas vraiment voix au chapitre; après tout, la quasi-totalité de la documentation, à l'échelon national, véhiculait ce message. Les médias ont d'ailleurs alimenté le débat en insistant sur la personnalité de John Turner et sur sa gestion du parti, compétente ou non.

Quant aux libéraux, au grand dam des candidats et candidates en Nouvelle-Écosse, ils ont décidé d'amorcer la campagne en défendant leur programme politique en 40 points, annoncé quelques jours avant le lancement officiel de la campagne. Au manque de souplesse inhérent à leur plate-forme, à la confusion initiale entourant le coût de certaines initiatives (particulièrement les garderies) et aux divergences dans l'organisation de la campagne nationale en ce qui a trait au leadership de John Turner, il fallait ajouter la frustration des candidats locaux devant le refus du parti national d'axer sa démarche sur la question du libre-échange (Entrevues, Clancy et Murphy). Au début, cette dilution des efforts dans la campagne nationale a miné la capacité des candidats libéraux à recruter des bénévoles ou à susciter des contributions; elle a détourné l'attention du public et des médias par rapport à l'éclairage « libre-échange » que les candidats locaux s'efforçaient de donner à la campagne.

Le NPD de la Nouvelle-Écosse a connu un dilemme semblable. Le parti national a décidé d'axer la campagne sur Ed Broadbent et le thème « Une bonne affaire pour le Canadien moyen » (plus tard, on a adopté le thème suivant : « Des valeurs de chez nous ! Ni Wall Street ni Bay Street ! »). Les néo-démocrates de la Nouvelle-Écosse, habitués depuis longtemps à voir leurs leaders provinciaux et fédéraux mordre la poussière au moment du scrutin, se sentirent lésés par cette tactique et par ce qui ressemblait à un embourgeoisement du parti national. Tout comme leurs adversaires libéraux locaux, ils souhaitaient faire de la question du libre-échange le cœur du débat électoral (avec des thèmes portant sur les intérêts locaux opposés à ceux du centre du pays, la dichotomie riches-pauvres, la dépendance et l'indépendance); cependant, soucieux de se défaire de son image de pacifiste, de socialiste et de marionnette des syndicats, le parti national a plutôt insisté sur des questions comme les soins de santé, l'environnement, le fardeau fiscal, la réforme du système de pensions, les garderies et le thème global d'« équité ». En somme, distincts ou non, les messages des campagnes locales étaient supplantés par les messages nationaux. Même au début, lorsque les candidats néo-démocrates et libéraux locaux firent flèche de tout bois contre l'Accord de libre-échange, les médias locaux n'ont pas suivi pour faire de l'élection un événement axé sur le libre-échange, jusqu'à ce que la question devienne l'enjeu principal au niveau national. Jusqu'alors, on avait mis l'accent sur le leadership et la compétence à l'échelon national.

Les manuels de directives

Des manuels de documentation à feuilles mobiles, rappelant les grandes lignes des prises de position du parti sur de nombreux sujets, venaient étayer les thèmes et les slogans de l'ensemble de la campagne. On a décrit ainsi ces « guides » :

> Chaque parti a fait connaître à ses candidats l'orientation officielle en ce qui a trait aux diverses questions politiques; cette tâche était dévolue au comité national de campagne dit « comité des communications ». Objectif : faire en sorte que les candidats « chantent tous les mêmes cantiques », aidant ainsi le chef à répandre son message. Pour le parti, cette approche offrait le mérite d'envoyer au front une brigade homogène de candidats ou, pour employer l'expression du catéchisme, « une noble armée de martyrs ». (Lee 1989, 39.)

Après analyse du contenu donné à la couverture médiatique des élections, il semble qu'au niveau local on n'ait guère soulevé la plupart des questions figurant dans les programmes des partis. Les manuels de directives ont cependant servi de « bible » aux militants locaux pour les questions secondaires. Les candidats et leurs représentants avaient recours à des manuels types dans lesquels figuraient des réponses aux questions pouvant êtres posées par les journalistes et par le public en général, ou à celles qu'on pouvait soulever lors de débats locaux. Même dans les documents publiés au niveau local (qui, pour la plupart, mettaient l'accent sur le libre-échange ou sur les mérites du candidat local), on s'alignait sur la position nationale, qu'on adaptait aux conditions et aux préoccupations locales. Les candidats libéral et néo-démocrate d'Annapolis Valley–Hants recoururent de manière plus systématique à ces manuels de directives que leurs homologues urbains. Pour des motifs relevant de la discipline de parti, de la solidarité et de la responsabilité ministérielles, Stewart McInnes fut pour ainsi dire dans l'impossibilité d'adopter des positions « distinctes ». Et, là où les positions du parti ne semblaient pas se prêter aux conditions locales, les députés sortants s'efforçaient de les contourner ou d'y mettre la pédale douce. Mais en 1988, vu le dynamisme avec lequel la direction nationale faisait la promotion du libre-échange, de nombreux candidats conservateurs se sont crus obligés d'intégrer ce thème à leur stratégie de communication, et donc d'en défendre le principe. Autrement dit, les directives politiques (implicites et explicites) en provenance de l'instance nationale des partis serviront à harmoniser les programmes des plates-formes électorales aux échelons national et local.

Les « trousses » à l'usage des circonscriptions

Pour compléter ces directives, on a distribué, en guise d'appui aux campagnes locales, des « trousses » à l'usage des circonscriptions ou du candidat. Au niveau local, les candidats ont tous eu recours à ces outils, et ce de plusieurs façons. Au sein des grandes formations — particulièrement chez les conservateurs —, on prônait l'uniformisation des affiches, des couleurs, des emblèmes, des macarons et autres articles du genre; dans cette optique, on a offert le nécessaire aux candidats locaux, pour une somme tout à fait modique, voulant ainsi en généraliser la circulation... une aubaine qui ne se refuse pas ! L'un des candidats a même comparé le tout au phénomène des « achats par catalogue » : tout y était, de la simple tasse de café frappée de l'emblème du parti à la documentation de campagne. D'ailleurs, les équipes locales, aux prises avec des contraintes d'argent, de personnel et de temps, ne jugeaient pas utile de réinventer la roue, du moins en ce qui a trait à ces modes de communication.

Les candidats locaux des trois partis, même ceux qui préconisaient l'utilisation d'une documentation « du cru », ont donc intégré ces éléments standard (affiches, messages publicitaires, papier à en-tête, dépliants, prospectus, brochures, bulletins, communiqués de presse, déclarations et discours, réponses aux questions des groupes de pression, et autres solutions précuites) à l'ensemble de leurs communications de campagne. Ils se sont contentés, le plus simplement, d'accoler leur nom ou leurs messages aux publications nationales. Même Pat Nowlan, candidat voulant mordicus se distancier du parti, a exploité des brochures de luxe auxquelles il a ajouté son nom.

Le télécopieur, seule nouveauté technologique dans les campagnes locales, a également provoqué un déluge de documents semblables — mais plus actualisés — en provenance des coordonnateurs provinciaux et nationaux de la campagne. En désespoir de cause, les candidats et les directeurs de campagne se rabattaient sur le « téléphone rouge ». Dans la plupart des cas, celui-ci permettait aux intéressés de se renseigner sur les délais de livraison (au bureau central) du matériel demandé, ou encore d'obtenir certaines précisions sur une directive en particulier. Là encore, même en l'absence de mesures coercitives au sein du parti, les candidats locaux étaient pratiquement contraints de se servir du matériel mis à leur disposition pour si peu de frais, ce qui eut pour effet d'uniformiser les documents de campagne dans les diverses circonscriptions et de présenter à l'électorat national et local l'image d'une grande cohérence.

Les stratégies publicitaires nationales

Pour les candidats locaux, la stratégie publicitaire nationale des partis a engendré des effets et des stimulants semblables. Selon *Maclean's*/Decima (1988, 24), les conservateurs auraient consacré, lors de la phase préélectorale, 24 millions de dollars à la promotion du libre-échange — envois postaux et publicité gouvernementale. Pour la période de l'élection proprement dite, les conservateurs avaient prévu 8,1 millions de dollars : 2,4 millions destinés aux campagnes provinciales et 5,7 millions à la publicité, aux activités et aux tournées nationales (Frizzell *et al.* 1989, 15). Dans la dernière semaine de la campagne, les conservateurs ont dépensé 2 millions de dollars en publicité, contre 3 millions pour les libéraux et pour les néo-démocrates (*Maclean's*/Decima 1988, 24; Frizzell *et al.* 1989, 45). Il est bien évident que cet effort national de publicité, de même que le temps d'antenne gratuit, ne pouvait que se répercuter sur les communications au niveau des campagnes locales. Précisons que 26 % des répondants dans le cadre d'un sondage effectué immédiatement après l'élection ont déclaré que ces annonces les avaient aidés à prendre leur décision (*Maclean's*/Decima 1988, 19).

De plus, en accord avec le parti national ou les responsables de campagne des circonscriptions voisines, les trois candidats en lice dans Halifax se sont « associés » à ces annonces régionales ou ont produit les leurs en se basant sur le ou les modèles nationaux. Cette démarche concertée aura permis de produire et de diffuser des messages à des tarifs préférentiels (les candidats locaux n'ayant habituellement à payer qu'un montant fixe à l'organisation nationale ou à céder, par écrit, une partie de leur remboursement postélectoral); mais les annonces placées dans les médias régionaux ou nationaux exigeaient également une coordination, ce qui fournissait à l'organisation nationale le prétexte voulu pour une redéfinition du style et du contenu du message au niveau local.

Les débats télévisés

Tous les directeurs de campagne interrogés reconnaissent que les stratégies déployées par les chefs nationaux lors des débats, de même que l'issue présumée des débats eux-mêmes, ont également eu une très grande incidence sur la campagne, aux premières lignes. Les enjeux ayant fait l'objet des débats étaient déjà inscrits dans les programmes, particulièrement le libre-échange; John Turner, qui serait sorti gagnant des débats, a ainsi pu reprendre du terrain dans la course. Ed Broadbent a par contre perdu sur tous les tableaux. Non seulement sa compétence a-t-elle été remise en cause à la suite des débats, mais il a aussi dû céder le pas à John Turner comme champion de l'opposition au libre-échange.

En Nouvelle-Écosse, les remous créés par les débats se firent sentir sur les campagnes locales. Pour les néo-démocrates de Halifax et d'Annapolis Valley–Hants, les débats furent un désastre. En plus d'y perdre l'atout Broadbent, ils y ont également perdu la bataille du libre-échange, ainsi que les électeurs stratégiques, au profit des libéraux. Qui plus est, John Turner a réussi le tour de force, dans le cadre des débats, d'accuser le NPD de chercher le retrait de l'OTAN et de NORAD, perspective qui ne convenait pas nécessairement à la population de Halifax, ville de garnison. Le NPD de Halifax a fait des pieds et des mains pour convaincre les Canadiens des provinces de l'Atlantique qu'ils ne devaient pas faire confiance aux libéraux ou aux conservateurs, et que Ray Larkin et le NPD étaient les seuls vrais défenseurs de la région, mais en vain, car ils étaient impuissants à se démarquer de la campagne nationale.

Pour les libéraux de Halifax et d'Annapolis Valley–Hants, les débats ont bien sûr eu l'effet opposé. Ils ont renforcé leur position vis-à-vis du libre-échange, ressuscité leur leader et insufflé de l'énergie aux militants. Lorsque les sondages ultérieurs aux débats ont démontré que les libéraux étaient toujours dans la course, on assista, en une nuit, à une augmentation de 400 % du nombre des bénévoles et à un accroissement spectaculaire des contributions à la caisse électorale (Entrevue, Clancy).

Les conservateurs locaux, quant à eux, ne pouvaient plus désormais éviter la question du libre-échange. Tant Stewart McInnes que Pat Nowlan durent repenser leur plan de campagne de manière à compenser le ressac anti-libre-échange et pro-Turner. Ainsi Pat Nowlan qui, avant le débat, avait cherché à se dérober à toute discussion relative au libre-échange, s'est aussitôt employé (et ce, très ouvertement) à détruire les « mythes et mensonges » des libéraux et des néo-démocrates à propos du libre-échange (Entrevue, Jefferson).

En résumé, peu importe le poids qu'on attribue aux débats sur l'issue du scrutin, ceux-ci auront tantôt appuyé, tantôt miné les efforts de communication au niveau local, en plus d'agir sur le comportement des candidats, des militants et des sympathisants (Entrevues, Gill, Stinson, Campbell, Jefferson, Mattson et Watt).

Les tournées politiques

Les tournées effectuées par les chefs et les ténors politiques représentaient un autre moyen offert aux partis pour donner du poids à la campagne locale. (Toujours d'après les résultats du sondage *Maclean's*/Decima déjà évoqué, 24 % des personnes interrogées ont déclaré que les tournées les ont aidées à prendre leur décision.) Les étapes des tournées étaient choisies avec le plus grand soin. On consacrait à chaque région un certain laps de temps.

> Il s'agissait de choisir tel ou tel endroit dans une circonscription de la province parce qu'il était significatif par rapport au thème du jour, ou encore parce qu'on accordait une grande importance au sort que les électeurs réserveraient au parti, au niveau local, dans l'optique d'un gouvernement majoritaire. (Frizzell *et al.* 1989, 20.)

Halifax, circonscription « chaude » et métropole régionale, reçut une attention particulière de la part des gros canons de chaque parti. Brian Mulroney, Michael Wilson et John Crosbie se firent les porte-drapeaux du PC dans Halifax. John Turner, Sheila Copps, Eugene Whelan et Vince Maclean (chef du Parti libéral en Nouvelle-Écosse) défendirent les couleurs des libéraux dans Halifax et dans Annapolis Valley–Hants. À l'occasion d'une de ses visites à Halifax, John Turner s'est présenté à une conférence de presse flanqué de la quasi-totalité des 32 candidats libéraux de l'Est. Il en a profité pour dévoiler une « Charte du Canada atlantique », plate-forme électorale en 12 points du PLC, où l'on retrouvait les sujets de préoccupation du Canada atlantique : les autoroutes, les achats effectués par l'État, le tourisme, la décentralisation des ministères fédéraux et l'aide économique dans les domaines des pêches et de l'énergie. Le NPD a misé 1,5 million de dollars en frais de déplacement, Ed Broadbent se rendant à deux reprises à Halifax (Entrevue, Gill).

L'une des visites d'Ed Broadbent illustre à merveille l'importance accordée par les candidats locaux aux tournées des vedettes du parti, le genre de tensions pouvant découler du conflit entre les priorités nationales et locales, et l'impact sur les campagnes locales des erreurs (par action ou par omission) du parti à l'échelon national. Pendant toute la campagne, les néo-démocrates de Halifax ont essayé d'obtenir des déclarations et des messages particuliers d'Ed Broadbent relativement à deux des questions les plus controversées dans la circonscription : l'acquisition, par le Canada, de sous-marins à propulsion nucléaire et la parité salariale des débardeurs des côtes Est et Ouest. Après de nombreux jeux de coulisse, il fut convenu qu'Ed Broadbent ferait une déclaration, au cours d'une conférence de presse fort courue, prenant fait et cause pour les 2 500 débardeurs du port de Halifax mobilisés pour éliminer l'écart de 3,46 $ avec leurs confrères de la côte Ouest. Or, à l'heure dite, il n'y eut pas de déclaration, l'organisation nationale ne désirant pas qu'Ed Broadbent ou le parti s'associe trop ouvertement au monde syndical. Le candidat local reprocha vertement au parti de s'intéresser davantage aux séances de photos pour la presse nationale — avec Halifax en toile de fond — qu'à la défense des principes et des intérêts locaux. Après une séance orageuse avec les néo-démocrates de la circonscription, Ed Broadbent prit position en faveur de l'équité salariale des débardeurs, lors d'une conférence de presse de moindre envergure et loin des projecteurs de la télévision nationale (Entrevue, Larkin). Mais le mal était fait; la campagne locale du NPD était isolée non seulement par rapport aux organisateurs nationaux, mais aussi par rapport aux militants syndicaux locaux. Bref, en plus de fournir des séances de photos aux candidats locaux, les tournées des chefs au-ront servi de trait d'union entre les campagnes et les questions locales et nationales, tant du point de vue organisationnel que du point de vue symbolique, parfois aux dépens des candidats locaux.

Et c'est précisément à cause de ce « jumelage » des candidats locaux et nationaux, particulièrement en ce qui a trait au libre-échange, que le candidat conservateur dans Annapolis Valley–Hants n'a pas sollicité la visite de Mulroney, des autres membres du cabinet fédéral ou de quelque chef de file du libre-échange (Entrevue, Jefferson). Il reste à savoir s'ils seraient venus... mais là n'est pas la question. Tant les conservateurs que les néo-démocrates tenaient la circonscription d'Annapolis Valley–Hants pour acquise au PC; toute démarche à l'échelon national pour l'intégrer à la tournée aurait probablement été vaine. (Comme nous l'avons fait remarquer, quelques figures de proue libérales se sont quand même rendues dans Annapolis Valley–Hants au cours de la campagne, ce qui laisserait supposer que, malgré la piètre performance de leur parti à l'élection précédente, les « stratèges » du parti n'avaient ni déclaré forfait dans la circonscription ni abandonné John Murphy.)

Chacun des partis nationaux pouvait « orienter » quelque peu la presse écrite de la Nouvelle-Écosse vers une campagne locale particulière en faisant connaître une assemblée quotidienne qu'il souhaitait voir couverte. Ainsi les responsables du *Chronicle-Herald* (Halifax) s'engagèrent, auprès des trois partis, à dépêcher un reporter à chacune des manifestations désignées à l'avance, sans toutefois promettre qu'un article serait publié, ou même rédigé.

En résumé, bien que nous n'ayons noté nulle preuve d'intervention directe ou de diktat émanant du parti national pour ce qui est de la sélection des candidats locaux et de leurs stratégies de communication pour la campagne, nous n'avons, en revanche, découvert que peu d'éléments permettant de conclure à l'autonomie et à la souveraineté des circonscriptions relativement à ces mêmes stratégies. Si l'on peut affirmer que les instances nationales n'ont pas imposé de thème aux candidats locaux et ne leur ont pas précisé la façon d'aborder les questions nationales, il n'en reste pas moins que l'intégration verticale et l'incidence des stratégies nationales étant ce qu'elles sont, les candidats locaux ne pouvaient que se laisser porter par les vagues résultant des enjeux et de la personnalité des leaders nationaux. Même là où l'on a tenté avec l'énergie du désespoir (par exemple le NPD de Halifax) de se distancier des forces nationales, il était impossible d'éviter les remous déclenchés à l'échelon fédéral. En dépit d'objectifs distincts, de conditions dissemblables et de personnalités différentes, les campagnes locales ne pouvaient échapper aux courants associés aux organisations mères. Que cela ait plu ou non aux travailleurs des campagnes locales, tout les poussait à coordonner leurs stratégies de communication avec celles de la campagne nationale, alors que rien ne favorisait le décalage par rapport à cette dernière. On peut donc dire que si, à l'échelon local, les organisations, les politiques et les techniques de propagande électorale n'ont été qu'une réplique de la situation prévalant au fédéral, la chose pourrait fort bien s'expliquer par les efforts concertés des organisations nationales pour façonner des identités « corporatives » et des campagnes médiatiques constantes, cohérentes et gagnantes.

LA DIMENSION « INTRAMÉDIATIQUE »

L'importance des facteurs d'intégration verticale dans l'influence des stratégies, des enjeux et des candidats à l'échelle locale ne saurait faire oublier le rôle de premier plan que les médias ont joué pour faire de cette élection un plébiscite des leaders nationaux et des questions de l'heure. En réalité, on pourrait presque appliquer le même commentaire aux relations entre les organes de la presse locale et nationale. Si l'économie d'échelle, le phénomène de la spécialisation et l'intégration verticale des organisations de campagne ont permis aux partis de contrôler les stratégies de communication des organisations locales, on peut dire que les relations entre les médias nationaux et leurs clients ou stations affiliées devaient, elles, garantir dans les médias de l'endroit une plus grande importance aux événements d'ordre national qu'à ceux qui revêtaient un caractère local. En conséquence, les électeurs n'obtenaient qu'un minimum d'information sur l'incidence locale des enjeux nationaux, n'ayant pas souvent l'occasion de voir en quoi ceux-ci pourraient les toucher, ni même de connaître le point de vue de leur candidat à ce sujet.

Le profil des médias

Les principales stations de télévision de Halifax, CBC, ATV et MITV, sont affiliées ou appartiennent à des chaînes nationales — respectivement CBC, CTV et Global. Il n'existe pas de station locale dans Annapolis Valley–Hants, mais on y capte la plupart des retransmissions de Halifax. Pour ce qui est de la couverture des élections, toutes les stations ont, pour l'essentiel, adopté les mêmes techniques de collecte d'informations. En premier lieu, le temps alloué à la couverture des élections locales s'inscrivait dans une grille qui est implicitement employée partout dans l'industrie, et dans laquelle on consacre un temps déterminé aux nouvelles internationales, nationales, provinciales, sportives, artistiques et à la météo. Selon certains médias et d'après la plupart des « sources » des partis, c'est la station locale de CBC qui, pouvant compter sur des ressources supérieures, a offert la meilleure couverture des campagnes électorales dans Halifax et Annapolis Valley–Hants. En cours de campagne, elle a proposé à ses auditeurs plusieurs émissions de nouvelles ou d'affaires publiques traitant des deux circonscriptions locales — 11 pour Halifax et 4 pour Annapolis Valley–Hants (Entrevue confidentielle avec un employé de CBC). L'intérêt des médias télévisés s'est surtout manifesté dans les dernières semaines de la campagne. La couverture locale était d'autant plus restreinte que les reporters n'étaient pas des spécialistes de la politique et couvraient la campagne à temps partiel. Plus significatif encore, la plupart des reportages — retransmissions ou « tuyaux » nationaux provenant des sociétés mères — passaient en ondes tels quels ou subissaient une petite retouche pour laisser place aux réactions locales. Autrement dit, la couverture électorale donnée par les stations locales fut tributaire des reportages émanant des sources nationales.

Les principales stations de radio dans Halifax et Annapolis Valley–Hants entretiennent le même genre de relations avec les chaînes nationales. CJCH est une filiale de CHUM, de Toronto. Pour la couverture électorale, elle devait s'en remettre à Broadcast News, à la

Presse canadienne et à CHUM. Parce qu'elle est logée à la même adresse qu'ATV (autre station de CHUM), CJCH utilise également l'information de CTV. CHNS Radio, pour sa part, est une filiale de Maclean-Hunter. Sa couverture électorale dépendait de Broadcast News et de Newsradio. Annapolis Valley Radio (AVR) est affiliée à Broadcast News. Sa couverture était constituée, à 90 %, d'éléments reçus de Broadcast New Audio Service; elle produisait environ 10 % de ses nouvelles au niveau local. Le directeur des nouvelles d'AVR faisait remarquer, à ce propos :

> Les circonscriptions locales ne regorgent pas de nouvelles intéressantes. Le National nous envoie ses meilleurs bulletins, que nous épluchons pour en dégager les plus pertinents, dont nous faisons alors nos grands titres. Habituellement, nous enchaînons avec un à-côté local ou la réaction des candidats d'ici.

Comme pour la télévision, aucun reporter radiophonique n'était chargé de couvrir spécifiquement les campagnes locales. Le temps réellement consacré à la chose politique (pas nécessairement aux élections) dans chaque tranche de six minutes dépassait rarement une minute. L'équipe d'AVR constituant la plus importante agence privée de la région (sept reporters), le temps d'antenne accordé par d'autres stations pouvait difficilement lui être supérieur.

Tous les travailleurs des campagnes locales reconnaissaient que la couverture de la presse écrite était supérieure à celle de la télévision et de la radio; et la plupart des observateurs de la scène politique du Canada atlantique sont d'avis que le *Chronicle-Herald* (Halifax) est LE journal à lire dans la région. Étant l'un des rares organes de presse indépendants du Canada, il domine le marché de Halifax. Selon les statistiques du ministère de l'Industrie, du Commerce et de la Technologie du gouvernement de la Nouvelle-Écosse, ce quotidien tire en moyenne 88 730 exemplaires par jour; et ce nombre grimpe à 146 619 si l'on tient compte de sa version d'après-midi, le *Mail-Star*. Signalons que le seul concurrent, le *Daily News*, tire à 28 000 exemplaires (Nouvelle-Écosse, Ministère 1990b, 58). Le *Chronicle-Herald*, qui dispose de bureaux à Ottawa, à Toronto et un peu partout dans le Canada atlantique, comptait en novembre 1988 quelque 45 reporters. Le journal a même un bureau dans Annapolis Valley–Hants. Nous avons donc décidé d'examiner sa couverture électorale pour voir quelle place y occupaient les candidats, les enjeux et les points de vue nationaux et locaux.

Nous voulions également établir une comparaison entre ce journal et ses cousins ruraux d'Annapolis Valley–Hants — l'*Advertiser* (tirage : 9 992 exemplaires), le *Hants Journal* (tirage : 5 266 exemplaires) et le *Register* (Berwick) (tirage : 2 747 exemplaires) (Nouvelle-Écosse, Ministère 1990a, 59). Ces trois principaux hebdomadaires d'Annapolis Valley–Hants appartiennent à Cameron Publishing, qui en assure également l'exploitation. La propriété y est à ce point concentrée que les trois hebdos se partagent les journalistes, se font de la publicité entre eux et ne se livrent nullement concurrence dans la cueillette d'informations. Contrairement à ce qui se passe au *Chronicle-Herald*, les journaux locaux d'Annapolis Valley–Hants ne reproduisent pas les dépêches des agences de presse et ne s'arrêtent pas aux événements nationaux à moins de leur trouver une couleur locale ou d'obtenir à leur sujet des réactions locales. Un directeur de l'information (Brent Fox, de l'*Advertiser*) décrivait la chose ainsi : « Nous observons les élections par l'autre bout du microscope. » Cependant, malgré la perspective locale de ces hebdomadaires, les ressources consacrées à la couverture de l'élection locale étaient dérisoires. Un ou deux journalistes suivaient de temps en temps la campagne, au gré de leurs disponibilités et à condition qu'il n'y ait rien de plus intéressant à couvrir. La plupart des reporters voyaient dans Annapolis Valley–Hants une campagne plutôt terne, dénuée d'envergure et de concurrence, donc peu susceptible de justifier des reportages. La majorité des journalistes affectés à la campagne étaient des généralistes débutants; et, à en juger par la difficulté qu'on a eu à les localiser, ils ont bien souvent été chercher ailleurs des lendemains meilleurs.

La stratégie sous-jacente à la couverture de l'élection nationale, au *Chronicle-Herald*, était relativement simple. Pendant les deux premières semaines, le journal a virtuellement laissé tomber la campagne nationale. Au cours des quelques semaines qui suivirent, il s'en est remis aux services de dépêches de la Presse canadienne et à ses bureaux du Canada central. Contrairement aux autres grands journaux nationaux, le *Chronicle-Herald* n'a pas suivi la tournée des chefs. On a couvert les chefs chaque fois qu'ils sont venus dans la région; il ne restait que deux semaines de campagne quand on a confié à deux reporters le mandat de suivre les déplacements des chefs libéral et conservateur. Et l'on ne s'est préoccupé de la tournée d'Ed Broadbent qu'une semaine plus tard. Pour les responsables du *Chronicle-Herald*, les tournées des chefs, taillées sur mesure pour les médias électroniques, ne se prêtaient pas tellement aux besoins de la presse écrite. Aux yeux du directeur du journal, les médias avaient couvert trop d'événements spécialement conçus pour la télévision en 1984; il était donc résolu à ne pas laisser la chose se reproduire. Le journal avait par conséquent tracé un plan de route qu'il a rigoureusement suivi. La priorité était d'abord accordée à l'information provinciale, puis à l'information régionale, et finalement, à l'information nationale. De l'avis général donc, le journal était peu enclin à suivre la vague nationale.

L'analyse du contenu des journaux

Dans le but d'évaluer de manière systématique le profil de la campagne dans les médias écrits, nous avons entrepris d'analyser le contenu de plusieurs journaux de la Nouvelle-Écosse (voir l'annexe). Comme l'illustre le tableau 6.3, les sources et les protagonistes nationaux ont apparemment bénéficié d'une couverture légèrement plus importante, pour ce qui est du nombre total d'articles, que leurs homologues locaux dans les journaux de l'endroit. Par exemple, 51,6 % des articles mettaient en scène des protagonistes nationaux contre 48,4 % pour les protagonistes locaux (voir également le tableau 6.7). Mais si l'on tient compte de la prépondérance accordée aux sources et aux protagonistes nationaux et locaux — l'emplacement de l'article dans le journal, sa longueur et le type de reportage —, on s'aperçoit que les questions d'ordre national ont été nettement choyées (voir le tableau 6.2). Les sources et les protagonistes nationaux ont monopolisé la une, l'éditorial, les chroniques et les commentaires, alors que les campagnes

Tableau 6.2

Emplacement des articles consacrés aux sources d'information et aux protagonistes nationaux et locaux dans les journaux de Halifax et d'Annapolis Valley–Hants

Visibilité	Sources nationales		Sources locales		Protagonistes nationaux		Protagonistes locaux	
	N	%	N	%	N	%	N	%
Une	179	85,2*	31	14,8*	195	80,9*	46	19,1*
Pages locales	3	12,0	22	88,0	9	31,0	20	69,0
Pages provinciales	3	21,4	11	78,6	3	42,9	4	57,1
Éditoriaux	27	100,0	1	0,0	19	81,8	5	18,2
Chroniques / commentaires	8	88,9	1	11,1	13	92,9	1	7,1
Cahier élections	164	42,2	225	57,8	157	37,8	258	62,2
Autres cahiers / annonces	8	16,7	40	83,3	3	6,8	41	93,2
Total	392	54,2	331	45,8	399	51,6	375	48,4

*Lus horizontalement, les pourcentages des deux colonnes « Sources » ou des deux colonnes « Protagonistes » totalisent 100.

N : nombre d'articles; % : pourcentage des articles figurant sur cette page.

locales étaient reléguées aux pages locales ou provinciales, au cahier sur les élections, ou à d'autres cahiers (souvent publicitaires).

Le profil demeurait sensiblement le même lorsqu'on comparait la longueur des articles. Les trois quarts des reportages de moins de huit paragraphes étaient strictement locaux. Seulement 31 % des articles plus substantiels émanaient de sources locales ou avaient trait à des protagonistes locaux. Cela apparaît d'autant plus significatif que presque 62 % de tous les articles répertoriés atteignaient ou dépassaient le seuil des huit paragraphes. Phénomène semblable, les sources et les protagonistes nationaux prédominaient au chapitre des nouvelles, des articles de fond, des commentaires, des photographies et des caricatures, alors que les campagnes locales se retrouvaient dans les rubriques du genre reportages, portraits de candidats, publicité ou information électorale.

La comparaison des couvertures électorales accordées respectivement par les journaux de Halifax et par ceux d'Annapolis Valley–Hants aux campagnes nationale et locale nous a permis de relever une profonde différence, qui vient confirmer les stratégies médiatiques déjà décrites (voir le tableau 6.3). Là où le *Chronicle-Herald* consacrait presque 60 % de sa couverture à des sources et à des protagonistes nationaux, les articles des journaux d'Annapolis Valley–Hants étaient, à 75 %, à caractère exclusivement local. Il ne faudrait pas en conclure que l'électorat rural est moins influencé par les enjeux et les protagonistes nationaux. En effet, dans la circonscription

Tableau 6.3
Sources et protagonistes nationaux et locaux dans les journaux de Halifax et d'Annapolis Valley–Hants

Journal	Sources nationales		Sources locales		Protagonistes nationaux		Protagonistes locaux	
	N	%	N	%	N	%	N	%
Chronicle-Herald (Halifax)	384	58,7	270	41,3	381	56,1	298	43,9
Advertiser (Kentville)*	8	22,2	28	77,8	15	31,3	33	68,8
Hants Journal	0	0,0	17	100,0	2	8,0	23	92,0
Register (Berwick)	0	0,0	16	100,0	1	4,5	21	95,5
Total	392	54,2	331	45,8	399	51,6	375	48,4

* Incluant le *Friday Advertiser*.

N : nombre des articles figurant dans chaque journal; % : pourcentage des articles figurant dans chaque journal.

d'Annapolis Valley–Hants, la majorité des lecteurs d'hebdomadaires achètent également le *Chronicle-Herald* et regardent les stations de télévision de Halifax. La différence peut tout simplement tenir au fait que les sources sont complémentaires et occupent différents créneaux de l'information et des affaires publiques.

Les données du tableau 6.4 confirment aussi, comme ce fut le cas à l'échelon national, que le libre-échange a volé la vedette pour la couverture par les médias, à Halifax et à Annapolis Valley–Hants. (En réalité, nos chiffres sont enclins à minimiser cette tendance, car nous n'avons pas intégré à notre échantillon les articles sur le libre-échange ne traitant pas des partis ou de l'élection.)

Tableau 6.4
Enjeux électoraux dans les journaux de Halifax et d'Annapolis Valley–Hants

Enjeux	Chronicle-Herald (Halifax)		Advertiser (Kentville)		Hants Journal		Register (Berwick)		Total[1]	
	N	%	N	%	N	%	N	%	N	%
Gestion gouvernementale	29	5,4	2	4,3	1	5,0	0	0,0	32	5,1
Libre-échange / économie	201	37,2	20	42,6	6	30,0	6	33,3	233	37,2
Éléments socioculturels	37	6,8	3	6,4	0	0,0	0	0,0	40	6,4
Environnement	13	2,4	3	6,4	0	0,0	0	0,0	16	2,6
Politique extérieure	17	3,1	0	0,0	1	5,0	0	0,0	18	2,9
Condition féminine	13	2,4	4	8,5	0	0,0	0	0,0	17	2,7
Volet fédéral / provincial	2	0,4	3	6,4	0	0,0	0	0,0	5	0,8
Régionalisme	2	0,4	0	0,0	0	0,0	0	0,0	2	0,3
Syndicat-patronat	6	1,1	0	0,0	0	0,0	0	0,0	6	1,0
Stratégies des partis	191	35,3	11	23,4	0	0,0	0	0,0	202	32,3
Divers / publicité	30	5,5	1	2,1	12	60,0	12	66,7	55	8,8
Total[2]	541	86,4	47	7,5	20	3,2	18	2,9	626	100

Total [1] donne le nombre et le pourcentage des articles traitant de chaque enjeu.
Total [2] donne le nombre et le pourcentage des articles dans chaque journal.

Les stratégies des partis étaient, à l'évidence, presque tout aussi importantes. En réalité, bien que le libre-échange ait fait la une et l'éditorial, les questions reliées à la stratégie des partis le reléguaient au deuxième rang dans les pages réservées aux nouvelles locales, aux nouvelles provinciales, aux chroniques, et dans le cahier électoral. La stratégie des partis faisait souvent l'objet d'articles de nouvelles plus courts. Là où le libre-échange dominait dans la catégorie « nouvelles », la stratégie de parti avait plus de chances de se retrouver dans les articles de fond et les commentaires. Là encore, des explications s'imposent. Sous la rubrique « stratégie de parti » étaient inclus les reportages sur les gagnants et perdants des débats et des sondages (voir l'annexe A). On notera également l'énorme fossé entre les deux grandes questions traitées et le reste du peloton. Par exemple, la rubrique « fédéral-provincial », incluant des sujets comme l'unité nationale et l'Accord du lac Meech, contenait moins de 1 % des articles répertoriés.

Comme le montre le tableau 6.5, non seulement la couverture médiatique locale a-t-elle mis l'accent sur les questions et les leaders nationaux, mais encore la perspective, ou le niveau d'analyse, proposée par les principaux journaux locaux offrait une saveur fortement nationale. On pourrait donc dire qu'il existe un rapport inversement proportionnel entre l'envergure d'un journal et la perspective qu'il adopte.

Tableau 6.5
Perspectives des journaux de Halifax et d'Annapolis Valley–Hants relativement aux enjeux électoraux

Niveau d'analyse	Chronicle-Herald (Halifax)		Advertiser (Kentville)		Hants Journal		Register (Berwick)		Total[1]	
	N	%	N	%	N	%	N	%	N	%
National	373	69,6	27	62,8	8	40,0	6	33,3	414	67,1
Local	82	15,3	16	37,2	12	60,0	12	66,7	122	19,8
Régional	80	14,9	0	0,0	0	0,0	0	0,0	80	13,0
International	1	0,2	0	0,0	0	0,0	0	0,0	1	0,2
Total[2]	536	86,9	43	7,0	20	3,2	18	2,9	617	100,0

Total [1] donne le nombre et le pourcentage des articles selon la perspective adoptée.
Total [2] donne le nombre et le pourcentage des articles dans chaque journal.

De plus, lorsqu'on isole ces données pour tenir compte d'abord de la visibilité, on découvre que 83,2 % des manchettes, pratiquement 100 %

des éditoriaux et des commentaires, et 59,3 % des articles publiés dans le cahier électoral s'en tenaient à une perspective nationale. Quant aux points de vue régionaux et locaux, comme prévu, ils se retrouvaient plutôt dans les pages consacrées aux nouvelles locales ou provinciales, présentant une fiche technique d'une circonscription ou un portrait d'un candidat. La perspective nationale était clairement favorisée (78,2 %) dans les articles de plus de huit paragraphes; les perspectives locales et régionales figuraient de manière plus significative dans les articles moins longs.

Enfin, si l'on s'arrête aux traits de caractère, on s'aperçoit, au tableau 6.6, que plus de 75 % de tous les articles répertoriés mettaient l'accent sur les prises de position des leaders et des candidats locaux plutôt que sur leurs antécédents ou leur personnalité. Cette tendance devait se maintenir pour tous les journaux étudiés, indépendamment du contenu, de la longueur des articles et de la rubrique dans laquelle ces traits se situaient, une constatation qui a de quoi surprendre les personnes qui ont toujours prétendu que les médias s'attardent trop à la personnalité des hommes et femmes politiques, ainsi qu'aux peccadilles ou aux éléments à sensation jalonnant la campagne. (Une étude semblable de la couverture télévisée aboutirait-elle à d'autres résultats ?) Au tableau 6.6, on en arrive à la même conclusion que les Études électorales canadiennes de 1988, à savoir que les prises de position des candidats ont le plus influencé le verdict de l'électorat[3].

Tableau 6.6
Traits de caractère des protagonistes mis en évidence dans les journaux de Halifax et d'Annapolis Valley–Hants

Traits de caractère	Chronicle-Herald (Halifax)		Advertiser (Kentville)		Hants Journal		Register (Berwick)		Total[1]	
	N	%	N	%	N	%	N	%	N	%
Antécédents personnels	69	12,7	6	16,2	1	5,3	2	11,1	78	12,6
Prises de position politique	429	78,7	29	78,4	14	73,7	15	83,3	487	78,7
Personnalité	47	8,6	2	5,4	4	21,1	1	5,6	54	8,7

Note : Le total donne le nombre et le pourcentage des articles mettant l'accent sur chaque trait.

L'analyse de contenu de la couverture accordée par la presse écrite locale corrobore, dans une large mesure, l'orientation avant tout nationale des médias locaux lors de l'élection fédérale de 1988. Non seulement la couverture électorale était, en grande partie, consacrée aux leaders, aux enjeux et aux points de vue nationaux, mais encore les événements considérés comme locaux découlaient, par leur contenu, de rebondissements nationaux. Au même titre que les sections locales des partis, qui s'étaient vues contraintes d'accepter une adaptation vaguement locale des communiqués émanant de l'échelon national, les médias locaux ont consacré la majeure partie de leur attention à accoler une couleur locale aux événements nationaux. Non seulement les dépêches nationales semblaient plus dignes d'intérêt, mais elles s'avéraient plus économiques à reproduire et à utiliser que s'il avait fallu les exécuter localement. On notera cependant que nous n'analysons nullement l'effet des partis ou des groupes de presse sur l'éventail des choix offerts à la population.

À la longue, comme le soulignait Downs dans *An Economic Theory of Democracy* (1957), les adversaires politiques ont tendance à se rapprocher du centre de l'éventail thématique, et donc à vendre des « produits » semblables. Nous nous contentons de souligner le fait que, pour des raisons touchant surtout à l'intégration des médias, donc à la spécialisation et aux économies d'échelle qui en résultent, les médias devaient tenir le même raisonnement que les sections locales des partis : inutile de « réinventer la roue » pour les besoins de la campagne. Il suffisait d'adapter les nouvelles nationales au contexte local.

LA DIMENSION INTERNE DE LA CIRCONSCRIPTION

Les candidats locaux et les médias

Vu la grande dépendance dans laquelle se trouvaient les médias locaux par rapport aux données d'inspiration nationale, ils ne se livrèrent que fort peu à l'analyse prospective ou originale de l'élection ou des campagnes locales. Quand ils ne récupéraient pas les comptes rendus nationaux pour leur donner une saveur locale, les reportages des médias locaux reprenaient, pour la plupart, des éléments issus des assemblées contradictoires à l'intention de tous les candidats. Ainsi une station de télévision de Halifax a présenté une tribune hebdomadaire où les candidats locaux pouvaient débattre des sujets de l'heure. Et, comme par hasard, Mary Clancy et Pat Nowlan y ont souvent représenté leur parti. La télévision communautaire a diffusé des interviews avec les candidats (« meet the candidates ») ainsi qu'une partie de certains débats locaux. Les stations de radio offrirent des tribunes téléphoniques ou des débats auxquels étaient conviés un ou plusieurs candidats. Les journaux brossèrent un tableau des circonscriptions ou des candidats, en plus de publier les réponses aux questionnaires fournis par ces derniers.

C'est de façon unanime que les candidats ont dénoncé la couverture télévisée de la campagne. Les travailleurs des campagnes locales étaient d'avis que la formule adoptée pour les émissions de nouvelles et d'affaires publiques laissait peu de place à l'analyse, et montait en épingle les gaffes, les banalités et les confrontations spectaculaires. Selon les directeurs de campagne de Halifax, il était difficile d'obtenir du temps d'antenne aux nouvelles télévisées locales car, pour attirer du monde, les manifestations devaient avoir lieu après le souper. À cette heure, toutefois, il était trop tard pour faire la manchette des nouvelles locales de 17 h ou de 18 h, tandis qu'il était improbable que les bulletins de fin de soirée, axés vers le « national », s'en fassent l'écho. Or, le lendemain, c'était déjà de l'histoire ancienne !

La couverture de la presse écrite fut perçue de façon plus favorable; mais, là aussi, les avis étaient réservés : ce ne fut pas aussi mauvais qu'à la télé et ce fut impartial, en ce sens que toutes les campagnes eurent droit à la même couverture déficiente ! Les travailleurs des campagnes croient que certains événements locaux méritaient l'attention des médias, notamment le retrait, par la Société canadienne d'hypothèques et de logement, de fonds nécessaires à la construction domiciliaire; ou les tentatives des débardeurs d'obtenir la parité salariale avec leurs homologues de l'Ouest. Sans oublier le problème, d'intérêt régional, de la surpêche dans les Grands Bancs de Terre-Neuve. On a estimé que ces événements ont été boudés parce qu'ils ne figuraient pas à l'ordre du jour national adopté par les médias; et ceux qui ont fait l'objet de reportages n'ont donné lieu qu'à de vagues explications et à une recherche superficielle. Certains se sont plaints du « syndrome de la meute » chez les journalistes[4]. Beaucoup ont déploré la conception que se faisaient les médias d'une « couverture équilibrée[5] ».

Certains ont affirmé que les médias manquaient d'équité en accordant le même traitement aux campagnes énergiques et aux campagnes nonchalantes, puisque les candidats jouissaient tous d'un même temps d'antenne et d'un même « espace » pour répondre aux accusations qui leur étaient lancées et pour réagir aux événements organisés par d'autres candidats plus actifs. Certains (habituellement les « challengers ») ont même soutenu que, plutôt que d'offrir simplement un même temps d'antenne et un même espace à tous, les médias auraient dû jouer un rôle plus critique en publiant ou en diffusant leurs propres réactions devant les forces et les lacunes de la campagne, et en identifiant les vainqueurs et les vaincus. Aux yeux des militants d'Annapolis Valley–Hants, les médias, intimidés par le député sortant, auraient carrément évité toute controverse. D'un autre côté, les députés sortants dans les deux circonscriptions étaient d'avis que les médias, en se considérant comme l'opposition et en prenant position contre le libre-échange, avaient un parti pris contre eux.

Quant aux journalistes, ils ont eux aussi formulé une litanie de plaintes au sujet de la campagne locale. Parce que l'élection de 1988 en Nouvelle-Écosse coïncidait presque avec les élections provinciales et municipales, plusieurs journalistes ont souffert, au même titre que les militants et les électeurs, de « déprime électorale ». En outre, même si les campagnes ont donné lieu à un grand nombre de manifestations à caractère médiatique, aucun personnel supplémentaire n'a été embauché. Les trois élections ont hypothéqué les ressources humaines et financières, laissant peu de temps, d'énergie, voire d'intérêt, pour l'analyse électorale.

L'étendue de la circonscription fut également source de problèmes pour les reporters d'Annapolis Valley–Hants. Les activités se tenant loin, elles devenaient difficiles à couvrir tout en présentant un intérêt très relatif pour les abonnés locaux. De nombreux journalistes se sont également plaints des candidats eux-mêmes. Un journaliste a même soutenu que « [...] les candidats locaux sont ennuyeux, et leur campagne on ne peut plus banale. Ils évitent les dossiers chauds et servent tous la même rengaine, très peu substantielle. Tout ce qu'ils veulent, c'est de la publicité gratuite. » Pour les reporters d'Annapolis Valley–Hants, « c'est la compétition qui garantit une bonne couverture... or, elle brillait par son absence ! » (Dans cette circonscription, un nombre étonnant de journalistes ont admis ne pas avoir tenu compte des démarches du candidat néo-démocrate parce qu'il n'avait aucune chance de gagner.) Selon quelques journalistes de Halifax, on était poussé à rechercher le côté original ou spectaculaire du candidat ou de la candidate, de façon à accrocher le lecteur tout en damant le pion à la concurrence. Les candidats locaux ne fournissaient ni variété ni matière à reportages intéressants.

La prédominance de la télévision dans les stratégies de campagne au niveau national — comme les débats des chefs et les campagnes de publicité — ne s'est toujours pas matérialisée à l'échelon de la circonscription. Ainsi, même si tous les travailleurs des campagnes ont dénoncé l'inconstance et la piètre qualité de la couverture télévisée, les candidats locaux n'ont rien fait pour s'assurer un temps d'antenne aux nouvelles de 18 h ou de 22 h — sous forme de trames sonores de trente secondes ou d'occasions-photos — ni pour produire des éléments visuels qui soient accrocheurs ou, du moins, adaptés au média. Les principaux moyens retenus pour intéresser les médias locaux semblent avoir été les communiqués de presse télécopiés et les annonces d'intérêt public. Selon les médias de Halifax, le Nouveau Parti démocratique (NPD) local a mieux réussi que les autres partis à attirer l'attention des médias électroniques; toutefois, même cette campagne relève de l'amateurisme lorsqu'on la compare à une offensive nationale. On peut dire, dans une certaine mesure, qu'un grand nombre de stratégies de communication employées par les organisations politiques, au niveau local — notamment les communiqués de presse — sont incompatibles avec la nature des médias électroniques, où l'accent porte sur le visuel et le sonore. Cette situation peut à son tour expliquer le manque d'intérêt de la radio et de la télévision locales envers la campagne locale.

Beaucoup de reporters se sont demandé s'ils avaient pour mandat d'activer la campagne locale ou de formuler des jugements. Presque tous, dans le milieu médiatique, reconnaissaient et défendaient le principe voulant que les candidats et candidates des grandes formations politiques bénéficient d'un traitement égal, se fassent poser des questions semblables et reçoivent un droit de réplique. Le seul parti pris admis par les reporters tiendrait au degré d'attention accordé aux députés sortants. On semblait reconnaître que ces derniers bénéficient habituellement de plus d'attention parce qu'ils sont plus connus, ont davantage de choses à dire, ont plus à perdre et suscitent une attention toute particulière de la part des autres candidats. Surtout, comme le disait Al Kingsbury, un reporter du *Chronicle-Herald* (Halifax) : « Les députés sortants du gouvernement jouissent d'un énorme avantage; ils distribuent de l'argent, annoncent la création d'emplois et de projets [...] Peut-être a-t-on peur, quelquefois, de paraître partisan, mais le gouvernement, c'est le gouvernement. »

Dans notre analyse de contenu, nous n'avons pas trouvé grand-chose pour appuyer les allégations de favoritisme des médias à l'endroit des députés sortants (voir le tableau 6.7). En tant que protagoniste au niveau national, le premier ministre Mulroney a été mentionné plus souvent que John Turner ou Ed Broadbent. À l'échelle locale, cependant, les « challengers » libéraux John Murphy et Mary Clancy retinrent plus l'attention que leurs rivaux déjà en place. En tant que sources de nouvelles électorales ou à titre d'organisateurs d'événements, Brian Mulroney et John Turner ont joui d'une couverture égale, alors que les députés sortants de Halifax et d'Annapolis Valley–Hants furent respectivement favorisé et défavorisé à cet égard. À une exception près (dans Annapolis Valley–Hants), les candidats du NPD ont moins retenu l'attention, à la fois au niveau national et au niveau local, tant comme protagonistes mentionnés que comme objets de reportages. Dans l'ensemble, comme on l'a vu, les chefs des partis nationaux obtinrent une couverture quatre fois plus importante que celle de leurs candidats locaux.

Tableau 6.7
Candidats nationaux et locaux en tant que protagonistes principaux et sources de reportages

	Protagoniste		Source principale	
	N	%	N	%
Broadbent	63	7,6	70	9,4
Mulroney	140	16,8	108	14,4
Turner	130	15,6	108	14,4
Clancy	23	2,8	18	2,4
Larkin	19	2,3	17	2,3
McInnes	21	2,5	20	2,7
Collins	19	2,3	15	2,0
Murphy	24	2,9	20	2,7
Nowlan	22	2,6	13	1,7
Autres, niveau national	124	14,9	128	17,1
Autres, niveaux local et provincial	248	29,8	231	30,9
Total	833	100,0	748	100,0

Note : Protagoniste fait référence au principal personnage couvert par la nouvelle; source principale fait référence à l'origine de l'information contenue dans la nouvelle; autres protagonistes / sources nationaux ou locaux fait référence à d'autres organisations / individus nationaux ou locaux couverts par la nouvelle.

Exception faite de la plus grande couverture accordée aux députés sortants, nous avons constaté que bien des reporters faisaient montre d'un grand cynisme vis-à-vis des politiciens en général, et surtout des députés sortants membres du parti au pouvoir, et qu'ils se voyaient un peu comme des chiens de garde. Une couverture plus importante ne signifie pas nécessairement une publicité favorable pour les députés sortants. Bref, la relation entre médias et candidats, au niveau de la circonscription, était plutôt tendue. Même dans Annapolis Valley–Hants, où le ton de la campagne était bien plus amical, seul un vernis de civilité masquait l'antipathie que se vouaient politiciens et journalistes.

Les candidats locaux et leurs ressources financières et humaines

Si les campagnes d'Annapolis Valley–Hants et de Halifax présentaient certaines similitudes quant au fond, elles se caractérisaient néanmoins par des différences considérables pour ce qui est des revenus et des dépenses notés pendant la course. Pour les contributions, comme on peut le voir au tableau 6.8, les candidats des principaux partis dans Halifax ont plus que doublé le montant récolté par leurs confrères ruraux (156 952 $ contre 71 688 $). Du côté des dépenses, les candidats de Halifax ont en général consacré à la publicité dans les médias plus que le double de ce que versaient leurs homologues hors des villes (83 670 $ contre 38 766 $). Les trois candidats de Halifax ont presque atteint la limite des dépenses permises, alors que dans Annapolis Valley–Hants,

Tableau 6.8
Dépenses et revenus lors de la campagne de 1988 dans Halifax et dans Annapolis Valley–Hants
(en dollars)

	Annapolis Valley–Hants			Halifax		
	PLC	PC	NDP	PLC	PC	NDP
Dépenses						
Radio	1 637	1 205	2 155	7 769	0	2 000
Télévision	0	0	0	0	0	0
Journaux	5 055	1 568	2 142	6 601	7 230	539
Achats du national	2 950	0	0	7 290	0	1 937
Autres médias	10 198	7 775	4 081	13 656	20 067	16 587
Total (médias)	19 840	10 548	8 378	35 310	27 297	21 063
Salaires	2 000	6 970	770	0	0	18 936
Frais de bureau	6 427	10 114	2 919	7 663	14 310	7 244
Déplacements	812	910	0	782	0	0
Divers	2 033	2 370	10	1 386	2 621	105
Total des dépenses	31 112	30 912	12 077	45 147	44 228	47 348
% du montant admissible	66,9	66,4	26,0	94,3	92,4	98,9
Revenus						
Remboursements	16 296	15 292	0	22 574	22 475	23 593
Contributions	35 673	25 048	10 967	36 367	87 093	33 492
Total des revenus	51 969	40 340	10 967	58 941	109 568	57 085
Surplus (déficit)	20 857	9 428	(1 110)	13 794	65 340	9 737

Source : Rapports des revenus et des dépenses de la campagne soumis au directeur général des élections (1988).

NPD : Nouveau Parti démocratique; PC : Parti progressiste-conservateur du Canada; PLC : Parti libéral du Canada.

les candidats ayant dépensé le plus n'ont utilisé que les deux tiers de la somme admissible (pour le NPD, cette proportion s'établissait à 26 %).

Il faut remarquer également qu'à l'exception du candidat néo-démocrate dans Annapolis Valley–Hants (qui a perdu son cautionnement), tous les candidats clôturaient la campagne avec un solide excédent à la caisse électorale. La défaite à l'élection de 1988 apporta certaines consolations à Stewart McInnes : il restait 65 340 $ en caisse pour les activités futures du parti. Ces écarts peuvent s'expliquer en grande partie par les différences d'intensité des deux campagnes, par les tarifs publicitaires des médias et par le bassin des donateurs potentiels.

Bien qu'on ait relevé des différences notables pour ce qui est des montants amassés et dépensés à des fins électorales dans Halifax et dans Annapolis Valley–Hants, les techniques de propagande électorale ne différaient pas sensiblement d'une circonscription à l'autre. Dans les deux cas, les stratégies retenues par les candidats pour rejoindre l'électorat reflétaient un véritable préjugé contre la télévision et la radio. Comme on le voit au tableau 6.8, et à une seule exception près, la publicité payante dans les médias électroniques fut peu utilisée, même par les députés sortants, pour communiquer avec les électeurs et électrices. La télévision fut sous-exploitée parce que la diffusion des messages coûte cher, que leur production est longue et onéreuse, et que les zones de diffusion ne concordent pas nécessairement avec les limites de la circonscription. Même si la câblodistribution coïncidait mieux avec ces limites, qu'elle était facile d'accès et gratuite, elle fut pour ainsi dire oubliée par les candidats locaux pour la simple raison que « personne ne s'en sert » ! Dans Annapolis Valley–Hants et dans Halifax, la couverture de la télévision communautaire consistait pour l'essentiel à retransmettre, en différé des extraits de débats réunissant tous les candidats, débats tenus dans les universités locales (respectivement Acadia et St. Mary's). On n'eut que très peu recours à la radio; les « challengers » s'en servirent surtout pour se faire connaître. (Les dépenses consenties en publicité radiophonique par Mary Clancy, candidate libérale de Halifax, correspondaient à plus du triple de celles de ses rivaux, parce que, comme l'a expliqué un de ses conseillers, « elle a une voix et une personnalité qui passent très bien à la radio ».) Tant pour l'information que pour la publicité, les journaux se révélaient un véhicule beaucoup plus accessible, donc très en demande. Malgré tout, c'est la production et la distribution d'autres supports publicitaires (panneaux, feuillets et imprimés divers) qui devaient accaparer, et de loin, le gros des ressources financières et humaines consacrées à la campagne locale.

Les entrevues avec les candidats et leurs conseillers ont confirmé ce penchant pour l'imprimé (ou le face à face) dans la communication électorale. Quand on leur a demandé de classer, par ordre d'importance, les diverses techniques utilisées pendant la campagne pour rejoindre l'électorat, les députés sortants ont placé, en tête de liste : identifier les électeurs et électrices et « faire sortir » le vote. Suivaient la distribution de documents et les rencontres entre tous les candidats. Les priorités des « challengers » étaient généralement semblables, même s'ils estimaient moins important de s'assurer que leurs partisans « sortent » pour voter. Jamais cependant, la publicité ou la couverture médiatique ne venaient en première place.

Ce sont les néo-démocrates de Halifax qui s'entendaient le moins sur le choix des tactiques de communication. Le coordonnateur provincial estimait que « l'on n'allait pas, pendant la campagne, redéfinir des valeurs fondamentales; aussi devrait-on, d'abord et avant tout, identifier et faire sortir le vote ». Les politiciens trouvaient important que « l'électeur puisse entrer en communication avec le candidat et discuter avec lui des enjeux ». Pour le directeur de la campagne, l'élément clé demeurait « la mise au point du profil du candidat et le positionnement médiatique ». Mais, même si l'on ne s'entendait pas sur l'impact des nouvelles, chacun reconnaissait que la sollicitation et les débats entre tous les candidats primaient, en fin de compte, sur le reste.

Les formations politiques prisaient les débats réunissant tous les candidats, compte tenu de la publicité qui en découlait. Tout comme au niveau national, ces débats étaient de rigueur dans la circonscription, et les médias locaux n'en rataient pas un. Les députés sortants, quant à eux, tentaient de les éviter ou, à tout le moins, de « limiter la casse ». La plupart se sont plaints que la couverture des débats locaux par les médias (surtout par la radio et la télévision) avait été superficielle et mettait l'accent sur les faits saillants ou sur des moments spectaculaires ou insignifiants. Les thèmes nationaux y prédominaient. Mais là s'arrête l'analogie avec les débats nationaux. À une exception près, les débats ne furent pas télévisés. En 1988, CBC avait organisé et diffusé dans toute la région, à titre expérimental, un débat entre tous les candidats de la circonscription de Halifax; cependant, à en croire un travailleur de campagne, cet événement eut lieu parce que la course dans Halifax se voulait le reflet des campagnes régionale et nationale (Entrevue, Godsoe). Il y eut prolifération de débats thématiques organisés par des groupes sociaux ou des établissements d'enseignement. Au cours de la campagne, on a compté neuf débats gravitant autour de questions ponctuelles dans Halifax, et quatre dans Annapolis Valley–Hants. Quelques candidats ont protesté contre l'atmosphère de foire qui y prévalait — avec des auditoires noyautés et des questions pièges. La plupart (surtout les « challengers ») trouvaient les débats fort utiles parce qu'ils constituaient des événements communautaires attirant beaucoup l'attention (même si l'assistance n'y était pas toujours des plus denses) et qu'ils forçaient les candidats à se pencher sur les préoccupations réelles des groupes hôtes.

Outre les assemblées contradictoires regroupant tous les candidats et celles où l'on ne pouvait rencontrer qu'un seul candidat, la sollicitation jouait un rôle tactique essentiel au niveau de la circonscription. Alors que, théoriquement, la sollicitation pouvait constituer un moyen pour l'électeur et le candidat de se renseigner mutuellement sur les faits saillants de la campagne, la démarche servit essentiellement, à l'échelon de la circonscription, à identifier et à susciter le vote. Tout débat sur les enjeux n'était donc qu'une entrée en matière. Tout effet d'instruction sur les personnes sollicitées n'était qu'aléatoire. Contrairement à ce qui se passe au niveau national, les résultats de la sollicitation (ou des sondages) ne servaient pas à accrocher les médias locaux, pas plus qu'ils ne permettaient d'évaluer l'efficacité des tactiques de communication.

Bref, abstraction faite du téléphone et du télécopieur, les stratégies de communication adoptées pour la campagne au niveau de la circonscription gravitaient autour de l'imprimé (brochures, panneaux d'affichage, placards), de la sollicitation et des assemblées publiques. Les dernières techniques de communication, comme la publicité télévisée, les sondages d'opinion, les messages vidéo, le télémarketing et la gestion informatisée des données, sont loin d'être prisées au niveau local, quand elles ne sont pas carrément écartées au profit de méthodes plus traditionnelles.

Les candidats et les groupes d'intérêt

Le changement le plus caractéristique au niveau de la circonscription, en 1988, fut sans doute la participation directe et très ouverte des groupes d'intérêt au processus électoral. Côté national, comme on le sait, le milieu des affaires a inondé le marché d'annonces vantant les mérites du libre-échange. L'Alliance canadienne pour le libre-échange et la création d'emplois, regroupant 35 entreprises et associations commerciales, a consacré près de 1,3 million de dollars à sa propre campagne. Le « Réseau canadien d'action » a dépensé 750 000 $ dans sa lutte contre l'Accord de libre-échange (*Maclean's*/Decima 1988, 26).

Ces campagnes publicitaires ont eu un impact considérable en Nouvelle-Écosse, comme partout ailleurs. En revanche, les groupes d'intérêt locaux sont loin d'avoir été aussi actifs dans Halifax et Annapolis Valley–Hants. Les médias locaux ployaient plutôt sous les communiqués de presse et les déclarations publiques des grandes sociétés de la région, comme Sobeys, National Sea et Clearwater, appuyant le libre-échange et laissant planer la menace de coupures d'emplois et de fermetures d'usines advenant le rejet de l'Accord. Inversement, les fédérations de travailleurs, d'agriculteurs et d'éleveurs de volaille ainsi que McCain Foods et quelques petites entreprises ont brandi le spectre du chômage, de la désindustrialisation, de l'instabilité politique et de la perte de la sécurité sociale si l'on adoptait le libre-échange. Pour la plupart des représentants des médias interrogés à ce sujet, il était difficile de ne pas tenir compte d'une telle « publicité » provenant de groupes d'intérêt, publicité traitant après tout de la création ou de la disparition d'emplois, d'ouvertures ou de fermetures d'usines, même si la plupart des journalistes se sentaient manipulés à des fins partisanes.

À l'activité des groupes d'intérêt sur le libre-échange, il faut ajouter celle de l'Alliance de la fonction publique du Canada (AFPC), qui s'est manifestée dans 17 circonscriptions à travers le Canada, dont Halifax. L'AFPC et le Dockyard Trades Council ont piqueté devant les bureaux de Stewart McInnes pendant toute la campagne et ont réussi à jeter quelque discrédit sur la campagne du candidat conservateur. Des sections locales du Congrès du travail du Canada et du Syndicat des travailleurs unis de l'automobile ont mené des tribunes téléphoniques, se sont livrées à du porte-à-porte, en plus d'entretenir une certaine agitation chez leurs membres. Bien que la notion de coup monté soit peut-être trop forte dans un tel contexte, des travailleurs de toutes les campagnes ont avoué avoir distribué des documents en provenance de groupes d'intérêt ou avoir été consultés avant que certaines mesures ne soient prises.

Comme dans le cas des débats et des sondages, il y a eu une véritable polémique quant à l'influence sur l'électorat ou sur la couverture médiatique de la propagande menée par des « tiers ». La plupart des candidats locaux se sont dits préoccupés par le fait que la propagande des groupes d'intérêt ne soit nullement réglementée, alors que les partis politiques sont, eux, tenus au respect le plus strict des limites statutaires. Vers la fin de la campagne, ayant presque dépensé les montants maximums permis, les candidats se sentaient démunis pour relever le défi que leur lançaient ces groupes d'intérêt. Mais là encore, si l'on fait abstraction du respect ou du non-respect des lois électorales, la propagande menée par les groupes d'intérêt nationaux démasquait des publicités locales ballottées comme les partis et les médias par les remous de la vague nationale.

CONCLUSIONS ET RECOMMANDATIONS

En résumé, cette étude conclut que la couverture médiatique et la communication électorale, dans Annapolis Valley–Hants et dans Halifax, furent à l'image de la campagne nationale, dans la mesure où l'accent a été mis sur les chefs, les enjeux et les points de vue nationaux, et dans la mesure où l'on a réagi tout simplement à ces stimuli. Cet état de choses peut être largement attribué à la volonté des partis et des médias de parvenir à « intégrer » la campagne, à en rationaliser le coût et à maximiser leurs profits. À des fins d'économies d'échelle et de spécialisation, et pour projeter une image « de marque » cohérente, les partis et les médias locaux se sont placés dans une situation de dépendance par rapport aux sièges sociaux. Ces constatations ne sont pas spécifiques à l'élection de 1988; elles continueront donc à rendre les campagnes fédérales plus « nationales ». (D'ailleurs, les nouvelles techniques de campagne, les restructurations corporatives et l'entrée en scène des groupes d'intérêt nationaux engendreront probablement une centralisation plus grande encore.)

Que cette perspective nationale soit acceptable ou non dépend beaucoup du parti pris avec lequel on aborde la question. La production et la diffusion à grande échelle d'éléments d'information devraient-elles reposer sur les épaules des partis et des médias ou les partis devraient-ils simplement mettre ces renseignements à la disposition des intéressés ?

La couverture médiatique de la campagne de 1988 a littéralement inondé l'électeur de données sur les chefs, les enjeux et le point de vue national. Mais il y avait d'autres sources de renseignements accessibles aux personnes souhaitant remonter le courant pour en savoir davantage sur les candidats locaux, analyser d'autres enjeux et connaître d'autres points de vue. Parmi ces sources, on retrouve la documentation préparée par les groupes d'intérêt et les syndicats, ainsi que les documents de campagne, que les partis, dans bien des cas, n'avaient pu distribuer, faute d'effectifs. Les électeurs en quête de précisions sur les politiques, ou ceux qui auraient aimé qu'on traite des perspectives et des sujets locaux ou nationaux moins à la mode, devaient par contre faire preuve de plus d'initiative et de dynamisme. Il est vrai qu'on a fait peu de cas de questions locales comme la pêche, le logement et le chômage, mais on a aussi ressenti l'absence, dans les débats et les discussions, de plusieurs problèmes nationaux, comme la réforme fiscale et le lac Meech. Même si ces autres questions ne faisaient l'objet ni de publicité ni de débats systématiques, les intéressés auraient pu avoir accès à un grand nombre de renseignements détaillés sur le sujet. Il n'en demeure pas moins que ces documents, préparés par les organisations centrales, véhiculaient, pour la plupart, un point de vue national.

Bien que la substance des campagnes fût semblable aux niveaux local et national, le style en était clairement différent. Les campagnes locales dans Annapolis Valley–Hants — et, dans une moindre mesure, dans Halifax — demeurent très traditionnelles. C'est surtout par le truchement d'imprimés, par la sollicitation et par les assemblées publiques que les candidats captent l'attention des médias et des électeurs. On peut attribuer en partie le manque d'intérêt suscité par les campagnes locales à la mentalité de succursale des instances locales des partis et des médias, ou à leur manque d'empressement à créer des reportages originaux ou à offrir l'information sous un jour nouveau. (Cette tendance s'explique fort bien quand on connaît le peu de ressources dont disposent les médias locaux.)

Même si nous avons noté quelques différences entre la campagne de Halifax et celle d'Annapolis Valley–Hants, il serait prématuré de les attribuer systématiquement au facteur urbain-rural. Certes, dans Annapolis Valley–Hants, il y avait un plus fort sentiment d'aliénation par rapport aux partis nationaux. Mais on pourrait fort bien expliquer ce sentiment en étudiant la nature de la course, la personnalité des candidats, le contexte économique de la circonscription, etc. Il ne faudrait pas oublier non plus que, malgré la similitude des thèmes de la campagne, tant au niveau national qu'au niveau de la circons-cription, l'issue n'était pas la même d'une circonscription à l'autre. Dans Halifax, le conservateur sortant a dû céder la place au « challenger » libéral, alors que dans Annapolis Valley–Hants, les quatre décennies de loyauté envers les conservateurs et le clan des Nowlan ont été déterminantes.

Finalement, si l'on envisage la chose sous l'angle « normatif », on fait face à un dilemme. D'un côté, nous souhaitons tous élire des députés faisant preuve d'une certaine indépendance, des hommes et des femmes qui ne troqueront ni leurs principes ni l'intérêt de leur circons-cription contre quelque avantage que ce soit, pour eux ou pour leur parti. D'un autre côté, nous maugréons contre l'absence de chefs qui feraient preuve de leadership et qui seraient capables de parler et d'agir avec force au nom de leur parti. Nombreux sont ceux qui affirment que les partis devraient servir d'agents d'intégration nationale et offrir, voire défendre, des plates-formes cohérentes dans tout le pays. Nous soutenons que les formations devraient traduire en décisions politiques les promesses contenues dans leur programme électoral. Comment concilier, dans une campagne électorale, des éléments apparemment aussi dichotomiques que l'unité et la diversité ? Des organisations politiques trop fortes rendraient presque superflus les candidats et les députés. Inversement, des parlementaires trop jaloux de leur autonomie ou de leur dogme compliqueraient singulièrement l'action du gouvernement.

Pour éviter de tomber de Charybde en Scylla, des recommandations visant une réforme devraient se situer à mi-chemin entre les excès : la réforme ne devrait être ni trop nationale, ni trop locale. Soyons clair là-dessus. La restructuration des partis et des groupes de presse ne relève pas du mandat de cette Commission. Peut-être ne faut-il pas non plus modifier le caractère national de l'activité électorale, mais plutôt 1) améliorer l'aptitude des circonscriptions et des médias locaux à faire inscrire leurs enjeux dans le programme électoral national; 2) fournir une meilleure analyse, sous un angle local, des contrecoups associés aux événements nationaux; et 3) aborder une plus vaste gamme de questions nationales au niveau local. Dans cette optique, on envisage un certain nombre de propositions.

On pourrait, par exemple, améliorer grandement le contexte de l'information locale en y greffant des énoncés de mission clairs et précis dans lesquels les candidats et candidates se définissent, en quelque sorte, et circonscrivent leurs objectifs et leurs positions par rapport aux questions nationales et locales revêtant, à leurs yeux, une certaine importance. Ces documents, produits par les candidats locaux, seraient distribués par Élections Canada (diffusion, postage, publication, moyens électroniques) à tous les électeurs inscrits.

Une utilisation plus judicieuse de la télévision communautaire serait également susceptible d'améliorer la qualité du débat public. On pourrait recommander que les câblodistributeurs mettent à la disposition des candidats locaux ou de la couverture de la campagne (gratuitement ou à titre payant) un certain temps d'antenne, mais on peut se demander si une telle ressource serait utilisée à grande échelle. D'après les directeurs des programmes dans la région étudiée, les candidats disposaient de beaucoup de temps d'antenne en 1988, mais ils ne s'en sont pas prévalus. Les ressources limitées de la télévision communautaire rendent difficile la « création » de reportages originaux par les maisons de câblodistribution; par conséquent, la couverture électorale qu'elles offrent est habituellement tributaire de demandes ponctuelles émanant des organisations politiques. La Commission devrait envisager la possibilité de recourir, auprès des candidats et des stations de télévision par câble, à des mesures incitatives — qui pourraient prendre la forme de subventions — susceptibles d'aboutir à une meilleure utilisation de ce média à des fins électorales.

Il serait également possible de rehausser le calibre de la communication électorale locale en renforçant la compétence des journalistes locaux et du personnel affectés à la campagne. La Commission devrait encourager les collèges, les universités et les écoles de journalisme à offrir des cours multidisciplinaires ou des stages (aux militants des partis et au personnel des médias) pour parfaire leurs connaissances des élections et des techniques de propagande électorale. Ou encore, la Commission pourrait recommander le remboursement d'une partie des frais encourus par les médias locaux pour l'embauche (en période électorale) de chaque nouveau journaliste affecté exclusivement à la couverture de l'élection.

La Commission pourrait également tenir compte de l'incidence (sur les candidats, sur les sympathisants ou sur les militants des partis au niveau des circonscriptions) des sondages rendus publics à l'échelle du pays, dont l'influence sur l'électorat reste contestable. Les directeurs de campagne s'entendent toutefois sur un point : les sondages ont de profonds effets sur le nombre de bénévoles et sur l'enthousiasme qu'ils manifestent. Il semble également se dégager un consensus parmi les militants des partis, voulant qu'on restreigne les sondages pendant certaines étapes de la campagne, et que les données de base soient accessibles chaque fois qu'on en divulgue les résultats. Peut-être la publication « à la une » des sondages devrait-elle faire l'objet d'une révision préalable par un comité de pairs, ou, à tout le moins, devrait-on donner aux partis « défavorisés » un droit de réplique lorsqu'on publie pour la première fois les résultats d'un sondage.

Comme dans le cas des sondages, les directeurs de campagne se sont dits fort préoccupés par la participation quelque peu anarchique des groupes d'intérêt au processus électoral. On doit déplorer le fait que l'activité des partis politiques, principaux garants des libertés d'association et d'expression dans les démocraties de type libéral, soit régie par les lois électorales lorsque celle de groupes aux intérêts plus étroits y échappe. L'apparition dans la mêlée de tiers partis semble singulièrement antidémocratique quand les ressources des candidats locaux sont limitées et que la charge des groupes d'intérêt atteint son paroxysme dans les dernières semaines de campagne, ou ne vise que certains candidats.

En ce qui concerne l'activité des groupes d'intérêt en cours de campagne, nous avons découvert plusieurs zones grises que la Commission pourrait vouloir scruter. Tant dans Annapolis Valley–Hants que dans Halifax, des travailleurs de campagne ont reconnu œuvrer de concert avec des groupes d'intérêt. Dans un cas, des membres d'un lobby des affaires ont consulté le candidat local avant de faire paraître leur annonce dans le journal. Ailleurs, le candidat local a distribué une brochure préparée par un tiers parti opposé au libre-échange. Si une telle connivence n'est pas monnaie courante, elle ne représente pas moins, pour les partis, la possibilité de se soustraire aux lois électorales régissant les dépenses et les revenus des candidats et candidates. De plus, cette situation peut entraîner la corruption du processus démocratique, en permettant aux groupes d'intérêt de devenir les partenaires secrets des partis et de leur organisation.

Autre exemple d'activité exercée par un tiers : la compagnie de câblodistribution locale Kings Cable a versé, dans Annapolis Valley–Hants, d'appréciables contributions aux caisses électorales des libéraux et des conservateurs (mais pas à celle des néo-démocrates). Ces dons créent l'apparence d'un conflit d'intérêts et sèment le doute sur l'impartialité de la couverture.

On a également prétendu devant nous que, dans Halifax, il était d'usage, pour les principaux cabinets d'avocats, de « détacher » un des leurs auprès des instances locales des partis (pour y agir à titre de directeur de campagne) dans l'espoir d'être récompensés comme il se doit après l'élection. (Au tableau 6.8, par exemple, on voit que, dans Halifax, les néo-démocrates ont déclaré avoir versé pratiquement 19 000 $ en salaires, alors que les libéraux et les conservateurs n'ont rien dépensé à ce chapitre.) On soupçonne également les agences de publicité d'avoir entretenu des rapports semblables avec les organisateurs locaux. Si elles s'avéraient exactes, de telles allégations jetteraient le discrédit sur les déclarations de revenus et de dépenses remises au directeur général des élections.

En résumé, il n'est pas du ressort de la Commission de recommander des changements structurels du système électoral, des partis politiques ou des conglomérats médiatiques; mais ce serait déjà un grand pas d'instaurer et de faire respecter des règles du jeu qui soient équitables pour les partis, les médias et les groupes d'intérêt. Cette Commission pourrait aussi soumettre des recommandations destinées à rehausser la qualité du débat électoral, en élargissant l'éventail de l'information proposée et des instruments de communication utilisés, ou en renforçant l'aptitude des candidats locaux et des médias à naviguer plus habilement en eaux troubles, de façon à sauvegarder la diversité locale sans pour autant saper l'unité de la nation ou celle du parti.

ANNEXE
MÉTHODOLOGIE

Cette analyse de contenu a nécessité le codage de tous les articles (il y en a 626) reliés à l'élection et ayant été publiés dans le *Chronicle-Herald* (Halifax), l'*Advertiser* (Kentville), le *Hants Journal* et le *Register* (Berwick) entre le 1er octobre, jour du déclenchement de l'élection, et le 21 novembre, jour du scrutin. Nous avons choisi ces organes de presse parce qu'ils ont le plus fort tirage dans Halifax et dans Annapolis Valley–Hants.

Les articles furent codés en fonction des sections des journaux dans lesquelles ils avaient paru, de leur longueur, de leur contenu, des sources, des protagonistes mentionnés, du trait de caractère souligné chez la personne visée, de la ou des questions qui y prédominaient, et de l'impression laissée par la question traitée.

Le tableau 6.2 donne une bonne idée des sections de journaux et des types d'articles codés.

Les « sources nationales » et les « sources locales » indiquent la provenance des renseignements contenus dans les articles codés (voir les tableaux 6.2, 6.3 et 6.8). Dans les « sources nationales » et les « protagonistes nationaux », on retrouve les chefs de partis, les entreprises, les syndicats, les sondages, les médias ainsi que les autres groupes de pression et personnalités se manifestant sur la scène nationale. Les « sources locales » et les « protagonistes locaux » englobent tout organisme ou groupe évoluant dans la région, la province ou la circonscription.

Au début, 11 « thèmes importants » furent codés (voir le tableau 6.4). Nous n'en avons conservé que deux — le libre-échange et les stratégies des partis. Sous l'étiquette « libre-échange », on a réuni les articles associant explicitement cette question à l'élection ou aux prises de position politiques des partis. Cette étiquette recouvre aussi d'autres sujets tels le chômage, l'inflation, la réforme fiscale et les taux d'intérêt. Le nombre de références à ces questions fut toutefois négligeable en 1988. Sous « stratégies de parti », nous avons classé les descriptions et les évaluations données par les journaux des stratégies et des tactiques de propagande électorale adoptées par les partis (instances nationale et locale) et par les candidats.

Au volet « niveau d'analyse », la question posée était la suivante : « Pour le sujet traité, l'article adopte-t-il une perspective nationale, régionale-provinciale, locale ou internationale ? » (Voir le tableau 6.5.)

Les « traits de caractère » mis en évidence et les « antécédents personnels » comprennent des références aux qualités de la personne, à l'expérience et à la profession. « Les prises de position politiques » ont trait aux déclarations d'un protagoniste par rapport à une question en particulier et à la connaissance qu'il en a. Par « personnalité », nous entendons compétence, intégrité, fiabilité, ouverture aux autres, etc. (voir le tableau 6.6).

NOTES

Cette étude a été complétée en août 1991.

Un certain nombre de personnes ont participé à l'analyse de contenu sur laquelle repose cette étude. David Bell, Gail Chamberlain et Frederick Fletcher ont contribué à l'élaboration du code de données. Notre assistante de recherche, Gail Chamberlain, a également assumé la tâche ingrate du codage de plus de 600 articles émanant des quatre journaux. Donald Naulls nous a initié au monde de l'analyse de contenu et nous a aidé à analyser les données. Nous n'aurions jamais pu nous livrer à une analyse de contenu sans leur aide.

1. Divers stratèges de partis laissent toutefois entendre que l'importance du candidat local est beaucoup plus complexe. Plusieurs représentants politiques croient que le candidat local ne « vaut » que 5 à 7 % du vote, perspective étayée par certaines études : voir Clarke *et al.* (1991, 113–115) et Bell et Fletcher (1991).

2. L'effet des sondages se révèle plus complexe que ne l'avaient d'abord cru les stratèges locaux. Selon Johnston *et al.* (1991), les sondages effectués dans le cadre de l'élection de 1988 interagissent avec les débats télévisés des chefs pour provoquer un vote stratégique et créer un effet d'entraînement. Mais les sondages prolifèrent également à l'échelle locale, augmentant l'intérêt suscité par plusieurs affrontements locaux (Fletcher 1990, 17). Des études ultérieures se pencheront certainement sur l'effet des sondages sur les campagnes nationale et locale.

3. Interrogés au sujet de l'influence des partis, des leaders et des candidats sur l'intention de vote, 70 % des répondants ayant privilégié les leaders et presque 60 % de ceux qui ont choisi les partis ou les candidats locaux ont déclaré que, dans leur cas, la décision avait aussi été motivée par un thème (Clarke *et al.* 1991, 114).

4. Taras (1990, 89) voit dans la couverture des grands événements, du genre campagne électorale, la racine du phénomène de « syndrome de la meute » : un groupe de journalistes couvrant les mêmes nouvelles, les mêmes discours, les mêmes communiqués de presse, et qui finissent par souscrire aux mêmes théories et rumeurs et par rédiger la même histoire. Bien des gens croient que cette « mentalité collective » des journalistes détermine en grande partie l'ordre du jour médiatique.

5. Fletcher (1990, 24) a dressé une liste de plusieurs obstacles à une couverture équilibrée dans les médias écrits : l'accent mis sur les chefs, le champ restreint des sujets auxquels on accorde une couverture significative, le ton négatif de la plupart des reportages, la prolifération des sondages organisés par les médias, et l'absence de comptes à rendre (en cas de réclamation, les diffuseurs ne rendent compte qu'au Conseil de la radiodiffusion et des télécommunications canadiennes).

ENTREVUES

Les entrevues furent réalisées en janvier et février 1991.

Parti libéral du Canada

Dan Campbell, directeur de campagne, Halifax.
Mary Clancy, candidate, Halifax.
Patricia de Mont, présidente de l'association de circonscription, Annapolis Valley–Hants.
Dale Godsoe, président de l'association de circonscription, Halifax.
John Murphy, candidat, Annapolis Valley–Hants.
Norman Watt, directeur de campagne, Annapolis Valley–Hants.
Carole Young, présidente de la campagne, Nouvelle-Écosse.

Parti progressiste-conservateur du Canada

Ron Gullon, président de l'association de circonscription, Annapolis Valley–Hants.
Clara Jefferson, directrice de campagne, Annapolis Valley–Hants.
Stewart McInnes, candidat, Halifax.
Patrick Nowlan, candidat, Annapolis Valley–Hants.
Dora Lee Smith, directrice des opérations, Nouvelle-Écosse.
Ross Stinson, directeur de campagne et président de l'association de circonscription, Halifax.

Nouveau Parti démocratique

Deana Beach, coordonnatrice, Canada atlantique.
Keith Collins, candidat, Annapolis Valley–Hants.
Jim Gill, directeur de campagne, Halifax.
Hector Hortie, président de l'association de circonscription, Annapolis Valley–Hants.
Ray Larkin, candidat, Halifax.
Steve Mattson, directeur de campagne, Annapolis Valley–Hants.
Dan O'Connor, agent de liaison avec le fédéral et conseiller en communication, Nouvelle-Écosse.
Mary Jane White, directrice de l'organisation, Nouvelle-Écosse.
Rick Williams, responsable des relations avec les médias, Halifax.

Médias

Teresa Brown, reporter, *Advertiser* (Kentville).
Mark Campbell, affectateur, Atlantic Television System.
Kim Christie, reporter, *Journal* (Hants).
Jim Crichton, directeur de l'information, 96 CHNS et FM-101 Radio.
Elizabeth Fisher, directrice des programmes, Kings Cable.
Michael Fleming, directeur de l'information, *Chronicle-Herald* (Halifax).
Brent Fox, reporter, *Advertiser* (Kentville).
Rick Howe, affectateur, 92 CJCH–C100 FM.

Al Kingsbury, reporter, bureau de Kentville, *Chronicle-Herald* (Halifax).
Jim Meek, journaliste et chroniqueur, *Chronicle-Herald* (Halifax).
Dick Pratt, directeur de l'information, Atlantic Television System.
Kelly Ryan, reporter, MITV.
Brett Smith, directeur de la programmation, Halifax Cablevision.
John Soosar, affectateur, Atlantic Television System.
Bill Spur, directeur de l'information, Atlantic Valley Radio.
Marila Stevenson, reporter, *Chronicle-Herald* (Halifax).

RÉFÉRENCES

Abramson, Jeffrey B., F. Christopher Arterton et Gary R. Orren,
  The Electronic Commonwealth, New York, Basic Books, 1988.

Bell, David V.J. et Frederick J. Fletcher, (dir.), *La communication avec
  l'électeur : Les campagnes électorales dans les circonscriptions*, vol. 20
  des études de la Commission royale sur la réforme électorale et
  le financement des partis, Ottawa et Montréal, CRREFP/Dundurn
  et Wilson & Lafleur, 1991.

Bell, David V.J., Frederick J. Fletcher et Catherine M. Bolan,
  « La communication électorale dans les circonscriptions — Résumé
  et conclusion », dans David V.J. Bell et Frederick J. Fletcher (dir.),
  *La communication avec l'électeur : Les campagnes électorales dans les
  circonscriptions*, vol. 20 des études de la Commission royale sur
  la réforme électorale et le financement des partis, Ottawa et Montréal,
  CRREFP/Dundurn et Wilson & Lafleur, 1991.

Canada, Statistique Canada, *Circonscriptions fédérales électorales
  — Ordonnance de représentation de 1987 : Partie 1, Profils*, Ottawa,
  Ministre des Approvisionnements et Services Canada, 1988.

Caplan, Gerald, Michael Kirby et Hugh Segal, *Election : The Issues,
  the Strategies, the Aftermath*, Scarborough, Prentice-Hall Canada, 1989.

Carty, R. K., et Lynda Erickson, « L'investiture des candidats au sein
  des partis politiques nationaux du Canada », dans Herman Bakvis (dir.),
  Les partis politiques au Canada : Chefs, candidats et candidates, et organisation,
  vol. 13 des études de la Commission royale sur la réforme électorale
  et le financement des partis, Ottawa et Montréal, CRREFP/Dundurn
  et Wilson & Lafleur, 1991.

Clarke, Harold, Jane Jenson, Lawrence LeDuc et Jon H. Pammett, *Absent
  Mandate : Interpreting Change in Canadian Elections*, 2e éd., Toronto, Gage,
  1991.

Courtney, John C., « Campaign Strategy and Electoral Victory :
  The Progressive Conservatives and the 1979 Election », dans
  H.R. Penniman (dir.), *Canada at the Polls, 1979 and 1980 : A Study*

of the General Elections, Washington (D.C.), American Enterprise Institute for Public Policy Research, 1981.

Desbarats, Peter, *Guide to Canadian News Media,* Toronto, Harcourt Brace Jovanovich, Canada, 1990.

Downs, Anthony, *An Economic Theory of Democracy,* New York, Harper, 1957.

Eagles, D. Munroe, James P. Bickerton, Alain G. Gagnon et Patrick J. Smith, *The Almanac of Canadian Politics,* Peterborough, Broadview Press, 1991.

Feigert, Frank, *Canada Votes : 1935–1988,* Durham, Duke University Press, 1989.

Fletcher, Frederick J., « Mass Media and Parliamentary Elections in Canada », *Legislative Studies Quarterly,* vol. 12 (août 1987), p. 341–372.

————, « The Media and Elections in Canada : An Overview ». Document de réflexion établi pour la Commission royale sur la réforme électorale et le financement des partis, Ottawa, 1990.

Frizzell, Alan, Jon Pammet et Anthony Westell, *The Canadian General Election of 1988,* Ottawa, Presses de l'Université Carleton, 1989.

Johnston, Richard, André Blais, Henry E. Brady et Jean Crête, « Letting the People Decide : Dynamics of a Canadian Election ». Transcription d'un volume à paraître basé sur les Études électorales canadiennes de 1988 (avec la permission des auteurs), 1991.

Lee, Robert Mason, *One Hundred Monkeys — The Triumph of Popular Wisdom in Canadian Politics,* Toronto, Macfarlane Walter and Ross, 1989.

Maclean's / Decima, « The Voters Reflect », 5 décembre 1988.

Nouvelle-Écosse, Ministère de l'Industrie, du Commerce et de la Technologie, *Annapolis Valley Region : Statistical Profile,* Halifax, Statistics and Research Services, 1990a.

————, Ministère de l'Industrie, du Commerce et de la Technologie, *Halifax County Region : Statistical Profile,* Halifax, Statistics and Research Services, 1990b.

Sayers, Anthony M., « L'importance attribuée aux questions locales dans les élections nationales — Kootenay-Ouest–Revelstoke et Vancouver-Centre », dans David V.J. Bell et Frederick J. Fletcher (dir.), *La communication avec l'électeur : Les campagnes électorales dans les circonscriptions,* vol. 20 des études de la Commission royale sur la réforme électorale et le financement des partis, Ottawa et Montréal, CRREFP / Dundurn et Wilson & Lafleur, 1991.

Taras, David, *The Newsmakers : The Media's Influence on Canadian Politics,* Scarborough, Nelson Canada, 1990.

7

LA COMMUNICATION ÉLECTORALE DANS LES CIRCONSCRIPTIONS
Résumé et conclusion

David V.J. Bell
Frederick J. Fletcher
Catherine M. Bolan

LA DÉMOCRATIE CANADIENNE est en crise. La population accorde de plus en plus d'attention, et réagit parfois de manière spectaculaire, aux aspects constitutionnels de cette crise : la place du Québec au sein du Canada et ses conséquences sur les priorités nationales, la représentation des régions à Ottawa et le droit des autochtones à l'autogouvernement. C'est bien davantage sur le deuxième et le troisième de ces problèmes urgents que sur le premier que les travaux de la Commission royale sur la réforme électorale et le financement des partis exerceront une influence. Par ailleurs, ses recommandations risquent d'avoir d'importantes répercussions sur un autre aspect, peut-être moins visible, de notre malaise politique : la crise que traverse la participation démocratique.

Lors d'une récente étude sur la vie politique aux États-Unis, la Kettering Foundation (1991) s'est penchée sur les inquiétudes croissantes de la population américaine face au processus politique. Pour bon nombre de citoyens, les chefs politiques, les leaders d'opinion et les médias, entre autres, débattent des grandes questions d'intérêt public d'une manière qui n'a rien à voir avec leurs propres préoccupations et qui n'a aucun sens à leurs yeux. En définitive, la population a l'impression d'être exclue du discours politique (*ibid.*, 4) et croit que les ponts qui la reliaient traditionnellement à la politique, par le truchement de ses représentants élus et nommés, sont maintenant rompus.

Bien des gens pensent que les débats qui ont cours pendant les campagnes électorales (et à d'autres moments) ne reflètent plus leurs préoccupations, critique qui vaut surtout pour leurs institutions nationales. Ils ont le sentiment de n'avoir plus leur mot à dire dans les décisions nationales. En revanche, l'étude de la Kettering Foundation (1991, 44) a aussi révélé que les gens sentent plus qu'on les écoute lorsque les débats portent sur des sujets plus proches de leur réalité locale. Selon les auteurs de cette étude, la population américaine serait davantage certaine que ses préoccupations sont prises en considération dans les débats publics si les grandes questions d'intérêt général (telles que l'enseignement, les sans-abri ou les services de santé) étaient traitées à une échelle locale. Un élément essentiel de la démocratie électorale — le dialogue public — semble donc échapper aujourd'hui à l'électorat.

Lors d'une récente allocution, le président de la Commission royale sur la réforme électorale et le financement des partis, M. Pierre Lortie, a situé dans le contexte de cette réforme les craintes au sujet du présent et de l'avenir de notre démocratie électorale. Son analyse trace l'ébauche d'une démocratie plus solide, où les institutions publiques répondraient plus adéquatement aux besoins de la population, et où celle-ci participerait davantage au système électoral. Selon M. Lortie, le premier objectif de la réforme électorale doit être de garantir et de renforcer les droits démocratiques des citoyens et citoyennes dans leur rôle électoral. Deuxièmement, il faut accroître la représentativité du système parlementaire en renforçant le droit de la population de demander des comptes, en améliorant la représentation régionale ainsi que la structure même de la représentation, de façon à intégrer les divers groupes linguistiques, ethniques et religieux à la vie politique canadienne et aux débats publics dans les médias. Troisièmement, la primauté des partis comme organisations politiques doit être raffermie. La prolifération de groupes d'intérêt qui poursuivent des objectifs spécifiques indépendamment des organisations partisanes et les transformations des médias qui ont modifié les relations entre les partis et leur base rendent cette consolidation particulièrement importante. Quatrièmement, la réglementation électorale doit instaurer l'équité entre les partis et les candidats sur le plan des limites de dépenses, du temps d'antenne gratuit et payant, et de la couverture médiatique des élections. Enfin, la démocratie canadienne doit rehausser la confiance de la population dans l'intégrité du processus électoral et de ses institutions représentatives. M. Lortie estime également qu'un débat éclairé sur la réforme électorale doit tenir compte de l'importance et de l'influence actuelles des médias dans les campagnes électorales. À son avis, le degré de souplesse du système électoral et la confiance que la population éprouve à son égard sont influencés par les pratiques des médias autant que par celles d'autres intervenants. Ce sont les médias qui ont la responsabilité de communiquer à l'électorat les informations dont ce dernier a besoin pour obliger ses élus à lui rendre des comptes; la couverture médiatique se doit donc d'être adéquate et exacte, et elle doit favoriser un débat public de qualité.

La presse elle-même s'est interrogée sur son rôle durant les campagnes électorales, et d'importantes discussions sur la notion de responsabilité publique ont parfois mené à l'adoption de codes déontologiques et de lignes directrices. Ainsi un des gestes posés à l'échelle nationale fut la déclaration de principes adoptée par l'Association des éditeurs de quotidiens. De même, dans la plupart des provinces, des conseils de presse jouent le rôle de médiateurs en cas de plaintes. (Selon certains, les conseils de presse sont d'ailleurs les organismes les mieux placés pour élaborer un code déontologique national à l'intention de tous les journaux canadiens.) En outre, de petits quotidiens, comme le *Kitchener-Waterloo Record*, ont formulé leur propre code déontologique pour leurs employés. En revanche, la plupart de ces codes ne comportent aucune disposition s'appliquant spécifiquement à la couverture des élections. La seule exception à cette règle est la Presse canadienne dont le *Guide du journaliste* donne des indications sur les aspects méthodologiques de l'interprétation et de la divulgation des sondages d'opinion, notamment les marges d'erreur, l'exactitude des résultats, la taille des échantillons et les taux de réponse. De nombreux journaux, de même que la Société Radio-Canada, ont par ailleurs nommé des médiateurs chargés des liaisons avec le public. Plus récemment, le Conseil canadien des normes de la radiotélévision et le Conseil des normes de télévision par câble ont eux aussi adopté des codes déontologiques.

Pour analyser les campagnes électorales à l'échelle des circonscriptions, il est particulièrement important de définir de quelle façon une démocratie électorale pourrait le mieux répondre aux intérêts de la population, puisque les campagnes locales constituent une sorte de microcosme où se manifestent presque tous les problèmes soulevés dans les cinq points de l'exposé de M. Lortie. C'est pourquoi les résultats et les conclusions présentés ici, même s'ils sont fondés sur l'analyse des communications électorales à l'échelle locale, concernent en fait la crise de la démocratie participative à l'échelle nationale.

LES ÉTUDES DE CAS

Chacune des études de cas de ce volume porte sur des aspects distincts du protocole de recherche et présente donc un point de vue légèrement différent sur les campagnes au niveau local et sur les médias. Ces diverses orientations permettent d'explorer une foule de thèmes. Même si toutes les études traitent de questions semblables, elles y répondent à leur manière. Cependant, du fait de ces variantes, il est bon de souligner l'apport de chacune avant d'essayer de tirer des observations générales.

La Colombie-Britannique (Anthony M. Sayers)

L'espace thématique local correspond aux informations locales qu'utilisent les électeurs et électrices pour faire leurs choix. L'ampleur et la qualité de cet espace reposent directement sur plusieurs facteurs : le nombre et la qualité des médias existants, les paramètres démographiques de la circonscription, les ressources dont disposent les candidats et candidates, et la relative indépendance de ceux-ci par rapport aux stratégies et aux exigences des états-majors régionaux ou nationaux des partis.

L'une des principales différences entre les deux circonscriptions de la Colombie-Britannique sur le plan de l'environnement informationnel, a constaté Sayers, concernait l'importance attribuée aux divers enjeux électoraux dans les médias. Dans Vancouver-Centre, l'éventail de thèmes locaux était plus large et visait des groupes spécifiques, comme les femmes, les lesbiennes, les homosexuels et les communautés ethniques. Dans Kootenay-Ouest–Revelstoke, le problème du libre-échange a été traité efficacement à l'échelle locale, quoique de façon relativement limitée en raison du petit nombre de ressources médiatiques disponibles. Selon Sayers, l'accent plus local conféré au problème du libre-échange par les médias de cette deuxième circonscription s'expliquait par le fait que l'intégration des questions locales, régionales et nationales y était moins poussée que dans Vancouver-Centre.

Sayers n'a pas relevé le même niveau d'intégration des états-majors nationaux et locaux des partis et des médias que Leonard Preyra en Nouvelle-Écosse. Dans Vancouver-Centre, il n'a noté quasiment aucune relation entre les campagnes nationale et locale des conservateurs; par exemple, l'organisation locale n'a que très peu contribué à l'importante campagne publicitaire menée dans la région par l'organisation nationale. De fait, les conservateurs locaux étaient plus proches de l'aile provinciale du parti. De même, les grands quotidiens de Vancouver-Centre accordaient plus d'importance à un

reportage intéressant concernant la province qu'à un reportage
national de même envergure.

En règle générale, dans ces deux circonscriptions, les électeurs
et électrices disposaient d'une masse considérable d'information
électorale. Dans une certaine mesure, les campagnes ont permis
d'exposer à la fois les problèmes nationaux et locaux. Cependant,
l'information présentée n'était pas toujours pertinente pour l'électorat
local, et la couverture des enjeux locaux fut souvent supplantée par
celle de la « course de chevaux » nationale.

L'Ontario (David V.J. Bell et Catherine M. Bolan)

Dans les deux circonscriptions ontariennes, la question du libre-
échange a dominé les campagnes des partis et la couverture médiatique. Lorsque l'intérêt se portait sur d'autres sujets, les débats locaux
reflétaient les controverses et les thèmes nationaux. Certes, bon
nombre de ces derniers avaient des conséquences importantes à
l'échelle locale (par exemple, le libre-échange dans la circonscription
agricole de Perth–Wellington–Waterloo), mais ni les candidats ni
les médias ne les ont analysés en fonction de la situation locale.

Bell et Bolan ont également soulevé plusieurs questions concernant
le financement des campagnes et la réglementation des dépenses :
possibilité d'un contrôle des dépenses à l'étape de l'investiture;
éventualité d'un crédit d'impôt pour les particuliers qui font des dons
à une campagne d'investiture; exigences relatives au temps d'antenne
gratuit sur les chaînes communautaires câblodiffusées (notamment à
cause de l'importance croissante de celles-ci durant les élections et pour
éviter d'avoir à payer de vastes campagnes publicitaires sur les chaînes
locales); et simplification des règlements relatifs au financement des
élections et aux dépenses électorales.

Comme en Colombie-Britannique, l'électorat ontarien a reçu
beaucoup d'information électorale. Toutefois, les thèmes nationaux ont
dominé la campagne encore plus que dans cette province, et ni les
médias ni la plupart des candidats ne se sont réellement efforcés
d'expliquer l'incidence locale des enjeux nationaux.

L'Alberta (Andrew Beh et Roger Gibbins)

Dans la circonscription de Calgary, Beh et Gibbins ont constaté que
les journaux ont généralement axé leur couverture sur les « têtes
d'affiche » et les différends, plutôt que sur les politiques et les
programmes électoraux présentés lors de manifestations organisées,
comme des conférences de presse. Lorsque les reportages étaient
suscités par les organisations partisanes, ils traitaient davantage

des politiques et des programmes, bien que la plupart aient fini par traiter surtout des têtes d'affiche et des conflits. Les candidats locaux étaient noyés dans une « mer » d'articles sur le libre-échange ainsi que sur toutes sortes de questions nationales : campagnes, chefs, partis et thèmes. Comme dans Calgary, la supposée couverture « locale » dans Macleod était en fait une couverture plus étendue de ces questions vues à travers la lorgnette de la campagne locale. Même dans la circonscription rurale de Macleod, où les hebdomadaires communautaires ont accordé une attention relativement plus grande à la campagne locale, la couverture avait une couleur nettement nationale.

N'ayant pas mené de campagne nationale, le Parti réformiste du Canada ne semble pas avoir bénéficié d'une aussi large couverture que ne le laissait supposer sa force dans ces circonscriptions. Il n'a cependant pas été ignoré, loin de là. Par ailleurs, dans l'ensemble, l'électorat de ces deux circonscriptions albertaines disposait d'assez d'information nationale et régionale pour faire un choix éclairé, alors que l'information locale était plus difficile à trouver.

Le Québec (Luc Bernier)

Les circonscriptions d'Outremont et de Frontenac offraient toutes deux un environnement médiatique très fertile lors des élections de 1988. Pourtant, leur couverture a généralement été superficielle et a comporté fort peu d'analyses des thèmes de la campagne. Dans les autres circonscriptions étudiées, le milieu politique, comme le milieu journalistique, s'est surtout intéressé au problème du libre-échange. Or, dans Outremont et Frontenac, l'Accord du lac Meech et l'avortement ont été, selon Bernier, les questions les plus importantes et celles qui ont déclenché les passions.

Dans l'ensemble, les candidats et les médias ont estimé que les candidatures locales avaient très peu d'incidence sur les résultats. Dans ces deux circonscriptions, couvrir les élections locales n'était pas une priorité pour la presse locale. De plus, il n'y a eu aucun débat entre tous les candidats.

Certains ont souligné que la réglementation du financement et des dépenses n'était pas assez stricte, notamment pour le calcul des dépenses admissibles. Ainsi on a rapporté de nombreux cas de dépenses électorales effectuées avant la période de comptabilisation. De plus, candidats et organisateurs ont affirmé que les limites de dépenses, trop basses, empêchaient la tenue de campagnes efficaces et devraient donc être haussées.

Bernier a constaté un décalage considérable entre les ailes fédérales, provinciales et locales des partis progressiste-conservateur et libéral.

L'enjeu régional que constituait l'Accord du lac Meech semble avoir joué un rôle prédominant et avoir attiré au sein des organisations conservatrices locales diverses factions des libéraux provinciaux, du Parti québécois et de l'Union nationale. Pour Bernier, ce fait confirme l'avis des journalistes et des organisateurs politiques qui croient que les campagnes locales et les organisations partisanes traditionnelles n'ont qu'une incidence minime sur les résultats électoraux au Québec. C'est apparemment le « vote nationaliste » qui a assuré la victoire aux conservateurs dans Outremont et dans Frontenac.

Dans ces deux circonscriptions, les campagnes semblent avoir été suffisamment différentes des campagnes nationales pour laisser croire que l'électorat y a reçu une quantité considérable d'information qui l'a aidé à prendre une décision. L'information purement locale était néanmoins très rare.

La région de l'Atlantique (Leonard Preyra)

Leonard Preyra s'est penché sur trois thèmes fondamentaux reliés à « l'intégration verticale » des questions et des pratiques locales dans le contexte national, au sein des organisations politiques et médiatiques. Il s'agit des liens entre les organisations nationales et locales des partis, entre les médias locaux et nationaux, et enfin entre les organisations électorales locales et les médias locaux. Preyra en arrive à la conclusion que les communications partisanes et la couverture médiatique à l'échelle locale sont « le reflet de la campagne nationale », et que les partis et les médias locaux s'en remettent à leur état-major national pour réaliser des économies d'échelle. Étant donné le manque de ressources et le degré d'intégration des organisations nationales et locales, il est très difficile pour les organisations locales de traduire les thèmes nationaux en termes locaux pour les électeurs.

LA SYNTHÈSE

À partir des résultats de ces études de cas, nous voulions principalement évaluer dans quelle mesure les besoins de communication des partis et les besoins d'information de l'électorat sont satisfaits à l'échelle des circonscriptions. Certes, les 10 circonscriptions choisies ne sauraient être jugées représentatives, mais on peut tirer certaines conclusions à partir de leurs situations très variées. Nous voulions aussi comparer certains de nos résultats avec ceux d'une récente enquête auprès de dirigeants d'associations de circonscription[1].

Dans l'ensemble, les chercheurs ont constaté que les campagnes locales sont des modèles réduits de la course nationale (Bell et Bolan). De même, selon Beh et Gibbins, les campagnes et les candidats locaux ne sont pas disparus sans laisser de traces, mais ils ont manifestement été écrasés et quasiment submergés par la campagne nationale. Quoi qu'il en soit, les campagnes locales ont quand même actionné certains ressorts pour se différencier de la campagne nationale de leur parti. Nous avons trouvé deux cas relatifs aux principaux partis où les candidats et candidates ont fait des efforts soutenus pour se démarquer de leurs chefs, et d'autres où les responsables locaux ont mis de côté la documentation électorale émanant de leur état-major national, la jugeant « inutile ».

En ce qui concerne les thèmes électoraux, la présentation des intérêts locaux et l'adaptation des questions nationales en termes locaux variaient considérablement d'une circonscription à l'autre. Le libre-échange notamment fut un problème traité à la fois d'un point de vue local et national, bien qu'il ait été parfois considéré d'un strict point de vue local, dans Kootenay-Ouest–Revelstoke par exemple. Les médias se sont efforcés de traduire à l'échelle locale les thèmes d'intérêt national (ou de donner une couleur locale aux reportages des agences de presse nationales), malgré leurs ressources souvent limitées. Dans les grandes circonscriptions urbaines, Vancouver-Centre par exemple, les organes de presse étant plus variés, il en est résulté un plus large éventail de questions d'intérêt local, régional et national. En Alberta, la presse a peu commenté les thèmes d'intérêt purement local, bien que certains reportages aient présenté les problèmes nationaux d'un point de vue local. Même lorsque l'accent était mis sur le candidat local, les sujets abordés étaient d'intérêt national. En Ontario, où beaucoup de questions nationales avaient des répercussions considérables à l'échelle locale, ni les médias ni les candidats ne les ont présentées de cette manière.

L'analyse de contenu effectuée en Nouvelle-Écosse a révélé que les chefs nationaux y ont bénéficié d'une couverture médiatique quatre fois plus importante que les candidats locaux. L'accent était mis, de manière prépondérante, sur des sujets nationaux. Même les reportages locaux tendaient à s'inspirer des événements nationaux.

Dans les circonscriptions québécoises, selon Bernier, les organisateurs estimaient que les questions nationales constituaient les facteurs de décision les plus importants pour l'électorat. Malgré cela, les électeurs et électrices d'Outremont et de Frontenac connaissaient mal les programmes des partis fédéraux. Dans bien des circonscriptions, les débats sur le libre-échange sont restés vagues et n'ont pas abordé ses conséquences possibles sur les petites entreprises.

La dépendance des organisations locales envers les partis nationaux et provinciaux quant aux thèmes des campagnes et au matériel électoral variait sensiblement. Bell et Bolan en ont conclu que les candidats locaux estiment que leur tâche consiste à exposer la ligne du parti, et que le discours électoral local doit refléter les thèmes et les débats nationaux. Dans de nombreuses circonscriptions, les organisations locales ont acquis leur matériel électoral par des achats groupés, ce qui leur a permis de réaliser des économies d'échelle considérables, notamment sur le prix unitaire des grandes affiches ou des prospectus destinés au porte-à-porte. En revanche, les états-majors locaux n'ont pas utilisé le matériel partisan de la même manière. Ainsi Bernier a constaté que plusieurs publicités diffusées dans les hebdomadaires d'Outremont par le candidat conservateur reproduisaient une photo de Brian Mulroney, alors que celles de la candidate libérale comportaient une photographie d'elle-même.

Certaines organisations locales considèrent que les états-majors nationaux les aident bien peu après le déclenchement des élections. D'autres dépendent entièrement des communiqués de presse de l'état-major national, auxquels elles ajoutent des détails sur les candidats locaux avant de les envoyer aux médias. Il en va de même pour la publicité radiodiffusée, où les candidats locaux « collent » leur nom à la fin de messages standard. Selon Preyra, le fait que les partis offrent une documentation électorale passe-partout a un effet « nationalisateur » sur les campagnes locales. Toutefois, Sayers a constaté que dans les circonscriptions de la Colombie-Britannique, la documentation électorale avait une nette couleur locale, ce qui a permis aux deux campagnes locales de déterminer très nettement l'espace thématique local. Le processus électoral laisse encore la possibilité d'apporter un peu de couleur locale dans la plupart des circonscriptions, mais on n'en profite pas toujours.

Les campagnes menées dans les circonscriptions s'articulent toujours beaucoup autour des méthodes traditionnelles de communication, dont le porte-à-porte et la distribution de prospectus. Les débats traditionnels opposant l'ensemble des candidats et candidates se déroulent de moins en moins dans les salles communautaires et de plus en plus dans des studios de télévision, surtout ceux des chaînes câblodiffusées, spécialement dans les régions urbaines. Bien que la presse écrite demeure le support publicitaire préféré, on l'utilise avec parcimonie à cause de son coût et de son incidence incertaine sur l'électorat. Certaines organisations ont fait paraître des annonces dans les hebdomadaires uniquement pour entretenir de bonnes relations avec la direction de ces journaux. En règle générale, on n'a pas fait de publicité locale à la télévision, à cause de son coût élevé et du décalage territorial entre les circonscriptions et les zones de diffusion. La radio a été peu utilisée, sauf dans les circonscriptions rurales. Les candidats communiquaient régulièrement avec les médias en leur adressant des communiqués de presse par télécopieur. Dans certaines circonscriptions, la couverture médiatique a été jugée plus importante, parce que la publicité semblait manquer de crédibilité. Selon Beh et Gibbins, les organisations électorales locales de l'Alberta se sont contentées de communiquer aux journalistes les dates et l'horaire des événements organisés.

L'équilibre entre les questions locales, régionales et nationales varie d'une circonscription à l'autre. Notre analyse qualitative et quantitative du contenu des journaux a révélé une prédominance des enjeux nationaux — ou d'enjeux locaux se faisant l'écho des thèmes et des débats nationaux. Par exemple, dans la circonscription urbaine de Calgary-Ouest, seulement 13 % de la couverture de l'ensemble des élections concernait la campagne locale. Dans la circonscription rurale de Macleod, en revanche, la campagne des candidats locaux a suscité une couverture deux fois plus importante que la campagne nationale allant même, dans certains cas, jusqu'à quatre fois plus. Cela dit, les responsables des médias et des partis que nous avons interrogés estiment généralement que la couverture médiatique était équilibrée. Ce sentiment est partagé par les stratèges des partis qui ont répondu à l'enquête nationale auprès des associations de circonscription, dont la moitié ont affirmé que le principal organe de presse de leur circonscription avait couvert de manière équilibrée les campagnes locale et nationale. Les avis étaient également partagés quant à savoir si les médias avaient plus mis l'accent sur la campagne nationale au détriment des luttes locales (25 %) ou l'inverse (25 %) (Carty 1991). Évidemment, les impressions individuelles varient considérablement à ce sujet — ce qui pourrait s'expliquer notamment par des définitions différentes de ce que sont les questions locales.

La couverture électorale dans les médias locaux résulte de façon évidente des priorités qu'ils se donnent ainsi que des efforts et du talent des candidats et de leur équipe. Pourtant, certains journalistes abordent les campagnes électorales locales en les considérant dès le départ comme foncièrement « ennuyeuses », ce qui limite l'attention qu'ils y portent, même lorsqu'elles sont véritablement originales. Néanmoins, il est manifeste qu'on peut autant imputer aux candidats qu'aux médias le fait que les questions locales n'aient pas été assez bien exposées dans de nombreuses circonscriptions. Les médias s'intéressent de beaucoup plus près aux circonscriptions-baromètres qui permettent selon eux de prévoir le résultat national. C'est ainsi qu'Outremont a été la circonscription montréalaise ayant le plus retenu l'attention des principaux journaux de cette ville. Il en a été de même des circonscriptions choisies à Vancouver et à Halifax. En outre, celles-ci, contrairement à la plupart des autres, ont également intéressé la presse de l'extérieur.

Le manque de ressources a représenté la principale entrave à une couverture médiatique plus étendue, ainsi qu'à une analyse plus approfondie des thèmes et des événements de la campagne. De nombreux représentants de la presse se sont plaints du manque de temps, d'espace et de personnel qui les a empêchés de faire des reportages plus étoffés. Certaines organisations électorales, pour contourner cette pénurie de personnel, ont fourni aux médias des documents « prêts à publier », ce qui a provoqué chez certains journalistes le sentiment d'être utilisés comme des agents de publicité. D'autres ont estimé que « les campagnes sont organisées à la manière de spectacles qui ne laissent aucune place pour approfondir des questions ». Selon des journalistes de Calgary, les campagnes locales n'ont pas attiré leur attention en raison du « manque d'originalité et d'intérêt de la politique locale ».

Pour ses articles, la presse locale a tendance à privilégier les rassemblements, les activités publiques (souvent mises en scène) et les visites des têtes d'affiche des partis dans la circonscription. Comme pour la campagne nationale, la plupart des reportages se concentrent surtout sur les protestataires, les querelles entre candidats et les personnalités. Les candidats locaux font souvent moins parler d'eux à mesure que leur programme est mieux connu, car les journalistes considèrent qu'en reparler reviendrait à « rabâcher les mêmes choses ». Cette pratique caractéristique des couvertures électorales trahit les valeurs actuelles des médias, mais elle est néanmoins regrettable au chapitre de l'information de l'électorat. Les journalistes, tout comme les citoyens attentifs à l'actualité, sont saturés d'information électorale bien avant que le reste des électeurs ne commencent à s'y intéresser. De ce fait, les informations de fond se raréfient au moment même où les citoyens moins renseignés en ont le plus besoin et alors que la publicité électorale n'atteindra son apogée qu'un peu plus tard. Certes, cette publicité résout ce problème dans une certaine mesure, mais elle tend plutôt à être axée sur la campagne nationale.

Le chevauchement des campagnes municipales et fédérales dans plusieurs provinces, conjugué aux ressources limitées des petits journaux, a obligé certains médias à mettre l'accent sur une campagne au détriment de l'autre. De plus, les médias locaux ont joué un rôle important dans l'orientation du débat politique local, en faisant des profils des candidats et candidates axés sur un ensemble de sujets spécifiques, essentiellement de portée nationale.

Selon certaines données, il est vrai que les députés sortants jouissent d'un certain avantage, comme le signalent des études antérieures, mais l'analyse de la couverture médiatique en Nouvelle-Écosse n'a fait ressortir aucun préjugé notable à ce chapitre de la part de la presse. Les députés sortants, surtout ceux qui sont du parti au pouvoir, ont cependant pu annoncer de nouvelles subventions ou politiques pour se faire de la publicité. Par exemple, en Ontario, grâce à son statut de député, Bill Attewell a pu distribuer dans sa nouvelle circonscription des bulletins d'information avant même le déclenchement des élections. Dans un autre cas, des journalistes ont été en quelque sorte intimidés par le député sortant et ont évité de faire des reportages risquant de provoquer sa colère. Malgré certains avantages, les députés sortants se sont toutefois fréquemment sentis la cible d'une presse qui leur était défavorable. Par ailleurs, de l'avis des journalistes, ils sont plus connus et mènent souvent des campagnes plus crédibles. En fin de compte, quels que soient les avantages associés à leur statut, le roulement relativement élevé des députés et députées au Canada montre que leurs adversaires ont de bonnes chances de gagner.

Même avec un petit échantillon de 10 circonscriptions, nous avons constaté que les stratégies électorales locales différaient sensiblement de l'une à l'autre. La première différence portait sur le caractère urbain ou rural de la circonscription. Dans les circonscriptions rurales, l'accent était davantage mis sur les méthodes traditionnelles; par exemple, les électeurs s'attendaient à rencontrer les candidats et se vexaient si ceux-ci ne les contactaient pas personnellement. L'environnement médiatique était aussi très différent dans les deux cas. Dans les circonscriptions rurales, la presse locale a accordé plus d'attention à la campagne de la circonscription, et il y a eu davantage d'activités électorales telles que des débats opposant tous les candidats. En revanche, les bulletins de nouvelles ont eu tendance à laisser de côté les questions de fond.

La deuxième différence concernait la taille des circonscriptions. Généralement rurales, celles qui sont étendues exigent beaucoup de ressources financières et humaines de la part des organisations partisanes, car il faut y effectuer de longs déplacements et y ouvrir de nombreux bureaux de campagne. De même, par manque de temps et de personnel, les médias sont incapables de couvrir tous les événements qui s'y déroulent, ce qui expliquerait le rôle de premier plan qu'y joue la radio.

Les résultats de l'enquête de la Commission royale auprès des associations de circonscription confirment notre conclusion selon laquelle l'utilisation des médias diffère sensiblement entre les régions rurales et urbaines. La presse écrite est considérée dans la plupart des régions comme ayant une certaine importance pour la campagne locale : on la juge très importante dans 63 % des circonscriptions rurales, mais dans seulement 45 % de celles qui sont urbaines. Quant à la radio, les résultats sont semblables : 78 % des stratèges des circonscriptions rurales la jugent relativement importante ou très importante, contre 56 % dans celles qui sont urbaines. On n'enregistre par contre aucune différence notable quant à l'importance accordée à la télévision, qui arrive dans l'ensemble derrière les journaux.

Le ciblage de certaines circonscriptions par les partis nationaux a parfois joué un rôle majeur à l'échelle locale, ce qui fut incontestablement le cas dans la circonscription ontarienne de Perth–Wellington–Waterloo où les candidats conservateur et libéral se sont livré une lutte très serrée. On a assisté à un véritable défilé de vedettes politiques, dont plusieurs ministres et le premier ministre. Les organisations locales ont consacré énormément de ressources à préparer ces visites et à en exploiter les retombées. Les conservateurs ont repris cette circonscription par une très faible majorité, inférieure à 1 %. En revanche, la circonscription de Markham, où le candidat conservateur a obtenu la plus forte majorité de tout l'Ontario, a reçu très peu de visites de l'extérieur. À travers le pays, les circonscriptions clés ont obtenu une attention considérable, dont notamment une publicité nationale ciblée, alors que d'autres n'ont reçu qu'une aide minime ou ont même tenté de se distinguer de la campagne nationale.

En 1988, le Parti progressiste-conservateur du Canada a mis sur pied un programme de ciblage des circonscriptions difficiles en utilisant de nouvelles techniques comme le publipostage et les sollicitations téléphoniques. Dans le cadre de ce programme, quelque 200 000 personnes susceptibles de changer d'opinion ont été contactées au moyen de plusieurs lettres et d'appels téléphoniques du parti pour connaître leurs préoccupations, recruter des bénévoles et mobiliser l'électorat. Dans certains cas, ces informations ont également servi à adapter à la réalité locale les discours du premier ministre Brian Mulroney (Lee 1989, 261–265). Satisfaits de ce programme, les organisateurs du parti devraient le reprendre aux prochaines élections, et d'autres partis le copieront vraisemblablement. En 1988, les associations locales pouvaient y participer moyennant une contribution de 5 000 $ et de 10 bénévoles. Malgré la participation locale et le gain de voix probable pour le candidat ou la candidate, le message était dirigé par le bureau national et l'accent était mis sur l'appui au parti. Sur le plan de l'information, ce programme n'a pas renforcé les campagnes locales. En outre, selon Lee (*ibid.*, 263), cette tactique a déplacé « le développement du message du grand écran que constitue la télévision vers l'écran plus petit que constitue l'ordinateur ».

Des différences considérables ont également été relevées au chapitre de l'utilisation des médias dans les campagnes locales. Par exemple, les organisateurs des partis étaient favorables à différents degrés aux chaînes communautaires câblodiffusées. Dans les circonscriptions ontariennes, les débats rassemblant tous les candidats sur les chaînes communautaires ont été un élément important des campagnes locales. Dans bien des cas, des tribunes téléphoniques permettaient aux télé-spectateurs d'interroger les candidats sur les questions les plus variées. Cette méthode de communication entre l'électorat et les candidats semble être de plus en plus en vogue dans les grandes circonscriptions urbaines, où la population assiste de moins en moins aux assemblées publiques. En revanche, les stratèges locaux des circonscriptions de la Nouvelle-Écosse n'ont pas beaucoup profité du temps d'antenne que leur offraient les chaînes communautaires sous prétexte, disaient-ils, que « personne ne les regarde ». Constatant l'évolution en cours aux États-Unis, certains spécialistes des communications affirment que c'est faire preuve de manque de perspective que de négliger ce type de chaînes, et que les câblodiffuseurs et les partis pourraient se constituer un auditoire pour ce genre d'émissions (Desbarats 1991).

La couverture des nouvelles électorales a été limitée dans la plupart des circonscriptions. Des questions importantes ont été laissées de côté parce qu'elles ne correspondaient pas à l'angle sous lequel les médias nationaux couvraient la campagne. Cet angle, dicté par les partis et les médias nationaux, rendait difficile toute participation des candidats locaux et des partis régionaux. Les petits partis ont souvent l'impression d'être ignorés, quelle que soit la « valeur médiatique » de leurs déclarations ou de leurs activités (Hackett 1991). Pourtant, l'accès aux médias est primordial pour ces partis dont les candidats ont peu de chances de gagner mais qui espèrent orienter la campagne vers leurs thèmes de prédilection. La prolifération de partis ayant une bonne chance de gagner constituera un nouveau défi à relever pour les médias.

LA PROBLÉMATIQUE

Ces études de cas font ressortir divers problèmes au sujet des campagnes locales, notamment les efforts effectués pour rejoindre l'électorat et pour assurer la loyauté de la compétition.

Les bénévoles

À l'échelle locale, les communications personnelles par le porte-à-porte demeurent une activité électorale importante. Mais les recherchistes ont constaté qu'un nombre considérable d'organisations électorales souffrent d'une pénurie de bénévoles, phénomène qu'a confirmé une enquête nationale auprès des stratèges locaux des partis. Selon les responsables locaux, ils ont besoin en moyenne de 231 bénévoles pour mener une campagne locale efficace; or, en 1988, il n'y en avait en moyenne que 170 (Carty 1991). Le recrutement de bénévoles pour les élections semble être de plus en plus ardu. Cela résulte peut-être, comme le pensent Bell et Bolan, de mutations sociales telles que le travail à l'extérieur pour les deux conjoints et l'augmentation du nombre de familles monoparentales. De plus, les gens ont de moins en moins de temps à consacrer aux activités extérieures. Cette tendance est renforcée par les pressions de plus en plus fortes qu'ils ressentent au travail et, dans certaines circonscriptions, par les autres campagnes électorales qui se déroulent simultanément, ce qui épuise les militants.

Bon nombre d'organisations ont aussi signalé que le moral de leurs troupes était profondément influencé par les sondages. Comme l'indique Luc Bernier, ce phénomène a été particulièrement sensible vers la fin de la campagne, même lorsque le nombre de bénévoles s'est stabilisé : un sondage favorable stimule l'équipe et peut avoir une incidence considérable sur la campagne électorale. Selon Bernier, les débats des chefs exercent également une influence directe sur l'état d'esprit des bénévoles.

Dû à la pénurie de bénévoles, la distribution de documentation électorale n'est pas toujours aussi abondante qu'il le faudrait. Cela pose un problème aux stratèges locaux, car cette technique reste l'une des plus importantes, 86 % la jugeant relativement importante ou très importante, ce qui la place au troisième rang, après le porte-à-porte (93 %) et la diffusion d'informations dans les journaux locaux (91 %) (Carty 1991). Sayers a aussi constaté que les bénévoles contribuent à la crédibilité du candidat local.

Les sondages d'opinion

La publication des sondages d'opinion devient une activité électorale très importante dans les médias nationaux, régionaux et locaux. Ainsi, en 1988, les sondages ont eu une incidence notable dans les circonscriptions, tant urbaines que rurales. Ils ont même, selon 77 % des stratèges locaux des partis, influé sur les résultats locaux cette année-là. Les sondages occupent une place de plus en plus grande dans les stratégies locales. Plus du tiers des circonscriptions ont mené leurs propres sondages en 1988; là aussi, 77 % des stratèges pensent que ces sondages ont transformé leur campagne (Carty 1991).

Sayers estime que la publication de sondages nationaux dans les journaux communautaires de la circonscription rurale qu'il a étudiée a réduit l'espace thématique local. Même certains journalistes et rédacteurs en chef s'inquiètent de l'effet d'entraînement que peuvent avoir les sondages, et du fait qu'ils risquent d'« évacuer » les reportages locaux. Taras (1990, 180) explique ainsi l'attrait des sondages auprès des organes de presse : « Pour les médias, les sondages sont irrésistibles. Ils leur permettent de créer de gros titres spectaculaires annonçant des vainqueurs et des vaincus, et de prouver qu'ils détiennent les informations les plus récentes. »

Les groupes d'intérêt

En 1988, les activités électorales des groupes d'intérêt, surtout de ceux qui défendent une seule cause, ont suscité beaucoup d'inquiétude chez les organisations locales. Les directeurs de campagne, dont la marge d'action était réduite par divers règlements dont celui sur les limites de dépenses, ont été irrités du fait que les groupes d'intérêt ne soient pas assujettis à la législation électorale. Par ailleurs, Leonard Preyra rapporte que la circonscription de Halifax a été l'une des cibles des groupes d'intérêt nationaux, ce qui a avantagé injustement certains candidats. Ce type d'action peut influer profondément sur les campagnes locales, comme ce fut le cas dans la circonscription d'Outremont où les prises de position de Lucie Pépin en faveur de l'avortement ont fait l'objet d'une attaque en règle du mouvement national pro-vie. L'impact des groupes d'intérêt sur l'espace thématique local a considérablement varié selon les circonscriptions. Dans certaines, il y a eu peu d'activités ou les efforts des groupes d'intérêt n'ont eu que de faibles répercussions, comme l'a montré Sayers, pour deux circonscriptions de la Colombie-Britannique. Ailleurs, l'influence des groupes d'intérêt sur la campagne locale a été plus grande.

D'après la moitié des cadres locaux des partis qui ont répondu à l'enquête de Carty, un groupe d'intérêt voué à une cause précise a joué un rôle actif dans la campagne locale pour appuyer ou contrer un candidat ou une candidate. Sur les groupes identifiés, 51,2 % étaient des opposants à l'avortement, et 26,4 % s'étaient mobilisés sur la question du libre-échange.

L'ANALYSE

Lors de la préparation de ces études, tous les collaborateurs de ce volume ont fait face à un problème conceptuel qui s'avéra plus complexe qu'ils ne l'avaient cru : qu'est-ce qu'un enjeu local ? Leur réponse a, en grande partie, déterminé leurs conclusions. Certains ont interprété ce concept de façon étroite, en considérant qu'il s'agit d'enjeux spécifiques à une circonscription ou à une collectivité particulière, et ont constaté que de tels enjeux n'ont pratiquement joué aucun rôle dans les élections fédérales. En revanche, d'autres ont défini ce concept de manière plus large, jugeant ces enjeux comme des questions ayant une incidence ou un sens particulier au niveau local (par exemple les avantages ou les dangers de l'Accord de libre-échange pour telle industrie locale), et estimé qu'ils avaient joué un rôle plus déterminant. Toutefois, même avec cette deuxième définition, l'élément local des campagnes est resté limité dans la plupart des circonscriptions. Nous croyons pourtant que c'est cette définition qu'il faut retenir, notamment si l'on tient compte de la place qu'accorde la population à la politique dans la vie quotidienne. Certes, des questions locales distinctes peuvent fort bien surgir à l'occasion des élections fédérales, mais il est plus cohérent d'évaluer l'efficacité des communications électorales comme facteur de légitimité politique en fonction de l'aptitude des campagnes locales à faire ressortir la signification locale des grands thèmes de la campagne nationale.

Sayers a montré que les caractéristiques de la circonscription, les relations qu'ont entre elles les organisations partisanes locales, provinciales et nationales, ainsi que la structure des médias influencent toutes l'envergure de l'espace thématique local. Les facteurs régionaux restent importants au moment du vote (Irvine 1981) et les grands partis se consacrent de plus en plus aux groupes et aux circonscriptions où la lutte est serrée. Bien que les thèmes électoraux aient tendance à être nationaux, avec parfois des variantes entre le français et l'anglais, les stratèges électoraux leur donnent souvent une couleur régionale, voire locale.

Candidats, médias et électeurs semblent tous considérer les élections fédérales comme un événement national qui devrait porter sur des enjeux nationaux plutôt que locaux. Selon un directeur de campagne, « il n'y a pas de question locale dans les élections fédérales », idée renforcée par cette plainte d'un candidat malheureux, pour qui « le parti [...] aurait pu faire élire un caniche dans cette circonscription ». Selon bon nombre de personnes interrogées, les gens ne tiennent pas compte des candidats et candidates, mais votent pour le parti et son chef. Les campagnes locales n'ont donc qu'une importance secondaire. Cette opinion semble être largement acceptée par les stratèges des partis et par les observateurs, ce qui n'empêche pas bien des candidats locaux d'avoir toujours « la frousse », vu qu'il suffit parfois de quelques voix pour désigner le vainqueur.

Si la population exigeait qu'il y ait de vraies campagnes locales et que les questions nationales soient transposées au niveau local, la concurrence politique n'obligerait-elle pas les partis à lui donner satisfaction ? Même si le processus électoral incite les partis à répondre aux besoins de l'électorat, leur premier objectif est encore de gagner assez de sièges pour former le gouvernement. C'est pourquoi leurs campagnes sont axées sur deux objectifs fondamentaux : consolider et mobiliser l'électorat qui leur est acquis, et rallier à leur cause les électeurs susceptibles de changer de camp. Durant les élections, l'horizon politique des partis se limite au court terme. Cette orientation peut rendre plus efficace la campagne électorale dans certaines circonscriptions, mais dans l'ensemble, elle n'aura pas d'effet sur les relations entre citoyens et candidats. Voilà pourquoi il convient de chercher d'autres mécanismes pour favoriser des communications locales efficaces durant les élections.

Les techniques modernes de télécommunication ont transformé complètement les communications électorales locales. Auparavant, le dialogue politique se faisait essentiellement au niveau local, par le truchement des associations de circonscription des partis. Selon un observateur, l'électorat avait une idée plus précise des candidats locaux que des chefs nationaux (Lee 1989, 29). Les nouvelles techniques, comme les sondages d'opinion, la publicité et surtout la télévision, ont profondément transformé les campagnes politiques non seulement à l'échelle nationale, mais aussi dans les circonscriptions. Aujourd'hui, les campagnes sont moins axées sur les candidats locaux que sur les chefs nationaux, qui eux-mêmes mettent l'accent davantage sur les intérêts nationaux que sur les intérêts régionaux. Avec les nouvelles techniques comme la télévision, les partis n'ont pas perdu leur primauté en tant qu'organisations politiques; cependant, ils fonctionnent non plus de la base vers le sommet, mais dans le sens contraire (*ibid.*, 28–37).

Dans le cadre des Études électorales canadiennes, 27 % des personnes interrogées en 1988 ont affirmé avoir voté en fonction des candidats locaux, en tenant cependant compte de leur parti. Bien que ce chiffre reflète précisément ce que les gens disent aux enquêteurs, et bien qu'il soit resté stable depuis plusieurs élections, les stratèges des partis et les analystes ne croient pas qu'il corresponde aux motivations et au comportement de l'électorat. Cela dit, ce pourcentage indiquerait que la population est de plus en plus désireuse de voir les députés locaux jouer un rôle accru et mieux rendre compte de leurs actions. La crise de la démocratie canadienne a plusieurs causes, notamment le sentiment de frustration du public qui déplore le fait que les élus semblent toujours agir selon la ligne de leur parti, et non selon l'opinion de leurs électeurs et électrices[2]. L'un des atouts du Parti réformiste du Canada est précisément de tenir compte de ce malaise.

Comme des observateurs l'ont constaté, la population désire vivement un retour au dialogue fondé sur l'intégrité, le dynamisme et les débats en profondeur, à commencer par celui sur sa participation actuelle aux discussions des questions d'intérêt public. Le dialogue public est considéré comme primordial, car c'est le « foyer naturel de la politique démocratique. [...] Le peuple attend du dialogue qu'il lui donne la possibilité de tenir conseil avec lui-même et de définir publiquement l'intérêt collectif. » (Kettering 1991, vi.) L'enjeu ne serait donc pas tellement de fournir plus d'information pour permettre des choix éclairés, mais plutôt d'offrir de l'information de nature différente. Vu sous cet angle, les hommes et les femmes politiques — et les experts des médias — parlent trop et n'écoutent pas assez.

Afin de remettre la population en contact avec le processus politique — et spécialement avec les questions analysées ici —, il faut repenser la manière dont sont élaborées les priorités politiques pour qu'elles correspondent plus étroitement aux préoccupations du public dans le débat actuel (Kettering 1991). Il faut aussi aider la population à mieux voir où elle se situe face aux diverses questions politiques, en ramenant celles-ci à un point de vue local. Malgré la forte orientation nationale de la politique aux États-Unis et au Canada, la plupart des citoyens et citoyennes veulent savoir comment elle influe sur leur propre communauté. En outre, comme l'ont déploré les répondants et répondantes à l'enquête de la Kettering Foundation, bien des reportages politiques sont incompréhensibles. Les questions font l'objet de débats abstraits, lesquels sont rendus dans un jargon spécialisé et un langage d'experts qui les rendent confus aux yeux des particuliers et des collectivités. Cela prouve que les campagnes locales et les députés ont un rôle important à jouer pour rétablir le lien entre l'électorat et le processus politique, et pour renforcer la légitimité de ce dernier.

Après avoir étudié la campagne fédérale de 1988 dans son livre *One Hundred Monkeys*, le journaliste Robert Mason Lee a conclu que la transformation des communications électorales a partout produit un sentiment d'aliénation chez les électeurs canadiens. Il souligne en particulier que les campagnes électorales ne répondent plus aux préoccupations régionales et locales, ou ne les reflètent plus (Lee 1989, 39). Ce phénomène, dit-il, est directement attribuable à l'évolution des télécommunications :

> Bien que les Canadiens aient pu observer le processus politique
> comme jamais auparavant, [...] ils ont constaté que le fossé qui les en
> séparait s'élargissait. Plutôt que de participer à un dialogue politique
> plus intime, ils se sont trouvés confrontés à des étrangers médiatisés.
> La technologie n'a pas engendré de vrai dialogue, comme celui qui
> existe entre une collectivité et son association de circonscription, mais
> plutôt l'illusion d'un dialogue entre Monsieur Tout-le-Monde et les
> électrons libres de l'image télévisée. (Lee 1989, 40.)

Selon certains, les médias sont en partie responsables du fait
que de nombreux Américains se sentent exclus de la politique. Pour
beaucoup de gens, la couverture politique des médias est insatis-
faisante, car elle ne leur fournit pas l'information adéquate sur les
questions qui les intéressent, tout comme elle ne présente pas assez le
contexte pour rendre l'actualité compréhensible. La presse a tendance
à privilégier le côté sensationnaliste de la politique — les catastrophes,
les scandales et la vie privée des hommes et des femmes politiques —
plutôt que les questions de fond, déclarent les répondants et répondantes à l'enquête de la Kettering Foundation. Ces derniers se sont
aussi dits frustrés par le négativisme des campagnes électorales, aussi
bien dans la publicité que dans la couverture médiatique. Ainsi,
d'affirmer un répondant, « on présente davantage les élections et les
campagnes comme des courses de chevaux que comme des débats
idéologiques entre des candidats » (Kettering 1991, 55).

Leonard Preyra a parfaitement raison de qualifier le problème
normatif de « dilemme ». Pour concilier les revendications de la
population en matière de représentation efficace des préoccupations
locales avec la nécessité de préserver un leadership national fort, la
réforme proposée devra nécessairement « [...] se situer à mi-chemin
entre les excès : ni trop nationale, ni trop locale ». Il n'est pas nécessaire
de restructurer notre régime parlementaire ni d'abandonner le principe
de la discipline de parti pour entreprendre des réformes mineures qui
permettraient aux députés d'arrière-ban d'avoir plus d'autonomie et de
voter plus « librement » selon leur conscience ou selon les préférences
de leurs commettants. (Nous pourrions d'ailleurs tirer à cet égard des
leçons du Parlement britannique. Selon certains, la discipline de parti
au Canada est encore plus implacable qu'elle ne l'était en Union
soviétique avant la perestroïka !) Cependant, si les députés avaient plus
d'autonomie par rapport à leur parti, ils s'occuperaient peut-être moins
de leur circonscription, qui est actuellement leur lien principal avec
leurs électeurs, pour passer plus de temps à débattre des politiques au
sein de comités ou de la Chambre. Cela risquerait de relâcher leurs

liens avec leurs électeurs et électrices, surtout si leur travail politique n'était pas très visible à l'échelle locale (Price et Mancuso 1991, 217).

Dans les régimes parlementaires à circonscriptions uninominales, les tensions sont inévitables entre le principe de la responsabilité gouvernementale et celui de la représentation territoriale. La responsabilité gouvernementale requiert la discipline de parti, non seulement par souci de stabilité, mais aussi pour que le parti au pouvoir ait à rendre collectivement compte des gestes du gouvernement. En revanche, la discipline de parti affaiblit les liens existant entre le député et sa circonscription. Même lorsque les caucus régionaux du parti au pouvoir détiennent une influence considérable, celle-ci opère bien souvent de façon invisible parce que le huis clos de ces délibérations est jalousement gardé et que toute prétention d'influence risque d'être accueillie avec scepticisme. Nous avons déjà souligné que les Canadiens et Canadiennes semblent souhaiter une représentation régionale et locale plus réelle. La manière dont les campagnes électorales leur sont présentées contribue peut-être à les convaincre que leurs représentants ne comptent guère. De fait, si les députés doivent leur élection au chef de leur parti et à la campagne nationale, nul doute que leur influence s'en trouve affaiblie (Fletcher 1987, 367).

Comment donc remettre la population en contact avec la politique ? L'une des solutions consisterait à obliger les élus et les hauts fonctionnaires à mieux rendre compte de leurs actions, en réformant notamment le financement des campagnes, ou en adoptant des codes déontologiques. Cependant, aussi louables soient-elles, ces mesures n'amélioreraient que partiellement la situation. On pourrait donc aller plus loin en établissant des relations plus constructives et plus dynamiques entre les citoyens, les représentants de l'État, les médias et les groupes d'intérêt. Il faudrait laisser plus de place aux citoyens et aux groupes communautaires dans un discours public trop souvent monopolisé par les politiciens et les grandes organisations. Dans certains États américains, les mécanismes de démocratie directe existants sont plus axés sur la prise de décision que sur le dialogue, et ils sont eux aussi d'ordinaire dominés par les grandes organisations et les spécialistes (Kettering 1991, 7 et 8). Ce dont on semble avoir besoin, en régime parlementaire, c'est d'interactions plus nombreuses entre les représentants et l'électorat, et de tribunes plus accessibles au niveau des communautés et des circonscriptions, pour mener des débats francs et ouverts.

Certes, les campagnes locales joueraient peut-être un rôle plus important si le débat politique était plus élevé. Il n'est pas nécessaire de transposer à l'échelle des circonscriptions la tendance des campagnes nationales à n'être que des spectacles télévisés composés d'extraits sonores de dix secondes et de publicités négatives. Au contraire, les candidats locaux contribueraient à rehausser la qualité du débat s'ils avaient plus de moyens et étaient davantage encouragés à relier les thèmes nationaux aux problèmes de leur circonscription ou de leur région. Si les campagnes locales avaient plus d'envergure, elles susciteraient sans doute plus d'intérêt de la part des médias, conclusion qu'appuient tous les auteurs ayant participé au présent volume.

LES RÉFORMES ENVISAGEABLES

Tous nos collaborateurs ont des avis partagés quant à l'équilibre qu'il convient d'établir entre les campagnes locales, régionales et nationales. Mais des campagnes locales plus efficaces seraient manifestement bénéfiques pour tout l'électorat et augmenteraient la légitimité du système électoral. Cependant, l'État n'a qu'un faible pouvoir d'intervention. C'est pourquoi la voie la plus utile consisterait à développer des moyens et des incitatifs pour améliorer les campagnes locales et leur couverture médiatique.

Avec une réforme parlementaire offrant plus de latitude aux députés, ces derniers seraient sans doute davantage présents dans leur circonscription, ce qui donnerait alors plus d'importance aux campagnes locales. Les députés sortants bénéficient déjà de subventions généreuses pour communiquer avec leur circonscription entre les élections. Néanmoins, ils devraient aussi être confrontés à leurs adversaires et répondre aux questions du public dans des tribunes favorisant un dialogue franc et accessible.

Les candidats et candidates doivent rester libres de gérer leur propre campagne, mais on pourrait améliorer l'accès des candidats locaux aux médias. Les problèmes de ressources financières et de décalage entre les limites des circonscriptions et les zones de diffusion de la presse restreignent les possibilités publicitaires. Les candidats pourraient toutefois mieux profiter des stations de radio locales et des chaînes communautaires câblodiffusées pour participer à des débats réunissant tous les candidats, à des tribunes téléphoniques et à d'autres émissions de même nature. La loi donne aux partis politiques enregistrés l'accès aux ondes par le truchement du temps d'antenne payant et gratuit, mais non aux candidats, qu'ils représentent un parti ou qu'ils soient indépendants. À l'échelle locale, l'octroi de temps d'antenne gratuit ou payant est facultatif. L'accès au temps d'antenne exigé par la loi est contrôlé par les états-majors nationaux des partis enregistrés. On pourrait par exemple exiger des stations de radio locales et des chaînes communautaires câblodiffusées qu'elles fournissent du temps d'antenne aux candidats locaux et organisent des débats et des tribunes téléphoniques.

Bon nombre de journalistes locaux se sentent mal préparés pour couvrir les élections fédérales. Ils manquent d'information sur les circonscriptions dont ils doivent parler, ainsi que sur le processus électoral lui-même. Élections Canada pourrait intervenir à ce chapitre en préparant une documentation de base à leur intention. Afin d'améliorer les débats publics durant les campagnes électorales, on pourrait aussi organiser des ateliers pour les médias locaux; cette pratique permettrait de traiter des problèmes précis que pose la couverture des élections, ainsi que des problèmes éthiques reliés à une répartition équitable de la couverture électorale. Ces ateliers fourniraient aussi l'occasion d'analyser les enjeux éventuels des prochaines élections et, plus important encore, de chercher des méthodes pour en faire ressortir l'incidence locale. On pourrait y traiter également d'autres questions majeures, par exemple l'accès aux importantes banques de données de la Presse canadienne et des principaux médias. Les participants et participantes y réfléchiraient aussi à l'élaboration de lignes directrices en matière de couverture médiatique ou pourraient prendre connaissance de celles déjà existantes. L'organisation de tels ateliers encouragerait un type de couverture qui renforcerait les normes démocratiques et stimulerait les débats publics. Voilà le genre de service public que pourraient rendre les diverses organisations journalistiques, éventuellement en collaboration avec Élections Canada et avec les écoles de journalisme.

Ces ateliers seraient encore plus efficaces s'ils étaient accompagnés d'un programme de stage dans les circonscriptions. Ce sont souvent les informations sur les questions locales, ou sur l'incidence locale des enjeux nationaux, qui manquent le plus. En conséquence, on pourrait mettre sur pied un programme de recrutement d'étudiants et étudiantes de niveau universitaire pour préparer de la documentation distribuée ensuite gratuitement aux médias et aux candidats locaux. En plus de constituer une bonne source d'information pour les campagnes locales, ce programme encouragerait la participation des jeunes au processus électoral.

Afin d'améliorer les communications électorales locales, il serait également possible de réformer certains aspects de la réglementation électorale. Par exemple, on pourrait inciter les citoyens à participer davantage au processus électoral en élaborant des lignes directrices ou des règlements sur la désignation des candidats : délais, limitation éventuelle des dépenses et octroi de crédits d'impôt pour les contributions versées aux aspirants candidats. L'objectif ultime de cette réforme serait d'encourager une véritable représentation et d'assurer plus d'équité parmi les partis et les candidats, en visant plus directement les femmes, les minorités ethniques, les autochtones et les personnes handicapées qui souhaitent présenter leur candidature mais en sont découragés à cause des obstacles érigés par le système.

Par ailleurs, on encouragerait une plus grande participation de la population au processus politique en simplifiant le langage de la réglementation du financement des élections et en modifiant certaines dispositions. Par exemple, lors des élections de 1988, certains partis ont bénéficié des services « gratuits » de personnes qui étaient en fait rémunérées par leur employeur pour travailler aux élections. De plus, les députés sortants bénéficient d'un avantage apparemment déloyal dans plusieurs domaines. Ainsi la loi les autorise à envoyer des bulletins d'information aux électeurs et électrices de nouvelles circonscriptions qui viennent d'être découpées, juste avant le déclenchement des élections. Il importe pourtant que les adversaires des députés sortants aient le sentiment de lutter à armes égales et que les candidats indépendants ou les représentants de petits partis n'aient pas à affronter de trop nombreux obstacles pour entrer dans la lutte.

Certes, les réformes envisagées ici ne sont pas d'envergure fondamentale, mais elles permettraient de s'attaquer directement à la question des relations entre les citoyens et leurs élus à la Chambre des communes. La réglementation et les pratiques électorales doivent assurer un juste équilibre entre le principe de gouvernement partisan et celui de la représentation des circonscriptions. Si l'un des plateaux de la balance penche trop d'un côté ou de l'autre, c'est la légitimité même du système qui risque d'être remise en cause.

NOTES

1. Cette enquête, intitulée *Constituency Party Association Organization and Activity : A Survey on Practice and Reform*, a été préparée sous la direction de R. Kenneth Carty, professeur à l'Université de la Colombie-Britannique. Un questionnaire a été envoyé à toutes les circonscriptions du Canada, et on a obtenu un taux de réponse de 53 % (voir Carty 1991). Les données citées dans ce volume proviennent d'une analyse préliminaire et varieront peut-être légèrement lors des résultats définitifs.

2. On peut considérer ces points de vue comme les signes précurseurs d'un regain d'activisme et de militantisme chez les citoyens, ou comme une résurgence atavique de l'espèce d'esprit de clocher dont a fait mention il y a deux siècles Edmund Burke dans son discours aux électeurs de Bristol.

Plus vraisemblablement, l'origine de cette transformation remonterait à l'américanisation générale de la culture politique canadienne.

RÉFÉRENCES

Beh, Andrew, et Roger Gibbins, « La campagne électorale et les médias — Étude de leur influence respective dans deux circonscriptions albertaines lors des élections fédérales de 1988 », dans David V.J. Bell et Frederick J. Fletcher (dir.), *La communication avec l'électeur : Les campagnes électorales dans les circonscriptions*, vol. 20 des études de la Commission royale sur la réforme électorale et le financement des partis, Ottawa et Montréal, CRREFP/Dundurn et Wilson & Lafleur, 1991.

Bell, David V.J., et Catherine M. Bolan, « La couverture médiatique des campagnes locales lors des élections fédérales de 1988 — Analyse de deux circonscriptions ontariennes », dans David V.J. Bell et Frederick J. Fletcher (dir.), *La communication avec l'électeur : Les campagnes électorales dans les circonscriptions*, vol. 20 des études de la Commission royale sur la réforme électorale et le financement des partis, Ottawa et Montréal, CRREFP/Dundurn et Wilson & Lafleur, 1991.

Bernier, Luc, « La couverture médiatique des campagnes locales lors des élections fédérales de 1988 — Analyse de deux circonscriptions québécoises », dans David V.J. Bell et Frederick J. Fletcher (dir.), *La communication avec l'électeur : Les campagnes électorales dans les circonscriptions*, vol. 20 des études de la Commission royale sur la réforme électorale et le financement des partis, Ottawa et Montréal, CRREFP/Dundurn et Wilson & Lafleur, 1991.

Carty, R.K., *Constituency Party Association Organization and Activity : A Survey on Practice and Reform*, Vancouver, Université de la Colombie-Britannique, 1991.

Desbarats, Peter, « La câblodistribution et les campagnes électorales fédérales au Canada », dans Frederick J. Fletcher (dir.), *La radiodiffusion en période électorale au Canada*, vol. 21 des études de la Commission royale sur la réforme électorale et le financement des partis, Ottawa et Montréal, CRREFP/Dundurn et Wilson & Lafleur, 1991.

Fletcher, Frederick J., « Mass Media and Parliamentary Elections in Canada », *Legislative Studies Quarterly*, vol. 12 (août 1987), p. 341–372.

Hackett, Robert A., avec le concours de James Mackintosh, David Robinson et Arlene Shwetz, « Le traitement des petits partis dans les médias », dans Frederick J. Fletcher (dir.), *Sous l'œil des journalistes : La couverture des élections au Canada*, vol. 22 des études de la Commission royale sur la réforme électorale et le financement des partis, Ottawa et Montréal, CRREFP/Dundurn et Wilson & Lafleur, 1991.

Irvine, William P., « The Canadian Voter », dans Howard R. Penniman (dir.), *Canada at the Polls, 1979 and 1980 : A Study of the General Elections*, Washington (D.C.), American Enterprise Institute for Public Policy Research, 1981.

Kettering Foundation, *Citizens and Politics : A View from Main Street America*, Dayton, Kettering Foundation, 1991.

Lee, Robert Mason, *One Hundred Monkeys — The Triumph of Popular Wisdom in Canadian Politics*, Toronto, Macfarlane Walter and Ross, 1989.

Preyra, Leonard, « Portés par la vague — Les partis, les médias et les élections fédérales en Nouvelle-Écosse », dans David V.J. Bell et Frederick J. Fletcher (dir.), *La communication avec l'électeur : Les campagnes électorales dans les circonscriptions*, vol. 20 des études de la Commission royale sur la réforme électorale et le financement des partis, Ottawa et Montréal, CRREFP/Dundurn et Wilson & Lafleur, 1991.

Price, Richard G., et Maureen Mancuso, « Ties That Bind : Parliamentary Members and Their Constituencies », dans Robert M. Krause et R.H. Wagenberg (dir.), *Introductory Reading in Canadian Government and Politics*, Toronto, Copp Clark Pittman, 1991.

Sayers, Anthony M., « L'importance attribuée aux questions locales dans les élections nationales — Kootenay-Ouest–Revelstoke et Vancouver-Centre », dans David V.J. Bell et Frederick J. Fletcher (dir.), *La communication avec l'électeur : Les campagnes électorales dans les circonscriptions*, vol. 20 des études de la Commission royale sur la réforme électorale et le financement des partis, Ottawa et Montréal, CRREFP/Dundurn et Wilson & Lafleur, 1991.

Taras, David, *The Newsmakers : The Media's Influence on Canadian Politics*, Scarborough, Nelson Canada, 1990.

RECHERCHE ET RÉDACTION, VOLUME 20

Andrew Beh	Université de Calgary
David V.J. Bell	Université York et coordonnateur de recherche, CRREFP
Luc Bernier	École nationale d'administration publique
Catherine M. Bolan	Université York
Frederick J. Fletcher	Université York et coordonnateur de recherche, CRREFP
Roger Gibbins	Université de Calgary
Leonard Preyra	Université St. Mary's
Anthony M. Sayers	Université de la Colombie-Britannique

REMERCIEMENTS

La Commission royale sur la réforme électorale et le financement des partis de même que les éditeurs tiennent à remercier les éditeurs et particuliers suivants qui leur ont accordé la permission de reproduire et de traduire certains passages de leurs ouvrages :

Gage Educational Publishing Company; *The Liberal (Thornhill); Pincher Creek Echo.*

Nous avons veillé à mentionner le nom des détenteurs des droits d'auteur touchant les œuvres citées dans le texte, y compris les tableaux et figures. Les auteurs et éditeurs recevront avec plaisir tout renseignement qui leur permettra de corriger toute référence ou mention de source dans les éditions subséquentes.

Conformément à l'objectif de la Commission de favoriser une pleine participation de tous les segments de la société canadienne au système électoral, nous avons utilisé, dans la mesure du possible, le masculin et le féminin dans les études publiées.

LA COLLECTION D'ÉTUDES

VOLUME 4
Le financement des partis et des élections : Aspects comparatifs
Sous la direction de F. Leslie Seidle

VOLUME 5
Aspects du financement des partis et des élections au Canada
Sous la direction de F. Leslie Seidle

DONALD PADGET

Les contributions importantes accordées à des candidats lors des élections fédérales de 1988 et le problème de l'abus d'influence

PASCALE MICHAUD ET
PIERRE LAFERRIÈRE

Considérations économiques sur le financement des partis politiques au Canada

VOLUME 6
Les femmes et la politique canadienne :
Pour une représentation équitable
Sous la direction de Kathy Megyery

JANINE BRODIE, AVEC
LE CONCOURS DE CELIA CHANDLER

Les femmes et le processus électoral au Canada

SYLVIA BASHEVKIN

La participation des femmes aux partis politiques

LISA YOUNG

L'incidence du taux de roulement des députés sur l'élection de femmes à la Chambre des communes

LYNDA ERICKSON

Les candidatures de femmes à la Chambre des communes

GERTRUDE J. ROBINSON
ET ARMANDE SAINT-JEAN,
AVEC LE CONCOURS
DE CHRISTINE RIOUX

L'image des femmes politiques dans les médias — Analyse des différentes générations

VOLUME 7
Minorités visibles, communautés ethnoculturelles et politique
canadienne : La question de l'accessibilité
Sous la direction de Kathy Megyery

DAIVA K. STASIULIS ET
YASMEEN ABU-LABAN

Partis et partis pris — La représentation des groupes ethniques en politique canadienne

ALAIN PELLETIER

Ethnie et politique — La représentation des groupes ethniques et des minorités visibles à la Chambre des communes

CAROLLE SIMARD,
AVEC LE CONCOURS
DE SYLVIE BÉLANGER,
NATHALIE LAVOIE,
ANNE-LISE POLO ET SERGE TURMEL

Les minorités visibles et le système politique canadien

VOLUME 8

Les jeunes et la vie politique au Canada :
Engagement et participation
Sous la direction de Kathy Megyery

RAYMOND HUDON, BERNARD FOURNIER ET LOUIS MÉTIVIER, AVEC LE CONCOURS DE BENOÎT-PAUL HÉBERT	L'intérêt des jeunes pour la politique : une question de mesure ? — Enquêtes auprès de jeunes de 16 à 24 ans
PATRICE GARANT	La remise en question de l'âge électoral à la lumière de la Charte canadienne des droits et libertés
JON H. PAMMETT ET JOHN MYLES	L'abaissement de l'âge électoral à 16 ans

VOLUME 9

Les peuples autochtones et la réforme électorale au Canada
Sous la direction de Robert A. Milen

ROBERT A. MILEN	Les Autochtones et la réforme constitutionnelle et électorale
AUGIE FLERAS	Les circonscriptions autochtones au Canada — Les leçons de la Nouvelle-Zélande
VALERIE ALIA	Les peuples autochtones et la couverture médiatique des campagnes électorales dans le Nord
ROGER GIBBINS	La réforme électorale et la population autochtone du Canada — Évaluation des circonscriptions autochtones

VOLUME 10

Les droits démocratiques et la réforme électorale au Canada
Sous la direction de Michael Cassidy

JENNIFER SMITH	Le droit de vote et les théories en faveur d'un gouvernement représentatif
PIERRE LANDREVILLE ET LUCIE LEMONDE	Le droit de vote des personnes incarcérées
YVES DENONCOURT	Réflexion sur les critères du vote des personnes ayant un désordre mental

VOLUME 12
L'éthique et la politique au Canada
Sous la direction de Janet Hiebert

PIERRE FORTIN	Les enjeux éthiques de la réforme électorale au Canada — Analyse éthicologique
VINCENT LEMIEUX	L'éthique du secteur public
IAN GREENE	Allégations d'abus d'influence dans le cadre de la politique canadienne
WALTER I. ROMANOW, WALTER C. SODERLUND ET RICHARD G. PRICE	La publicité électorale négative — Une analyse des résultats de recherche à la lumière des pratiques au Canada
JANE JENSON	Citoyenneté et équité — Variations dans l'espace et le temps
KATHY L. BROCK	Justice, équité et droits
JANET HIEBERT	Un code d'éthique pour les partis politiques

VOLUME 13
Les partis politiques au Canada :
Chefs, candidats et candidates, et organisation
Sous la direction de Herman Bakvis

KEITH ARCHER	Le choix du chef au sein du Nouveau Parti démocratique
GEORGE PERLIN	Attitudes des délégués au congrès du Parti libéral du Canada sur les propositions de réforme du processus de désignation du chef
R.K. CARTY ET LYNDA ERICKSON	L'investiture des candidats au sein des partis politiques nationaux du Canada
WILLIAM M. CHANDLER ET ALAN SIAROFF	Partis et gouvernement de parti dans les démocraties avancées
RÉJEAN PELLETIER, AVEC LE CONCOURS DE FRANÇOIS BUNDOCK ET MICHEL SARRA-BOURNET	Les structures et le fonctionnement des partis politiques canadiens

VOLUME 23
L'action des partis politiques dans les circonscriptions au Canada

R.K. CARTY

L'action des partis politiques dans les circonscriptions au Canada

Organigramme de la Commission

Président
Pierre Lortie

Commissaires
Pierre Fortier
Robert Gabor
William Knight
Lucie Pépin

Personnel cadre

Directeur exécutif
Guy Goulard

Directeur de la recherche
Peter Aucoin

Conseiller spécial du président
Jean-Marc Hamel

Recherche
F. Leslie Seidle
   Coordonnateur principal

Coordonnateurs et coordonnatrices
Herman Bakvis
Michael Cassidy
Frederick J. Fletcher
Janet Hiebert
Kathy Megyery
Robert A. Milen
David Small

Adjoints à la coordination
David Mac Donald
Cheryl D. Mitchell

Législation
Jules Brière, conseiller principal
Gérard Bertrand
Patrick Orr

Communications et publications
Richard Rochefort, directeur
Hélène Papineau, directrice adjointe
Paul Morisset, rédacteur-conseil
Kathryn Randle, rédactrice-conseil

Finances et administration
Maurice R. Lacasse, directeur

Personnel et contrats
Thérèse Lacasse, chef

Services d'édition, de conception graphique et de production

DUNDURN PRESS

Président J. Kirk Howard
Contrôleur Ian Low
Coordonnatrice des travaux Jeanne MacDonald

Rédactrice administrative et directrice de la production Avivah Wargon
Rédactrice administrative Beth Ediger
Rédacteur administratif John St. James
Adjointe principale au projet Karen Heese

Réviseure responsable des tableaux Ruth Chernia
Réviseure juridique Victoria Grant
Adjointe principale à l'édition Michèle Breton

Personnel Elliott Chapin, Peggy Foy, Lily Hobel, Marilyn Hryciuk, Madeline Koch, Elizabeth Mitchell, John Shoesmith, Nadine Stoikoff, Shawn Syms, Anne Vespry.

Réviseurs Carol Anderson, Elizabeth d'Anjou, Jane Becker, Diane Brassolotto, Elizabeth Driver, Curtis Fahey, Tony Fairfield, Freya Godard, Frances Hanna, Kathleen Harris, Andria Hourwich, Greg Ioannou, Carlotta Lemieux, Elsha Leventis, David McCorquodale, Virginia Smith, Gail Thorson, Louise Wood.

Mise en page Green Graphics; Joanne Green, *coordonnatrice*; Linda Carroll, Mary Ann Cattral, Gail Nina, Eva Payne, Jacqueline Hope Raynor, Ron Rochon, Andy Tong, Carla Vonn Worden, Laura Wilkins.

Achevé d'imprimer au Canada par
Best Gagné Book Manufacturers